Le défi informatique

OUVRAGES DU MÊME AUTEUR

Introduction critique aux théories d'organisation, Dunod, 1971.

La Micro-informatique, introduction aux systèmes répartis (en coll. avec B. France-Lanord et J.-P. Bouhot), Éd. d'Informatique, 1974.

Dynamique de l'auto-réforme de l'entreprise (en coll. avec N. Thiéry), Masson, 1976.

Télématique ou Privatique ? Questions à Simon Nora et Alain Minc (en coll. avec J. Bounine), Éd. d'Informatique, 1978.

Les Dossiers de la micro-informatique, Éd. d'Organisation, 1980.

Théorie de l'information et processeur humain, Éditions Favart, Université Pierre et Marie Curie, Paris, 1981.

BRUNO LUSSATO

Le défi informatique

FAYARD

Préface

« Langage dur, langage mou. » Ce chapitre — le second du livre — est fondamental, et devrait suffire à éclairer les débats qui se sont instaurés, en France (et d'ailleurs à peu près uniquement en France) sur « l'informatisation de la société ». Le professeur Lussato y montre, avec talent, que l'apanage de l'ordinateur ne sera jamais que l'économat de notre vie sociale ; contrairement à ce que voudraient faire accroire ses thuriféraires, « il restera toujours étranger au monde de l'humain trop humain, du génie, de l'intuition, des hauts niveaux de synthèse, de l'éthique, a fortiori *de l'illumination ». Il s'ensuit qu'une société qui rendrait obligatoire l'utilisation d'ordinateurs pour l'éducation de ses enfants (et la nôtre saurait si bien le faire, au nom du Progrès !) pourrait bien assassiner ses Mozart. Il s'ensuit, également, qu'il y a de l'outrecuidance à avancer, comme le font certains bons esprits, qu'une utilisation extensive de l'informatique pourrait permettre au tiers monde de sortir du sous-développement. Il s'ensuit, enfin, que la diversification et la démassification de ses structures sont les moyens les plus sûrs dont dispose une société pour se prémunir contre les dangers de l'informatisation.*

Notre industrie est encore confrontée avec ces dangers. Car, pour reprendre une autre image forte du professeur Lussato, elle n'a pas encore su passer de la cuisine besogneuse, lourde, stéréotypée, et tout compte fait coûteuse, du « grand chaudron », à celles, plus intuitives, mais aussi plus légères, diverses, et aujourd'hui moins coûteuses, des « petits chaudrons ».

Peut-être nos lenteurs sont-elles dues à l'attachement que nous éprouvons pour des pratiques qui nous avaient permis de sortir nous-mêmes du sous-développement, après la Libération. Rappelons-nous, en effet, notre formidable appétit de consommer après les privations de la guerre. Rappelons-nous aussi que la France n'avait pas alors de véritable tradition industrielle ; elle disposait d'un immense réservoir de main-d'œuvre industrielle, mais une main-d'œuvre sans qualification précise ; l'effectif de ses véritables professionnels paraissait dérisoire. Nous avons importé d'Amérique le modèle taylorien d'organisation de la production, parce qu'il permettait de confier rapidement au plus grand nombre l'exécution répétitive de tâches étroitement spécialisées conçues, et contrôlées, par un petit nombre. Nous avons donc centralisé nos décisions industrielles, construit de grandes usines, dans lesquelles nous avons installé de « grands chaudrons » pour satisfaire des appétits essentiellement quantitatifs. Quant aux ordinateurs de gestion, lorsqu'ils sont apparus, à la fin des années 50, ils ont naturellement servi de livres de recettes pour cette cuisine de masse.

Avec l'accroissement du niveau général d'éducation des Français et la montée des besoins de qualité, ce modèle commençait, vingt ans plus tard, à être récusé. Au début des années 70, la réflexion sur l'entreprise du futur conduisait au « taylorisme », c'est-à-dire à la décentralisation des décisions, et à la démassification des structures et des équipements. C'est à peu près à cette époque que naissait, avec le micro-ordinateur, l'informatique du taylorisme à l'envers, qui n'a cessé depuis de prouver ses avantages, à la fois sociaux et économiques, sur l'informatique du « grand chaudron ». Cela n'empêche pas celle-ci de conserver aujourd'hui, après dix ans, et contre toute raison, ses partisans acharnés dans les milieux industriels.

Ces partisans sont plus nombreux encore dans nos administrations étatiques et dans nos services publics, pour des raisons qui tiennent, notamment, à la tradition centralisatrice de l'État et à l'excellence même de notre corps de fonctionnaires. Pourtant, le professeur Lussato en donne quelques exemples tout à fait significatifs, la nouvelle informatique devrait permettre de remodeler ces « grands machins » dans le sens d'une authentique décentralisation des structures de l'État, sans nuire pour autant, bien au contraire, à l'intérêt général des citoyens. Il est vrai que ce qui sépare les partisans du « grand chaudron » ne tient sans doute à rien d'autre qu'à leurs conceptions respectives de l'intérêt général. L'image que s'en font les premiers est le point de départ d'une action politique qui vise à octroyer, aux citoyens, les bienfaits de l'État-providence. Pour les seconds, l'intérêt général pourrait, au contraire, être conçu comme la résultante d'initiatives décentralisées, dès lors que ces dernières engageraient clairement la responsabilité de ceux qui les prennent. Les premiers consacrent le primat de la solidarité, les seconds celui de la responsabilité des citoyens. Ce sont là deux conceptions de la démocratie que l'on aimerait, au moins, voir s'équilibrer.

François DALLE
(juin 1982)

Remerciements

Ce livre est le fruit d'une rencontre : Jean-Jacques Servan-Schreiber, qui dans son *Défi mondial* avait compris non seulement l'importance de la révolution informatique pour les années à venir, mais celle de cette « révolution dans la révolution » qu'est la miniaturisation, voulut bien suggérer à la Librairie Arthème Fayard de mettre mes idées à la portée d'un public plus large que celui de mes précédents ouvrages.

Sans doute n'aurais-je pu convenablement répondre à cette chaleureuse demande si je n'avais bénéficié, depuis l'élaboration du plan jusqu'à la rédaction finale, de l'aide précieuse de Sélim Turquié. Journaliste, il a su poser les « bonnes questions » que le spécialiste perd de vue et agrémenter le sérieux de celui-ci avec sa fantaisie et son humour.

Mon assistant Bruno France-Lanord, toujours compétent et dévoué, m'a beaucoup aidé par ses recherches documentaires et ses observations. Jean-Baptiste Grasset, de la Librairie Arthème Fayard, après m'avoir sollicité puis mis en contact avec Sélim Turquié, a contribué activement à la mise au point du manuscrit et permis de respecter des délais qui tenaient de la gageure.

Quant au fond, l'ouvrage expose essentiellement, outre la pensée systémique que j'enseigne au C.N.A.M., les thèses sur la démassification développées par François Dalle et Jean Bounine, à qui je suis donc très particulièrement redevable. Nombreux sont les contacts qui ont également enrichi ma réflexion, et je voudrais remercier en particulier Christian Beullac, Paul Camous, Jean Castarède, Jacques Dondoux, René Dougin,

Georges Elgozy, Guy Landon, Philippe Lemoine, Hervé Nora ainsi que son épouse, Jean Schéré, Alain Vernay.

Avertissement

Pour des raisons évidentes de déontologie, en tant que conseil en organisation j'ai pris la précaution de dissimuler ou travestir le nom de plusieurs sociétés ou les circonstances exactes de certaines anecdotes rapportées dans ce livre.

Première partie

DES PETITS ET DES GROS...

I

Savoir...

Une révolution technologique, déclenchée par la miniaturisation de l'ordinateur, est en train de se produire et personne ou presque ne le sait. D'ici dix ans, la mutation sera telle qu'on ne peut dire avec certitude si le proche avenir sera rêve ou cauchemar. Mais les décisions se prennent aujourd'hui...

A l'origine de cette révolution, un fait tout simple : les progrès de la miniaturisation ont permis aux composants des ordinateurs de passer de la taille d'une ampoule électrique à celle d'une tête d'épingle. Ainsi des ordinateurs très puissants, qui en 1970 auraient occupé plusieurs pièces, ressemblent aujourd'hui à de grosses machines à écrire. D'autres, moins puissants, ont la dimension d'un paquet de cigarettes, d'une plaquette de chewing-gum ou même d'un cachet d'aspirine.

Effet immédiat, une chute vertigineuse des coûts. Pour le prix de quatre composants en 1960, on en achète plus de cent mille en 1981. Les prix des ordinateurs eux-mêmes ne se sont pas autant effondrés, mais ont tout de même été divisés par cinquante ou cent. Un ordinateur grand comme une calculette de poche et valant deux cents dollars fait aujourd'hui beaucoup plus de choses, et mille fois plus vite, que l'UNIVAC-1, vendu un million de dollars en 1960. Demain ces prix seront divisés par deux, après-demain encore par deux. Car non seulement l'évolution se poursuit mais elle s'accélère. La technique existe déjà en laboratoire qui permettrait de faire tenir la bibliothèque du Congrès des États-Unis sur un support grand comme un timbre-poste. Dans quelque temps, le dixième de cette surface y suffira, et bientôt le dixième de ce dixième. N'importe qui, ou presque, pourra s'offrir les dix millions d'estampes de notre Bibliothèque nationale et les entreposer sur une étagère.

Les conséquences de cette mutation sont incalculables. Il y a peu de temps encore, les ordinateurs étaient de gigantesques machines, si chères que seuls les États et les sociétés très importantes pouvaient en acquérir. Même aujourd'hui, le patron d'une petite entreprise ou l'homme ordinaire dispose le plus souvent d'un *terminal* pour accéder, par l'intermédiaire d'un énorme réseau de câbles, au Dieu ordinateur. Or, la logique de ce système conduit tout droit à la société concentrationnaire, au *1984* de George Orwell. Qu'il existe désormais, grâce à la miniaturisation, une autre option, une voie humaine de l'informatique, peu de gens encore en ont conscience.

Jusqu'à présent, il était nécessaire de payer au prix fort le personnel qui faisait fonctionner les ordinateurs. Et il fallait économiser au maximum la puissance des appareils. Aussi était-il rentable de former et d'utiliser des « traducteurs » – les informaticiens – qui transformaient le langage humain en langage machine et vice versa. Avec la chute des coûts, le travail humain est soudainement devenu beaucoup plus cher que celui de l'ordinateur, d'où l'intérêt de plus en plus grand d'intégrer ces « traducteurs » à la machine elle-même et de supprimer, partout où c'est possible, les spécialistes. Demain nous aurons des ordinateurs qui, à peu de chose près, comprendront directement notre langage. Nous pourrons communiquer avec eux sans devoir apprendre cette discipline quelque peu rebutante qu'on appelle l'informatique : à l'aide d'un simple mode d'emploi. Et ces outils nouveaux, de petite dimension, bon marché, utilisables par quiconque, font apparaître comme techniquement possible un autre type de société, une société complètement décentralisée.

En quoi au juste, demandera-t-on pourtant, le micro-ordinateur changera-t-il les données de notre vie ? Si la question avait été posée à Gutenberg le jour où il inventa l'imprimerie, il eût été bien en peine de répondre. Sans doute aurait-il su montrer que son invention permettrait une diffusion de l'écrit à une très large échelle et à des coûts très abordables. Mais comment aurait-il pu prévoir l'extraordinaire succession de bouleversements culturels, sociaux, économiques qu'inaugurait l'invention de l'imprimerie ? De même, les gens durent certainement trouver commode, quand elle leur fut proposée, la lampe électrique qui épargnait la peine d'allumer des becs de gaz pour l'éclairage. Mais ils n'imaginaient pas à quel point cette découverte allait transformer leur vie, dix ou vingt ans plus tard. Les uns minimisaient l'intérêt de cette innovation, d'autres au contraire en tiraient des visions qui semblaient alors extravagantes : ainsi le poète italien Carducci décrit comme un « horrible monstre qui se déchaîne » une locomotive capable d'atteindre la vitesse astronomique de... 30 km/h !

La révolution technologique qu'inaugure la miniaturisation de l'informatique est-elle comparable à celles que provoquèrent l'invention de l'imprimerie, de la lampe électrique, de la machine à vapeur ? Ou plutôt du téléphone, de la bande magnétique ? A quel niveau de généralité faut-il se placer pour en apprécier la portée ? Nous ne le savons pas exactement. Ce qui est certain, c'est qu'elle aura un retentissement à tous les niveaux de notre existence. Il n'est pas un seul secteur de la société que ne concerne, de près ou de loin, l'évolution spectaculaire des ordinateurs. Dans le cas de Gutenberg, l'invention qui a permis une large diffusion du livre n'a pas directement influencé, par exemple, les habitudes de table ou les processus de la création artistique. De tels effets « secondaires » ne se sont fait sentir que beaucoup plus tard et de façon indirecte, par la généralisation de certaines connaissances, puis par l'extension de la technologie et de l'instruction. Le cas du micro-ordinateur en revanche a ceci de prodigieux que des activités jusqu'ici dissociées vont être, en un laps de temps très bref, reliées les unes aux autres. L'informatique à la portée de tous influera directement aussi sur la télévision, la création artistique, la peinture, la musique, la fabrication des objets, le travail de bureau, la pratique médicale, les télécommunications, la recherche scientifique, l'observation de la nature et de l'espace ou la photographie : pour la première fois dans l'histoire de l'humanité, tous ces domaines vont devenir, d'une certaine façon, un seul et même domaine. Déjà, les « ordinateurs individuels » vendus moins de 5 000 F peuvent communiquer avec vous, jouer avec vous, établir votre comptabilité, s'occuper de votre ménage, aider vos enfants à faire leurs devoirs... Un jour, peut-être, une machine très perfectionnée pourra-t-elle même fabriquer une autre machine qui, à son tour, donnera naissance à de nouveaux ordinateurs... Et il n'y aura plus grande différence entre le son, l'image et l'écrit, dès lors qu'ils seront tous transmis par le même support.

Il ne fait pas de doute, aujourd'hui, qu'un livre est un livre et rien d'autre. Mais si, demain, il est fabriqué par une imprimante qui déroulera au fur et à mesure les lignes de texte, sera-ce toujours un livre ? Sans doute, mais aussi bien un télégramme... Il sera, tout de même, l'œuvre d'un écrivain ? Ce n'est pas sûr, il est tout à fait concevable qu'une machine en soit l'auteur. De même, les magnifiques images que nous montrera la télévision murale, il sera impossible de savoir si elles ont été réellement filmées, ou bien conçues et réalisées par un ordinateur peut-être minuscule.

Les frontières qui séparent aujourd'hui le mot, l'image, le téléphone, la télévision, la vidéo s'effaceront brutalement, et nos catégories mentales s'en trouveront complètement déboussolées.

Aussi le terme de révolution technologique, appliqué à l'informatique, est-il à vrai dire impropre, trop faible, car il indique un simple renversement par lequel ce qui était en bas passe en haut, et vice versa. Or, ce qui nous attend dans les dix ans à venir – pour le meilleur ou pour le pire –, c'est une véritable explosion au niveau de tous les outils dont les hommes ont disposé jusqu'à ce jour.

Où se prépare cet avenir ? Dans la véritable guerre qui s'est déjà engagée entre les deux voies possibles pour l'informatique : celle des gros systèmes et celle des micro-ordinateurs sans fil à la patte. L'enjeu est terrible car, nous l'avons vu et nous y reviendrons, il ne s'agit de rien moins que de savoir si nous allons vers une société concentrationnaire. Le choix, en fait, est un peu plus complexe : dans certains cas, le gros système est irremplaçable. Mais nos lendemains n'auront quelque chance d'être vivables que si le petit ordinateur s'impose chaque fois que cela est possible.

Quelles sont les rares personnes à savoir que le problème est aujourd'hui posé de façon aussi globale et aussi dramatique ? En tout cas, parmi ceux qui ne le soupçonnent même pas, et c'est à désespérer, il faut compter une bonne majorité des informaticiens eux-mêmes ! Les constructeurs d'ordinateurs ne sont pas mieux lotis : ce sont eux qui forgent les outils, mais ils ne mesurent pas les conséquences implicites de leurs décisions. Les sociologues, quant à eux, n'ont pas vraiment réfléchi aux effets d'ensemble de l'informatisation. Le grand public, certes, sent bien qu'il n'est pas assez renseigné. Mais l'aspect un peu magique de l'ordinateur provoque en lui un étrange mélange de fascination et de répulsion ; au fond, il préfère ne pas trop en savoir, s'en tenir à ce qui est d'ores et déjà tangible : d'une part les gadgets électroniques et les jeux de toutes sortes, d'autre part les travaux de comptabilité dont témoignent les relevés de banque, ou les notes d'électricité et de téléphone.

Les gens sentent confusément que l'informatique menace leur liberté, et que cela peut être grave. Mais quand des voix autorisées abordent ce chapitre (ainsi, en France, le rapport Nora-Minc[1]), c'est pour expliquer que de telles craintes ne sont pas vraiment fondées. Pourtant, il faut bien voir que l'informatique s'apprête seulement à sortir de son Moyen Age. Actuellement, dans le monde, 90 à 95 % des ordinateurs sont utilisés à résoudre des tâches courantes de gestion à l'intérieur des entreprises, 70 à 75 % de leur temps de travail est dévolu au calcul financier et comptable ; cette situation s'explique aisément, le langage des chiffres étant le plus accessible à la machine. Ce n'est que depuis peu, grâce à la miniaturisation et à la chute des coûts, que l'ordinateur déborde la comptabilité et envahit l'univers et la vie quotidienne du non-spécialiste, de Monsieur Tout-le-Monde. Mais le grand public ne dispose pas des données minimum –

1. Alain Minc et Simon Nora, *L'Informatisation de la société*. La Documentation française, 1978 ; réédition : Seuil, coll. « Points », 1978.

pourtant simples et facilement accessibles – qui lui permettraient de se faire une opinion sur les perspectives qu'ouvre cette gigantesque mutation.

S'il en est ainsi, ce n'est nullement par hasard. S'il en est ainsi, c'est que certains groupes, extrêmement puissants, n'ont pas le moins du monde intérêt à ce que naisse un large débat sur les deux voies possibles de l'informatisation. On trouve là une véritable coalition, qui comprend les constructeurs de gros ordinateurs et les fabricants de réseaux de télécommunications, ainsi que bientôt les constructeurs de missiles de transmission, les sociétés de services spécialisées dans l'entretien des gros systèmes, les concepteurs des banques de données ; mais aussi les bureaucrates privés ou publics, les jacobins de tout poil, les centralisateurs de toute espèce et un groupe non négligeable d'universitaires. Il existe une entente objective entre ces différents acteurs, une collusion qui en France a reçu un nom de baptême : *télématique*.

Qui donc, alors, connaît vraiment les enjeux du choix ? Deux catégories de personnes. D'abord un certain nombre d'individus et de groupes qu'on ne peut pas nommer, parce qu'on ne les connaît pas : ceux qui parasitent et détournent à leur profit le système existant. Pouvoirs politiques ou puissances privées, ils sont en position de voler ou de modifier des masses considérables d'information, soit à des fins de renseignement et de manipulation, soit pour édifier de colossales fortunes. Ils sont les maîtres ignorés du système informatique : plus celui-ci se développe, plus il devient fragile et mieux leur impunité est assurée.

Et puis il y a mes collègues, moi-même. Qui sommesnous ? Une petite société informelle, dont les membres se reconnaissent les uns les autres. On sait que les cancérologues, par exemple, « n'ont en France aucune existence légale. Si incroyable que cela puisse paraître, [leur discipline] n'est pas une spécialité reconnue. Elle ne fait pas partie des enseignements obligatoires dans les facultés et écoles de médecine. Elle n'est pas, à de rares et peu convaincantes exceptions près, pratiquée dans les hôpitaux publics et les Centres hospitaliers universitaires. Si cancérologues il y a, ils se forment eux-mêmes, se cooptent et s'excommunient comme les médecins généralistes pendant la Révolution[1] ». Il en va de même pour notre petit noyau. Mes collègues connaissent très bien l'informatique et les ordinateurs : c'est leur métier. Mais ils sont aussi des hommes de culture et, dirai-je, très souvent des hommes de cœur. Dans leur grande majorité, ils connaissent les dangers des gros systèmes ; ils y ont réfléchi, ils en discutent. Et ils ont accès aux laboratoires spécialisés que les grands constructeurs entourent du plus grand secret : ce qui va être lancé sur le marché dans les dix ans à venir, ils en ont le prototype sous les yeux. Ils savent donc. Mais, jusqu'à ce jour, ils n'ont pas pu s'exprimer. Leurs interrogations, leurs avertissements sont restés confinés dans le cadre de séminaires assez fermés, et d'ouvrages difficilement accessibles au public, car trop techniques. C'est ici la première fois en France et même en Europe, qu'un membre de cette petite famille a l'occasion d'expliquer au grand public, sans plus d'ambiguïtés, l'essentiel de ce qu'il faut savoir. Pour que tous puissent peser sur les décisions capitales qui se prennent aujourd'hui en notre nom à tous et engagent notre proche avenir.

---

1. Professeur Lucien Israël, *Le Cancer aujourd'hui*, Grasset, 1976.

II

Langage dur, langage mou

Un ordinateur est une machine à enregistrer de l'information. Mais, s'il n'était que cela, un magnétophone ferait tout aussi bien l'affaire. La grande différence, c'est que l'ordinateur peut, sans intervention humaine, *traiter* les données qu'on lui fournit, à condition bien entendu qu'on lui donne un plan de travail. Il est capable, par exemple, d'extraire de ce que nous disons certains mots qui « l'intéressent », les traduire en anglais ou en italien, les stocker, les taper à la machine ou les transformer en images.

Nous pouvons lui demander, en lui fournissant les critères nécessaires, de nous présenter bout à bout les passages les plus terrorisants des *Dents de la mer*, les plus érotiques d'*Emmanuelle.* Si l'on veut tout savoir de l'évolution du sens d'un mot, la machine se fera un plaisir de fouiller la masse d'informations dont on l'a nourrie pour suivre ce mot à la trace, le sélectionner chaque fois que, selon les critères retenus, sa signification se transforme, établir une petite synthèse chronologique qu'elle nous remettra instantanément. À condition qu'on lui dise comment faire, l'ordinateur manipule donc l'information suivant notre bon plaisir. Mais qu'appelle-t-on au juste information ?

Tout ce que nous disons, ce que nous voyons à la télévision, ce que nous lisons dans la presse ou sur des relevés comptables, tout cela, c'est de l'information. Mais aussi bien les formes, les couleurs et les nuances d'un tableau, les plans du Concorde, ou la recette du bœuf bourguignon... Pour l'ordinateur, ces différentes informations ne sont pas équivalentes. Il établit entre elles un classement en fonction de la plus ou moins grande facilité qu'il a à les « digérer ». Le plus simple, pour lui, ce sont les signaux morse, le oui ou non, le tout ou rien, le 1 ou 0.

Imaginez une lampe à laquelle arrivent deux fils électriques : si le courant passe, elle s'allume, c'est oui, c'est 1 ; s'il ne passe pas, c'est non, c'est 0. Imaginez maintenant quelques milliers de lampes, avec quelques milliers d'interrupteurs reliés les uns aux autres, un peu comme une gare de triage : vous tenez votre premier ordinateur. À chaque moment, en fonction des courants, un certain nombre de lampes disent oui (elles s'allument), et les autres disent non. Ces lampes (plus compliquées que nos ampoules d'éclairage car elles peuvent amplifier un courant, bloquer un circuit, etc. ; mais tout à fait semblables à celles des premiers appareils de T.S.F.), ce sont les ancêtres de tous les composants d'ordinateurs. Et chaque circuit représente une *fonction logique*, c'est-à-dire qu'il est capable d'accomplir une toute petite opération. Par exemple, la fonction *et* (ceci et cela, les deux à la fois), la fonction *ou* (ceci ou cela, l'un au moins des deux), la fonction *non*. Si le courant passe, la lampe s'allume, c'est donc oui ; le *et*, le *ou*, le *non* viennent prendre leur place dans la chaîne du calcul.

Peut-on traduire « Napoléon » dans ce langage uniquement composé de 0 et de 1 ? (Appelé « langage binaire ».) Eh bien, oui ! Tout d'abord, on va coder la lettre N, l'exprimer par 8 chiffres qui seront exclusivement des 0 et des 1. La lettre N est la 14e lettre de l'alphabet, si l'on compte de la façon habituelle : selon le système décimal, qui comporte dix chiffres de 0 à 9. Le système binaire, lui, ne connaît que deux chiffres, le 0 et le 1. Pour écrire 2 (décimal) en système binaire, on n'a pas le choix : on a déjà utilisé 0 et 1 et on n'a pas d'autres chiffres ; il faudra donc deux chiffres et on écrira 10. De même, 3 (décimal) s'écrira 11 en binaire. 4 (décimal) s'écrira... 100, puisqu'on a déjà utilisé toutes les combinaisons de deux chiffres 0 ou 1. Il suffit de continuer (5 donne 101, 6 donne 110, etc.) pour voir qu'en binaire, le chiffre 14 s'écrira : 1110. Au passage, on aura vu que 9 donne 1001 : il suffit donc de quatre chiffres 0 ou 1 pour transcrire n'importe quel chiffre décimal de 0 à 9. Et en continuant, on verrait que 27 s'écrit 11011 : en principe, il suffirait donc de cinq chiffres 0 ou 1 pour coder les vingt-six lettres de l'alphabet. En pratique, cependant, on en prendra huit et non cinq, afin de pouvoir ajouter d'autres symboles (« + », par exemple), de pouvoir distinguer entre le N majuscule et le n minuscule, l'italique ou le gras, etc. A raison de huit chiffres 0 ou 1 pour chacune des huit lettres, « Napoléon » tout entier se dira en 64 signes 0 ou 1. Il en faudra plus encore pour écrire en langage binaire toutes les *notes* d'un air comme « Au clair de la lune » : cela donnera des pages et des pages de 0 et de 1, qui seraient encombrantes, coûteuses et... totalement illisibles pour notre propre usage, mais représentent le seul langage compréhensible par un ordinateur. Ce langage d'acier, le seul qu'un monstre mécanique puisse assimiler, mais que nous autres hommes ne pouvons avaler, je l'appelle information *dure*.

J'en profite pour donner au passage deux définitions faciles : on appelle *bit* (ce qui veut dire « morceau » en anglais, mais est aussi l'abréviation de *binary digit* : chiffre binaire) chacun des deux chiffres 0 ou 1 du système binaire. Et on appelle *octet* chacun des groupes de 8 *bits* que nous avons décidé d'utiliser pour coder les lettres, les chiffres décimaux, etc.

Toujours est-il que toute l'information dont nous disposons, sur le monde ou sur nous-mêmes, vague ou précise, formule mathématique ou sonate pour clavecin, peut se coder en langage binaire, par une suite de 0 et de 1. C'est long, c'est compliqué, ça n'en finit plus, mais c'est possible. Et cela permet, par la même occasion, de *mesurer* très précisément n'importe quelle « quantité d'information ». Un seul et même système métrique définit le millimètre aussi bien que le million de kilomètres : il en va de même pour l'information, que l'on mesurera par le nombre de bits nécessaires pour la coder. Un octet, soit 8 bits, ce n'est pas grand-chose : la moindre phrase que l'on prononce équivaut à un nombre pharamineux d'octets. L'octet, c'est un peu comme le milligramme de ce système de mesure de l'information. Mille octets, c'est déjà plus consistant ; c'est le kilooctet, familièrement appelé : « K » (et valant en réalité 2^{10} = 1024 octets). Un K représente environ une page d'écriture. Ainsi, il est possible de mesurer combien d'unités d'informations, bits ou K-octets représentent un roman policier, la Joconde de Léonard de Vinci ou la mémoire d'un ordinateur de bureau.

Quelques ordres de grandeur pour fixer les idées. Des machines à écrire récemment lancées sur le marché gardent en mémoire, grâce à un micro-ordinateur intégré, un certain nombre de lignes ou de pages dactylographiées. Selon les marques, leur capacité est comprise entre un demi-K et quatre K, soit l'équivalent d'une demi-page à quatre pages manuscrites. Elles font le bonheur de ceux et celles qui tapent mal à la machine : quand vous pianotez laborieusement une longue lettre et que vous remarquez soudain une faute de frappe dans la page que vous venez de terminer, plus besoin de tout recommencer. Il suffit d'écrire la correction et de donner l'instruction à la machine : elle retapera automatiquement, et sans erreur cette fois, toute la lettre. Aujourd'hui, une telle machine vaut à peu près 10 000 F. D'ici à 1985, on en trouvera à 2 000 ou 2 500 F.

Autre exemple, qui est un exemple de poids : le vidéodisque. En France, celui-ci reste encore au stade expérimental, parce qu'on ne s'est pas mis d'accord sur les standards. Mais il est déjà commercialisé aux États-Unis. Exposé dans la vitrine d'un magasin de composants électroniques, rien ne le distingue apparemment d'un vulgaire microsillon. Seulement, lu par une platine adéquate, il ne produit pas de sons, mais forme des images sur un petit écran de télévision. Sa capacité maximum atteint *un million de K* ! Cela signifie qu'un seul vidéodisque peut engranger le contenu de 4 000 romans policiers de 250 pages chacun, ou encore qu'une encyclopédie de 20 volumes (20 000 pages) peut y être inscrite, cartes et photos couleur comprises ! Cela semble extraordinaire ? Rappelons, pour forcer la machine à un peu de modestie, que le cerveau humain, qui n'occupe pas vraiment une place énorme, possède à ce que l'on sait une capacité de cent milliards de K, soit l'équivalent de 100 000 encyclopédies...

Au microscope, la surface d'un vidéodisque révèle un étrange paysage. Sur un microsillon, ce sont des courbes lues par le diamant qui représentent et restituent la musique... Ici, pas de courbes, on ne voit qu'une interminable succession de cuvettes et... d'absences de cuvettes. Cela ressemble très exactement à une carte perforée : quand le vidéodisque est introduit dans le lecteur de l'ordinateur, c'est un rayon laser qui le lit. La cuvette, c'est 1, la non-cuvette, c'est 0. Là, l'ordinateur est à l'aise : 0 et 1, il connaît. C'est le langage binaire, le plus *dur* de tous les langages, inaccessible à l'homme.

À l'échelon juste au-dessus, il est un langage un peu moins dur, un peu plus déformable : celui des chiffres. Si je dis à l'oreille de mon voisin, par exemple, 6925, qu'il répète cette information à la personne suivante et ainsi de suite, cette donnée aura les meilleures chances de me revenir intacte après avoir parcouru, de bouche à oreille, tout le cercle de l'assistance. C'est en cela que le langage des chiffres est encore un langage très dur : il ne se déforme pas au long de la communication, c'est de l'acier. 6925, que ce soit pour ma mère, pour un Australien ou pour n'importe qui sachant compter, ce sera toujours 6925 et chacun le comprend de la même façon. C'est ce qui explique que le langage des chiffres soit celui de la science, de l'objectivité, de la comptabilité. L'ordinateur, lui, ne sait pas compter jusqu'à dix et il devra faire un certain effort, mais il finira par digérer ce langage, parce qu'il le transformera assez facilement en suites de 0 et de 1. La « traduction » reste aisée entre le système décimal et le système binaire. C'est pour cela, au fond, que le comptable et le mathématicien, les premiers, ont pu s'entendre avec l'ordinateur : ils parlaient presque la même langue ! Une langue faite de chiffres, ainsi que de quelques autres signes également durs, simples, dépourvus d'ambiguïté, tels que + et –.

En gravissant un nouvel échelon, on trouve des langages qui se situent à mi-chemin entre l'homme et l'ordinateur. Ils ressemblent bien davantage à la langue que nous parlons dans la vie courante et se révèlent, en contrepartie, plus difficiles pour la machine. Des mots habituels et compréhensibles y sont utilisés ; mais, comme dans les notices techniques, leur signification est définie de manière très rigoureuse et précise. « Aller à », « introduisez le nom », « suivez telle ou telle instruction » : c'est ainsi que l'homme « parle » à l'ordinateur, et que celui-ci lui « répond ». Il existe aussi différents *langages artificiels* qui assurent le dialogue avec la machine, les plus connus étant le Fortran et le Cobol. Ils ne sont pas très souples, c'est vraiment la main de fer dans un gant de velours. Mais ils se révèlent déjà beaucoup plus accessibles et maniables pour nous que les 0 et les 1, que les trous et les non-trous d'une carte perforée.

Plus haut encore, c'est le niveau de la langue courante, celle que nous parlons tous les jours. Autant dire que sa compréhension pose d'épouvantables problèmes à l'ordinateur. Pourquoi ? Parce que les humains vivent en permanence dans l'ambiguïté du sens. Pierre Bize rencontra un jour un informaticien de mes amis, qui lui dit : « Demain, ce sera merveilleux, parce qu'il y aura partout des ordinateurs ; nous utiliserons tous le langage de l'informatique. Les malentendus seront impossibles ; nous parlerons tous la même langue et les mots auront la même signification pour chacun ». À quoi Bize répondit : « C'est épouvantable, ce que vous me dites là ! Moi, j'ai un langage pour parler aux hommes et un autre pour parler aux femmes... » Or, là où chacun de nous comprend tout de suite ce qu'il voulait dire par là, l'ordinateur est tout à fait perdu. Cette phrase en effet peut avoir différentes significations ; faut-il en inférer, par exemple, que les hommes et les femmes ne peuvent se comprendre à moins d'être munis de dictionnaires ?...

Que dire alors d'un langage plus ambigu encore, plus « mou » : celui de la métaphore, de la poésie ? Plus loin encore, au prix de quel immense effort l'ordinateur parviendra-t-il, s'il y parvient, à traduire en chaînes de 0 et de 1 une langue aussi souple que celle de la peinture, de l'art en général ? Car ces moyens d'expression ne tiennent pas en place, ils se déforment sans arrêt ! Si je fredonne un air de ma composition à l'oreille de mon voisin et que ma musique fait le tour de l'assemblée comme notre 6925 de tout à l'heure, la probabilité qu'elle me revienne de manière fidèle est évidemment, cette fois-ci, très faible.

Au sommet de cette échelle qui va du plus dur au plus mou, enfin se tient le plus insaisissable, que rien, ni mot, ni musique, ne pourrait traduire sans le trahir. Nous avons en nous des choses qui se communiquent admirablement, mais qui ne se laissent pas formaliser : les émotions, les sensations. Pour les exprimer, l'homme utilise l'expression de son visage, le geste, le regard. S'il doit les traduire en mots, il le fait par approximations ; il tourne autour comme une araignée, et il n'est jamais satisfait. Car telle est la loi chaque fois que l'on veut retranscrire l'information molle en un langage suffisamment dur pour pouvoir être enregistré par autrui : on est obligé de la déformer, de l'affaiblir. Les moines Zen fondent toute leur attitude sur ce paradoxe : ils estiment que ce qui se passe à l'intérieur d'eux-mêmes est tellement riche que le fait même de le transmettre le dénature, alors ils se taisent. « Si tu veux savoir ce que je pense, semblent-ils dire, tais-toi et ne pose pas de question. » Ils arrivent ainsi à un état de contemplation tel que toute leur expérience complexe se condense en un seul instant de pensée : cette attitude culmine lorsque le monde et soi-même ne font plus qu'un, c'est l'illumination Zen. Là, l'ordinateur, inutile de le dire, perd complètement la boussole, il abdique.

On voit qu'il existe ainsi une véritable échelle des langages, que j'appelle l'échelle de l'information synthétique parce qu'à sa base, se tiennent les données les plus dures, les plus analytiques, et à son sommet les données les plus molles, les plus synthétiques. En bas, c'est pauvre et indéformable. En haut, c'est riche et ambigu. En bas le langage de la machine, en haut la plus subtile expression humaine.

Cette classification simple permet des applications dans des domaines très divers. Nous avons déjà parlé des vidéodisques. Il existe aussi des *disques compacts*, également gravés en binaire et qui remplaceront avantageusement le microsillon pour la reproduction de la musique : ils sont plus fidèles et, surtout, ils ne s'usent pas puisque l'information s'y trouve inscrite en langage dur, indéformable. On appelle cette technique reproduction « numérique » par opposition à la reproduction « analogique » propre aux actuels microsillons, qui utilisent un langage plus mou, comme chacun a pu s'en rendre compte en écoutant pour la millième fois tel ou tel disque si magnifique le premier jour ! Techniquement, tout est en place pour que le disque compact – qui est de surcroît beaucoup plus petit : 12 cm de diamètre – supplante définitivement le microsillon. Mais vu le nombre de tourne-disques et de chaînes stéréo que possède la population des pays développés, les fabricants hésitent, bien évidemment, à se ruiner. Il faudra en effet disposer d'un autre matériel – avec têtes de lecture par laser – pour écouter les disques compacts. C'est là un exemple typique où des considérations commerciales retardent l'innovation technique, quand elles ne l'entravent pas complètement.

Des domaines très inattendus peuvent, eux aussi, être analysés en fonction de cette « échelle de l'information synthétique ». Ainsi, notre code génétique comme celui de tous les organismes vivants est « écrit » dans un langage très dur, qui ne comprend pas deux éléments, mais quatre – ce qui reste très peu. Les gènes, portés par les fibres très longues des molécules d'A.D.N., sont des successions de combinaisons entre ces seuls quatre éléments. Cette pauvreté extrême explique que l'écriture d'un message génétique soit interminable. Mais, un langage dur étant difficilement déformable, le code génétique se montre très résistant ; les gènes sont très difficiles à modifier, et les mutations restent l'exception.

Langage pauvre, dur, mais communicable ; langage riche, mou, mais intransmissible : l'homme ne trouve aucun confort dans l'un ou l'autre de ces infinis. À l'une des extrémités, grâce à l'ordinateur, l'observation scientifique permet d'engranger et de traiter un nombre gigantesque d'informations. La physique des particules élémentaires est aujourd'hui tellement formalisée que nous communiquons admirablement avec la nature ; mais nous ne comprenons plus très bien ce que nous découvrons. C'est là le gros problème de la science moderne : elle arrive à des conclusions idéalement claires mais dont le sens nous échappe de plus en plus. À l'autre extrémité, nous l'avons vu, l'information est tellement riche et subtile qu'on finit par renoncer à la communiquer... L'homme préfère se tenir dans les régions médianes. Quant à l'ordinateur, qui ne s'épanouit qu'au pied de l'échelle, on voit que, malgré tout ce qu'on a pu dire, il ne sera jamais substituable à l'homme. Il restera toujours étranger au monde de l'humain trop humain, du génie, de l'intuition, des hauts niveaux de synthèse, de l'éthique – *a fortiori* de l'illumination.

III

Liaison de temps

Il est donc possible d'apprécier l'information selon sa qualité (dure ou molle, pauvre ou riche) et selon sa quantité (nombre de K-octets) ; mais cette information, à quoi sert-elle ?

En fait, sans qu'il s'en rende toujours bien compte, tout ce que fabrique l'homme, tout ce qu'il crée ou entreprend repose sur un savoir. Que ce soit pour coudre un ourlet, composer une symphonie, construire un avion, préparer la soupe, voyager dans l'espace ou couper un costume, l'information lui est indispensable pour *faire*. Il doit pouvoir la stocker dans une mémoire, que ce soit son cerveau, des manuels ou tout autre support, et l'appeler chaque fois que nécessaire. Si elle disparaissait, il se retrouverait totalement impuissant, légume, minéral. Et si on la lui retirait pour l'enfermer dans de gigantesques centres dont l'accès serait réglementé – une banque de données entourée de barbelés –, il serait complètement démuni et dépendant.

Dans le film *Fahrenheit 451* (d'après le roman de R. Bradbury), François Truffaut raconte l'histoire d'un dictateur qui brûle tous les moyens d'information, et notamment les livres. Cela signifie la fin de Shakespeare, de Dante, de Dostoïevski. Pour sauver ces monuments littéraires, les héros du film – une poignée d'hommes – se transforment en livres. « Qui êtes-vous ? » se demandent-ils quand ils se rencontrent. « Je suis Faust, ou Béatrice. – Moi le Malade imaginaire. » Chacun a ainsi appris par cœur le contenu d'un ou de plusieurs livres.

Pour sauver cette information précieuse entre toutes, et en attendant des jours meilleurs, chacun s'est changé en *Hamlet*, en *Frères Karamazov* ou en *Divine Comédie*. A la demande, ils peuvent restituer fidèlement, intégralement, l'œuvre immortelle qu'ils ont mémorisée. Cette parabole décrit de façon saisissante la situation de sociétés qui ne connaissent pas l'écrit et dans lesquelles tout le savoir doit se transmettre par tradition orale : le seul magasin d'information est alors le cerveau humain.

Le problème est absolument semblable dans le cas de la musique. L'invention de la notation, de l'écriture musicale, est relativement récente, et elle reste loin d'être parfaite. Elle ne nous dit pas comment Beethoven ou Brahms voulaient qu'on dirige leurs symphonies, elle n'a aucun moyen de stocker les inflexions, la mesure exacte, voire même les mimiques... Si ces problèmes sont maintenant résolus, c'est grâce à des inventions encore plus récentes : le phonographe, la photographie. Mais, aujourd'hui encore, un grand nombre de peuplades ne savent pas écrire leur musique. Comment font-elles alors pour conserver vivantes leurs mélodies ? Eh bien, elles les répètent sans relâche. Les parents les communiquent en héritage culturel à leurs enfants. Mais, avec ce système, il ne peut être question d'évolution. Si par malheur un seul membre de la tribu s'avisait d'« améliorer » la mélodie reçue de ses pères, il devra en altérer la version originelle, il la dénaturera et finalement la perdra. De même, les héros de *Fahrenheit 451* ne peuvent en aucun cas remplacer une réplique d'Othello par une autre qu'ils trouveraient plus à leur goût. Comme ils sont dans l'obligation de restituer fidèlement, le jour venu, l'information qu'ils ont emmagasinée, il leur est interdit d'aller de l'avant.

Au contraire, dès lors que l'écriture et le papier se chargent de conserver la musique et la littérature des générations passées, le cerveau humain est libre d'aller plus loin et de construire sur les acquis du passé. Mieux encore, il peut *innover*. À certains moments de l'histoire de l'art ou des techniques, apparaissent des hommes qui inventent des choses inconnues jusque-là, radicalement nouvelles, en rupture avec les canons de leur époque. Il s'appuient, certes, sur ce que l'humanité sait déjà, mais ils font le saut vers l'avenir. Que leur nouveauté puisse s'avérer creuse, que certains d'entre eux soient de faux prophètes, cela n'est pas bien grave : ce qu'ils ont créé peut tout aussi bien être oublié, ignoré, sans que cela n'affecte l'invention vraiment novatrice. Ce mouvement par lequel l'information nouvelle se nourrit de l'acquis, par lequel le passé sert de bouillon de culture à la mutation du présent, Korsybski l'appelle « *time-binding* » : liaison de temps. Sans cette liaison de temps, la création aurait piétiné dans tous les domaines. *Le Clavecin bien tempéré* de Bach, par exemple, a résolu un certain nombre de problèmes et en a donné une codification parfaite. Sans cet acquis, jamais Haydn n'aurait pu se consacrer à l'invention de la symphonie. Il aurait été forcé de s'occuper, par exemple, de la question du contrepoint. De même, une fois sorti de sa période bleue, Picasso s'est appuyé sur cette expérience pour s'engager dans une période rose, puis dans le cubisme. Sa propre histoire étant désormais inscrite sur ses tableaux, il était en mesure de se lancer sans crainte dans une peinture plus libre. Les innovations cubistes fournirent ensuite à Malevitch l'appui nécessaire pour aller plus loin, vers l'abstraction totale, le constructivisme, etc.

La « liaison de temps » assure donc l'héritage du savoir d'une génération à l'autre. Cette méthode, qui implique un stockage de l'information *hors* du cerveau, a depuis toujours été pratiquée par l'homme. Parchemin, papier, photographie, film, disque, bande magnétique, bande vidéo : les supports matériels où s'emmagasine la mémoire humaine ont beaucoup évolué avec le temps. On comprend maintenant le progrès énorme qu'introduit l'ordinateur : non seulement il permet de stocker un nombre considérable d'informations dans un volume réduit, mais il peut servir à la demande, de façon extraordinairement rapide, chacun des éléments qu'il garde en mémoire ; il peut aussi, comme nous l'avons indiqué, manipuler ces données selon notre intérêt ou notre fantaisie...

Comment fait-il ? Demandons par exemple à l'ordinateur d'extraire d'un texte tous les mots commençant par la lettre N. La machine va repérer, chaque fois qu'elle le rencontre, le code de 8 bits qui exprime cette lettre. Elle va alors vérifier s'il est précédé d'un autre code de 8 bits, celui qui exprime le petit espace blanc séparant deux mots. Chaque fois que l'impulsion électrique trouvera un « code espace blanc » suivi d'un « code lettre N », elle saura qu'elle tient un mot qui commence par N et en dirigera une copie vers la sortie de l'ordinateur. Ainsi verrons-nous arriver tous les mots commençant par N. L'ordinateur pourra aussi les ranger par ordre alphabétique, les traduire, etc., bref *traiter* les données qui lui ont été fournies.

Ce traitement de l'information peut s'apparenter à une création. En tout cas, c'est une production de données nouvelles. La mémoire permet de contrôler immédiatement notre réflexion, de reculer, comparer, corriger, revenir. Nous faisons sans arrêt, et le plus souvent sans nous en rendre compte, ce mouvement d'aller-retour : c'est l'un des modes de fonctionnement de notre cerveau lui-même, et que nous mettons en œuvre par exemple en relisant un texte que nous avons écrit, pour le corriger, le modifier avant de poursuivre. Cette interconnexion immédiate entre la mémoire et la création, cette modification d'une mémoire ancienne par une mémoire nouvelle, s'apparentent à une conversation. C'est pourquoi, en informatique, ce processus est appelé *régime conversationnel*. Je questionne l'ordinateur, il me répond immédiatement et, en fonction de sa réponse, je décide de demander autre chose, et ainsi de suite. Il réagit en *temps réel*, c'est-à-dire sans délai.

La création serait évidemment très entravée si l'on devait dicter un poème à un scribe, et si celui-ci devait l'écrire, faire sécher l'encre et nous montrer nos vers une heure plus tard. Ce ne serait plus alors du conversationnel, du temps réel, mais du *temps différé*. Longtemps, les ordinateurs n'ont travaillé qu'en temps différé et, même aujourd'hui, beaucoup continuent à le faire. Il est alors nécessaire de fournir les données et d'attendre, de faire la queue, avant que la machine daigne fournir la réponse ou le résultat. La commodité du service rendu par l'ordinateur en est largement réduite. Pour obéir à la technique du temps différé – on dit aussi *traitement par lots* –, les entreprises doivent ainsi se séparer de leurs documents comptables ou de leurs fichiers pendant le temps qui est nécessaire à l'ordinateur pour les traiter. Au début, il fallait prendre ses papiers sous le bras et aller les porter au siège de l'ordinateur. Avec l'installation d'un réseau de transmission – lignes téléphoniques ou lignes spécialisées, comme le réseau TRANSPAC que les Postes et Télécommunications installent en France – il n'est plus besoin de se déplacer. Mais, même sous cette forme moderne, le traitement par lots reste peu rationnel et peu économique. On véhicule des informations recueillies par exemple à 500 kilomètres de là, on se heurte à des embouteillages dans la transmission, cela pour obtenir des résultats qu'il est possible, dans la plupart des cas, de trouver localement : le plus souvent, un micro-ordinateur pourrait les fournir pour une fraction du prix du transport de l'information d'un terminal à un gros ordinateur. Certes, pour des matériels de même âge et de même niveau technique, un traitement en temps réel coûte deux fois plus cher qu'un traitement en temps différé. Mais cette différence est largement compensée, si l'on utilise le micro-ordinateur, par les économies de transport. L'informatique en vient donc aujourd'hui au conversationnel, ce qui au fond n'a rien de si extraordinaire : elle est enfin capable de faire ce que nous avons toujours fait, comme M. Jourdain faisait de la prose, sans le savoir...

Au passage, cependant, on a vu que l'ordinateur ne se borne pas à assurer le stockage et la production d'information, mais remplit également une troisième fonction : le transport. Tout comme le stockage du savoir assure sa pérennité dans le temps, le transport assure sa circulation dans l'espace. On rencontre ici deux paramètres contradictoires : la quantité de données transportées et la vitesse de transmission. Un télégramme dira beaucoup moins qu'une lettre, mais il ira plus vite. On sait déjà comment mesurer la quantité d'information : rien de plus facile, dès lors, que de mesurer la vitesse de transmission, en K-octets par seconde ou par heure. Tout informaticien est habitué à manipuler ces mesures de vitesse dont dépendent, en définitive, les coûts de transmission.

Pour en revenir à la production d'information, nous avons utilisé, peut-être un peu imprudemment, le mot de *création*. Est-ce qu'un ordinateur crée vraiment ? Oui, si l'on se borne à constater qu'il fournit une donnée nouvelle, différente de celle que nous lui avons communiquée. Mais, dans ces conditions, il en irait de même pour une machine à calculer : 2 multiplié par 2 donne un 4 tout à fait nouveau. On sent bien qu'il s'agit ici d'un emploi abusif du mot « création ». Il est tout à fait possible, comme le soutenait Teilhard de Chardin, qu'il existe une hiérarchie dans la création. Mais où situer la frontière dans l'échelle qui va de 2 × 2 à une toile de maître ? À partir de quel seuil le divin mot de création doit-il être utilisé ? On n'a pas fini d'en débattre. Et l'ordinateur, pense-t-il ? crée-t-il ? est-il intelligent ? De grands noms de l'histoire de l'informatique ont pris part à cette querelle. Nous en parlerons plus loin, à propos de l'intelligence artificielle.

Pour l'instant, il nous suffira de savoir que l'ordinateur est un outil composé de trois éléments : le *cerveau*, qu'on appelle le processeur, ou l'unité de calcul ; la *mémoire*, qui se divise en mémoire à court terme et à long terme ; enfin les *entrées* et *sorties* qui peuvent par exemple être un clavier où l'homme frappe ses questions, et un écran de télévision où il voit défiler les réponses.

IV

Les premiers pas

Au début était l'orgue de barbarie. Au coin des rues, des musiciens aveugles tournaient sans relâche une manivelle qui entraînait un rouleau de papier perforé. Quand les tiges métalliques que comportait l'engin rencontraient un trou, elles étaient libérées et produisaient une note. Toute une mélodie s'égrenait ainsi et se répétait à l'infini. Un système un peu plus perfectionné servira pour le piano mécanique. Depuis bien longtemps, un automatisme comparable avait été adapté au métier à tisser. Une espèce de « palpeur » parcourait les rouleaux de papier perforé et transmettait les renseignements (trous, non-trous) à l'instrument, qui pouvait ainsi tisser indéfiniment selon un schéma donné. Personne ne songeait au calcul : tout ce que l'on demandait à l'outil, c'était d'effectuer dans l'ordre un certain nombre d'opérations mécaniques. Parmi les ancêtres de l'ordinateur, il faut aussi compter la machine à calculer de Pascal, dont il sera question plus loin.

La Seconde Guerre mondiale donna l'impulsion décisive à la mécanisation du calcul. Pour définir la trajectoire des missiles meurtriers tels que les V-2 ou poursuivre leurs recherches sur la bombe atomique, les mathématiciens devaient effectuer un grand nombre d'opérations. Le temps manquait : la demande était importante et la main-d'œuvre rare. La solution fut donnée par la lampe à vide, celle-là même que l'on trouve encore dans les vieux postes de radio : en 1942, l'Allemagne nazie construisit le Z-3, premier calculateur électronique, comprenant 1 500 lampes et des embrayages électromécaniques. Deux ans plus tard, ce fut le tour des Américains : le professeur Aiken, de l'université de Harvard, mit au point le premier calculateur automatique, dit « à séquence contrôlée », le Mark-I. Les deux appareils étaient conçus suivant le même principe : les palpeurs du métier à tisser qui lisaient mécaniquement les rouleaux perforés étaient remplacés par des brosses métalliques électrifiées branchées à des lampes-radio par des fils électriques et qui, surtout, permettaient pour la première fois d'établir la liaison entre des machines jusque-là séparées telles que les machines mécaniques à additionner, à multiplier, à soustraire, à écrire, à imprimer. Le nouvel appareil, qui pouvait remplir toutes ces fonctions à la fois, était un véritable monstre composé de relais électromécaniques, bientôt remplacés par des tubes électriques. La première véritable machine de « traitement automatique des données » *(data processing machine)* naquit ainsi aux États-Unis en 1946 et fut baptisée ENIAC. Elle comprenait 19 000 tubes, 5 000 commutateurs, et pesait trente tonnes. Son gros problème était que certains tombaient en panne au bout de quelques heures.

A quoi servait, au juste, cette machine incommode ? A compter, à calculer, à comparer, à supputer. Pour désigner cette activité, le latin avait un nom : *computus ;* l'ancien français disait jusqu'au XVIIe siècle : *compost,* et le moderne : *comput*[1]. Les Anglo-Saxons, modestement, en sont restés à appeler un chat un chat : le *computer* n'avait que faire d'un fallacieux anoblissement. En France, nous avons préféré les mots ordre, ordonner, ordinateur, ce qui n'est pas innocent – on imagine tout de suite quelque grand-prêtre debout au-dessus des fidèles... Clignotant de toutes ses lampes, on voit s'avancer la machine dont on dira plus tard qu'elle pense comme l'homme (ou mieux), qu'elle crée comme lui (ou mieux)... et qui finalement dominera son propre créateur. Il est vrai qu'au début, son aspect était beaucoup plus infernal. C'est qu'il fallait beaucoup de lampes ! La moindre opération mettait en jeu des centaines,

1. *Comput :* du latin *computus* (1584). Supputation qui sert à dresser le calendrier des fêtes mobiles. (Dictionnaire Paul Robert, 1976)

des milliers d'ampoules qui devaient fonctionner en même temps. Et il fallait attendre que le courant circule partout, que les lampes chauffent. Le premier computer n'était pas exactement un appareil très maniable...

En Europe, le premier ordinateur fut construit à Cambridge (Grande-Bretagne) en 1949. Ses applications étaient exclusivement militaires. Il faudra attendre 1964 pour qu'en France la diabolique machine s'introduise dans le domaine civil. C'est le professeur Raymond qui en conçut les plans, et un homme audacieux, J.-P. Schwab, organisateur de L'Oréal, auquel était associé G. Landon, décida de se jeter à l'eau et d'en équiper sa société. Plus tard, G. Landon me raconta ses démêlés avec ce premier ordinateur : une fois qu'il eut fini de le régler, de le mettre en route et d'en tirer les premiers résultats de calcul et de comptabilité, il avait maigri, si je me souviens bien, de dix kilos. Il y avait toujours quelques-uns des innombrables tubes qui sautaient ; il fallait alors tout arrêter et parcourir les vastes pièces qu'occupait l'ordinateur, avec des tubes de rechange sous le bras. Le personnel de la société s'avéra vite insuffisant, il fallut embaucher ! A la fin, Guy Landon tenait l'ordinateur pour le diable lui-même – à vrai dire, le futur ne lui a pas donné tort... L'histoire finit bien, cependant, car un beau jour, ou plutôt une belle nuit, l'épouvantable machine déclencha un incendie au siège social de L'Oréal. Par bonheur, la société était assurée. Inutile de dire qu'avec l'argent de l'assurance, on ne racheta pas un second ordinateur. Depuis, Guy Landon n'aime pas beaucoup les gros ordinateurs. Il est d'ailleurs l'un des membres fondateurs de l'A.M.I., l'association que je préside, en faveur des petits...

Mais revenons à l'immédiat après-guerre. Pour faire fonctionner la machine, encore fallait-il savoir comment traduire les chiffres et les instructions en codes, c'est-à-dire en séries de 0 et de 1. Avec les orgues de barbarie, on procédait de manière intuitive, de proche en proche. Mais, face à des centaines de milliers de lampes et à une structure aussi complexe, il n'était plus possible de se fier à l'intuition de quelques artisans. Il ne fallait rien moins qu'une profonde transformation de notre langage et de nos catégories logiques. Heureusement se trouvait là, toute prête, une théorie mathématique qui permettait cela : l'algèbre de Boole.

George Boole était un mathématicien anglais du milieu du XIXe siècle. En 1859, quand il publia son obscure *Théorie des transformations analytiques,* Karl Marx confiait à l'éditeur sa *Critique de l'économie politique,* Darwin son *Origine des espèces* et Wagner son *Tristan et Isolde.* Mais Boole ne connut pas la même notoriété que ses illustres contemporains, il vécut inconnu et disparut de même. Cependant, le système qu'il avait inventé s'adaptait comme un gant à l'ordinateur. Sans l'algèbre de Boole, celui-ci, qui ne met en jeu que des 0 et des 1, n'aurait peut-être jamais existé.

Au moment où le prototype du premier ordinateur voyait le jour, en Allemagne puis aux États-Unis, ses inventeurs n'imaginaient pas un instant qu'il pourrait avoir des applications autres que scientifiques. C'était une curiosité de laboratoire. Et puis, la fonction créant l'organe, l'appareil devint utile et bientôt indispensable. Non seulement il calculait, mais il effectuait automatiquement des opérations à la chaîne et les répétait un grand nombre de fois. Il se chargeait des tâches les plus fastidieuses. Par exemple, si une grosse société voulait déterminer le nombre de dépôts de marchandises dont elle devait disposer sur toute l'étendue d'un pays, comment devait-elle procéder ? Moins elle en construisait, et moins cela lui coûtait cher ; mais, d'un autre côté, moins il en existait et plus les coûts de transport étaient élevés. L'ordinateur pouvait calculer ces coûts dans chaque hypothèse : un seul dépôt, puis deux, trois, dix, cent dépôts, etc... Il étudiait aussi systématiquement toutes les solutions possibles au problème de leur meilleure localisation. En procédant manuellement, l'homme aurait mis un siècle avant de trouver l'option optimale... L'ordinateur est doté d'une infinie patience : pourvu qu'on lui dise comment opérer, il peut recommencer le même calcul un million de fois, cela lui est égal. Il lui est égal aussi de s'occuper d'une chose ou d'une autre : il ne procédera pas différemment pour calculer la meilleure trajectoire d'une fusée se rendant de la Terre à la Lune. C'est justement cela qu'on appelle, aux États-Unis, *to compute.*

Au lendemain de la guerre, le genre humain avait donc

glissé dans sa panoplie d'outils un nouvel instrument ; mais l'ordinateur, s'il existait bel et bien, restait gigantesque et coûtait au bas mot un million de dollars ! En attendant qu'il devienne plus accessible, on dut continuer à se servir d'autres outils. Jusqu'autour de 1960, il existait une machine qui s'appelait la Monroë. C'était une petite merveille de mécanique et de miniaturisation. Elle ne pesait que 5 ou 6 kilos et pouvait tenir sur une table. Et elle faisait automatiquement les multiplications – à condition cependant de faire travailler des « Monroïstes », véritables spécialistes. Pour multiplier par exemple 12 par 1985, il fallait commencer par entrer 12 dans la machine, ensuite presser un bouton et écouter le nombre de tours du moteur. Broum, broum, broum... arrêter à 5 : le 5 de 1985 était entré. Recommencer la même opération pour le 8 (8 tours de moteur), pour le 9 et enfin le 1. Presser un autre bouton : un grand vacarme, et le résultat s'affichait sur un cadran ! On effectuait ainsi une opération en quelques secondes. Seulement, dans les magasins équipés d'une Monroë, la clientèle était obligée de faire la queue pour payer.

Afin de résoudre le problème, on imagina de grouper plusieurs Monroë assistées de plusieurs Monroïstes pour assurer en commun, dans des bureaux de facturation, les calculs de différents grands magasins. Par ce moyen, il devenait possible de répartir l'utilisation des machines, de surveiller celles-ci plus facilement et de tenir les dispositifs de réparation à proximité. C'était parfait ! Le seul inconvénient résidait dans le cheminement des documents à traiter jusqu'au bureau de facturation équipé de Monroë. Pour cela, on fit appel à un ingénieur en... canalisations, qui construisit un réseau de tuyaux pneumatiques, semblable à celui de l'ancien réseau parisien de « pneus ». Une capsule enfermant les factures était propulsée jusqu'à destination par de l'air comprimé. Ce système existe encore dans certains vieux magasins américains.

Un jour, les progrès de la mécanisation condamnèrent la Monroë. La machine à calculer intégrée à la caisse enregistreuse sonna son glas. Au même moment, les premières machines à écrire électriques faisaient leur apparition. La principale société qui les fabriquait s'appelait la Compagnie internationale des machines de bureau :

International Business Machines, plus connue sous son sigle I.B.M.

Simultanément, l'ordinateur s'imposait. Mais il évoluait dans une autre sphère : il était réservé à la recherche, à la N.A.S.A., en France à la S.N.C.F., bref à des entreprises de très grande dimension. Une société plus moderne qu'I.B.M. s'était lancée dans l'aventure : UNIVAC qui, en 1951, lança sur le marché son premier grand ordinateur, UNIVAC-1, au prix d'un million de dollars. La clientèle se montra tellement sceptique qu'il s'en vendit, en tout et pour tout, trente-six exemplaires ! On riait de la folle audace d'UNIVAC, et son énorme machine était unanimement dénigrée. Les patrons d'I.B.M. décidèrent pourtant de se débarrasser de ce concurrent qui risquait de devenir gênant ; ils se mirent donc à fabriquer des ordinateurs, avec l'arrière-pensée plus ou moins avouée de faire la démonstration de leur inefficacité. Leurs premières machines, le 701 (1953) et le 704 (1956), confirmèrent leur attente : il s'en vendit respectivement dix-neuf et deux cents exemplaires ! Pour connecter entre eux les milliers de tubes qui composaient l'appareil, I.B.M. fabriqua l'équivalent d'énormes standards téléphoniques, avec d'innombrables fils rouges, verts, bleus, etc. Les *mécanographes* qui les manipulaient, véritables standardistes de l'ordinateur, devinrent du jour au lendemain des gens précieux. Leur spécialité ? Ils connaissaient l'algèbre de Boole, savaient transcrire les chiffres de la comptabilité en une succession de 0 et de 1 et mettre en route les opérations nécessaires. Ils y passaient d'ailleurs tellement de temps que c'en était épouvantable. Et si la plus minime erreur se glissait dans leur production, des centaines de pages se transformaient en 0 et 1 erronés.

Survint alors quelque chose de très important : l'invention du transistor ! Les anciens tubes furent soudain bons pour le magasin des accessoires : de tout petits éléments solides, composés de couches de semi-conducteurs (silicium), allaient désormais remplir leur office. Au départ, d'ailleurs, cette innovation ne concerna pas les ordinateurs, mais uniquement les postes de T.S.F. Ce n'est qu'un peu plus tard que le transistor séduisit les informaticiens et les constructeurs d'ordinateurs, rendant possible de concevoir des appareils moins encombrants, moins fragiles et plus puissants, sans parler de la chute des coûts des composants : tout était prêt pour le lancement de la deuxième génération d'ordinateurs.

En 1960, I.B.M. proposa son modèle 1401, d'une capacité de 4 à 16 K-octets, semblable à celle des micro-ordinateurs d'aujourd'hui, et la révolution se produisit : il s'en vendit plus de dix mille exemplaires ! Outre que la machine s'était améliorée, un autre facteur militait pour le succès d'I.B.M., société conservatrice qui produisait jusque-là des machines simples et robustes : son réseau commercial était extrêmement ramifié. Après ce premier succès, la vieille maison se mit à croire à l'ordinateur. Elle s'y lança à corps perdu.

A l'époque, je m'en souviens, j'avais calculé qu'il ne faudrait pas plus de cinq ans pour que l'ordinateur soit mis à la disposition d'entreprises moyennes, de la taille d'un grand magasin. Je faisais mes débuts de professeur de théorie des systèmes et mes travaux pratiques comprenaient l'apprentissage de l'utilisation de l'ordinateur : les étudiants que je prenais en charge devaient être ingénieurs cinq ans plus tard, et je ne voulais pas former des chômeurs. Quand je fis part de mes prévisions, le tollé fut général : « C'est de la science-fiction ! Cinq ans seulement, en 1965 ! Vous rêvez ! En l'an 2000, peut-être, de très grands supermarchés pourront se permettre d'acheter des ordinateurs, mais pas avant ! » Comme on le verra, mes prédictions furent confirmées un peu plus tard...

En réalité, tout dépendait de la politique qu'allait suivre I.B.M. Après ses premiers grands succès, elle se trouva face à une alternative d'où dépendait tout le sort de l'informatique. La première possibilité était de perfectionner les appareils de calcul déjà existants : les machines électrocomptables, lourds objets de fonte qui réussissaient avec un bruit abominable à imprimer les factures avec un certain ordre. Grâce à l'invention de l'ordinateur, on pouvait y intégrer un peu d'électronique, ce qui aurait eu pour principal résultat de les rendre plus silencieuses. Si I.B.M. s'était engagée dans cette voie, les structures des entreprises n'auraient changé en rien : la miniaturisation aurait ramené les machines électrocomptables à la taille de calculettes, et voilà tout. La révolution informatique n'aurait pas vu le jour.

Mais il existait une deuxième option : bouleverser les structures des entreprises pour les organiser autour d'un ordinateur central. Le célèbre Von Neumann conseilla cette solution à I.B.M. Selon lui, l'ordinateur étant une machine chère et fragile, et le personnel sachant le faire fonctionner rare et spécialisé, la seule solution économique résidait dans la concentration. On ne pouvait se permettre, soutenait-il, d'embaucher pour chaque petite succursale le personnel susceptible d'entretenir le précieux appareil et surtout de le programmer, c'est-à-dire d'aligner les 0 et les 1 indispensables. L'algèbre de Boole, à l'époque, semblait aussi mystérieuse que la théorie de la relativité d'Einstein. En fait rien n'est plus simple, et aujourd'hui les enfants font de l'algèbre de Boole très jeunes. Mais, vers 1960, quiconque y comprenait quelque chose était considéré ocmme un véritable savant et payé en conséquence.

I.B.M. choisit donc, au nom des économies d'échelle, de bouleverser les structures anciennes afin de permettre l'avènement de l'ordinateur central. Personne n'étudia les implications sociales et économiques de ce choix, n'en fit le fameux *« technological assessment »*. Sans quoi, on n'aurait pas couru vers l'ordinateur, on aurait volé ! On se serait précipité au pas de charge ! Car, à partir de ce moment-là, tous les problèmes qu'a rencontrés l'informatique, toutes les tuiles qui ont surgi ont finalement contribué à faire la fortune d'I.B.M.

Que s'est-il donc passé ? Eh bien, on a commencé par vendre des ordinateurs aux très grosses entreprises, en leur demandant de transformer leurs structures en conséquence. Cela se faisait à l'américaine : on sablait le champagne ; au moment crucial, des filles toutes nues sortaient d'un énorme gâteau représentant un ordinateur ; des tubes de toutes les couleurs clignotaient dans tous les sens ; c'était magnifique. Mais ensuite, il s'avérait que l'ordinateur, personne ne savait le faire marcher. C'était encore plus compliqué qu'on ne l'imaginait. Personne, sauf les gens qui l'avaient construit, et encore ! Imaginez un peu le tollé de protestations... I.B.M. se trouva alors dans la pénible obligation de faire machine arrière, de revenir à la première solution.

Les patrons de la société eurent alors une idée de génie. La solution la plus facile était de tout abandonner et de se replier tant bien que mal. Il en était une autre, beaucoup plus délicate, qui consistait à transformer l'échec en avantage. Au lieu de s'adresser à des techniciens et de payer des milliards pour essayer d'arranger les choses, I.B.M. se tourna vers des spécialistes de la communication, de la vente, des relations publiques. Ceux-ci mirent au point un argumentaire qu'I.B.M. resservit aux chefs d'entreprise : « Il est exact, comme vous l'avez remarqué, que cette machine est difficile à utiliser. Pourquoi ? Tout simplement parce que, après le cheval, c'est l'appareil le plus *noble* que l'homme ait jamais connu. Il mérite, de ce fait, des dépenses de personnel considérables. Cela va vous coûter cher ? Mais non ! Car I.B.M. – compte tenu de la noblesse de cet outil magnifique, cet outil qui va éliminer la pauvreté, la maladie, stimuler la science et les techniques, assurer le progrès de l'humanité, aider à l'avènement de la civilisation en même temps qu'il vous aidera vous-même, monsieur, vous qui n'êtes pas un client comme les autres puisque vous avez fait confiance à l'ordinateur plutôt que d'acheter de vulgaires machines comptables –, I.B.M. donc va vous faire un cadeau. Un cadeau royal : nous vous offrons la formation gratuite de votre personnel, afin qu'il puisse faire fonctionner la divine machine. Et s'il n'est pas encore assez bien entraîné, nous vous enverrons nos spécialistes, le temps qu'il faudra, pour s'occuper de l'ordinateur et servir gratuitement de professeurs. Les gens qui auront ainsi été formés par nos soins seront d'une compétence remarquable et assureront à votre compagnie des économies considérables. Il conviendra, bien sûr, qu'ils soient correctement considérés dans votre entreprise... »

Les chefs d'entreprise, très émus, jugèrent que c'était vraiment très généreux de la part d'I.B.M. et se confondirent en remerciements. Ainsi furent ouvertes des écoles gratuites dans lesquelles on forma non seulement des informaticiens mais aussi des professeurs, des universitaires, etc. La grandeur d'âme d'I.B.M. ne connut pas de limites : même les techniciens d'UNIVAC purent recevoir la manne. Et toute une génération se forma à l'utilisation des machines portant le sigle I.B.M...

V

Grand chaudron, petit chaudron

Une parenthèse, si vous permettez, pour raconter une histoire à la façon des Mille et Une Nuits. C'est une fable, une parabole. Mais il ne faut pas se fier à son apparence enfantine...

Il était une fois un grand village où les gens vivaient heureux. Ils se nourrissaient principalement de soupe, et chaque foyer avait sa spécialité particulière. Tomates, persil, oignons, poivrons, épices... : chacun disposait de son dosage inimitable, de son petit secret. On se faisait goûter la soupe entre amis. C'était le bon temps.

Or voici qu'un beau jour, d'une Babylone voisine, vint un homme mystérieux. Cet homme visita le village puis, ayant réuni les gens sur la place centrale, il leur dit : « Vous êtes stupides ! Vous perdez votre temps à faire la soupe comme vous la faites. Vous comptez mille foyers et vous entretenez mille chaudrons ? C'est absurde ! Laissez-moi agir : j'ai une solution beaucoup plus économique. Je m'engage à préparer la soupe pour tout le village dans un seul chaudron. Pour allumer le feu, une seule allumette suffira, là où il vous en fallait mille ; pour l'eau, un seul voyage au puits ; et tout sera moins cher, puisqu'on achètera en gros tomates, persil, oignons, poivrons, épices ! Vos femmes, est-ce qu'elles ont le temps d'apprendre à préparer la meilleure soupe du monde ? Évidemment non ! Moi, grâce aux économies qu'assure mon système, je pourrai engager pour vous, rien que pour vous, le meilleur cuisinier du pays, le grand spécialiste de la soupe. Il ne fait que ça : de la soupe ! Non seulement il choisira des ingrédients de tout premier choix et saura les cuisiner de la meilleure façon, mais il saura comment tourner la cuillère correctement. Tenez, je pourrai même embaucher, outre le chef, un spécialiste pour choisir les ingrédients et un autre pour tourner la cuillère ! Avez-vous appris à tourner la cuillère dans la soupe ? Avez-vous seulement pensé au problème ? Vous le faites un peu comme ça, j'en suis sûr, au jugé ! Moi, je vais confier votre soupe à trois spécialistes ! Vous paierez votre soupe deux, trois fois moins cher et elle sera dix fois meilleure ! »

Cet homme parlait très bien. Il venait de la ville. On l'acclama. Il se trouva même un géomètre pour révéler que tout cela était écrit dans les étoiles ! On se mit en peine d'un gros chaudron. Mais le premier qu'on construisit s'effondra : l'ingénieur en résistance des matériaux manquait à l'appel. On en fit venir un. Après deux ans d'essais, un superbe chaudron géant dominait les maisons du village.

C'est alors qu'on se rendit compte qu'il fallait une cuillère si grande qu'aucun homme ne pouvait à lui seul la tourner. Un autre ingénieur se mit à l'ouvrage et inventa toute une mécanique spéciale. L'homme qui savait admirablement tourner les cuillères dut se reconvertir pour apprendre à tourner une manivelle actionnant la cuillère. Quant au spécialiste du choix des ingrédients, il rencontra des problèmes comparables. Car il pouvait sans hésiter choisir le meilleur oignon entre dix qu'on lui proposait. Mais lorsqu'on lui en présentait une tonne, il était bien forcé de tout prendre, le bon comme le mauvais. Il y eut quelques intoxications alimentaires.

Ces quelques problèmes mis à part, on réussit à avoir un chaudron parfaitement au point sous tous rapports, au bout de quelques années seulement. On en construisit même un second tout de suite après : on s'était avisé que, pendant que le chaudron unique était lavé, frotté et séché... tout le village était privé de soupe !

Tous les soirs, la soupe cuisait à gros bouillons audessus du village : c'était l'essentiel. Il est vrai que le service posait quelques problèmes. Pas trop graves, mais tout de même... D'abord, à cause de la taille du chaudron, il fallait organiser un système pour aller se servir là-haut. À la tombée de la nuit, une longue procession se mettait en marche dans la grand-rue du village, l'écuelle à la main. Si seulement les habitants avaient voulu se servir tout au long de la journée, il n'y aurait eu aucun problème. Mais non, ils venaient tous à la même minute, sur les huit heures du soir ! Un autre problème était aussi que la soupe refroidissait pendant le trajet : on inventa la bouteille-thermos (on n'arrête pas le progrès !). Évidemment, cela coûtait encore un peu plus cher, mais enfin, il faut ce qu'il faut...

Tout n'allait donc pas si bien que ça, au point qu'un jour un esprit audacieux proposa de détruire le grand chaudron et d'en revenir à l'ancien système. Mais il était trop tard : plus personne ne savait construire de petits chaudrons et, de toute façon, les gens avaient oublié les recettes de la soupe familiale. Chacun s'était habitué tant bien que mal à la soupe industrielle, aussi appelée « soupe populaire »...

Heureusement, d'autres spécialistes vinrent se pencher sur le problème. Après avoir examiné la question, ils réunirent à nouveau les gens et leur dirent : « Cette soupe ne vous donne pas satisfaction parce qu'elle vous arrive « en rafales ». Nous allons construire un système de tuyauteries qui vous permettra de recevoir la soupe en ouvrant simplement un robinet. Ce sera la fin de vos ennuis. Tout se passera en définitive comme si, dans chaque foyer, vous aviez de nouveau le chaudron individuel, mais sans ses inconvénients, bien entendu ! » On les acclama eux aussi. Je vous épargnerai les nombreux déboires qui accompagnèrent la pose des tuyauteries. Un jour, enfin, la « soupe distribuée » vit le jour...

Dire que le nouveau système était de tout repos serait aller vite en besogne. Les gens n'avaient toujours pas perdu leur habitude de demander leur soupe tous au même moment. Et alors plus rien ne coulait dans les tuyaux, ou bien c'était froid, ou au contraire brûlant. Et puis, les canalisations étaient difficiles à nettoyer. Tantôt elles crevaient, tantôt le chaudron tombait en panne : le village était alors privé de soupe pour quelques jours. Mais on s'y était fait.

Un jour, on apprit avec surprise que le spécialiste de la soupe, le cuisinier renommé, était nommé grand vizir. Il était soudain devenu la personnalité la plus importante du pays, après le sultan. Pourquoi cela ? C'était – mais peu de gens le savaient vraiment – que l'on voulait éviter une grève dans l'armée de spécialistes qu'il avait maintenant sous sa direction, ce qui aurait coupé l'approvisionnement du village en soupe... D'ailleurs, il fallut donner des fonctions importantes à chacun des représentants des corps de métier liés à la fabrication de la soupe, puisqu'il suffisait qu'un seul d'entre eux se mette en grève pour que tout s'arrête. Rien ne servait évidemment de doser les ingrédients que plus personne ne tournait... Tels étaient les inconvénients de la spécialisation.

Par-dessus le marché, les gens étaient mécontents ! Ils commencèrent à rêver du temps où leur soupe avait le goût qu'ils affectionnaient tout particulièrement. Ils demandèrent à varier les menus : ils en avaient assez d'avoir tous les soirs la même soupe ! Le grand vizir proposa de compartimenter le chaudron en fonction des différents goûts. Mais ce système coûtait tellement cher que seuls les riches pouvaient y recourir ! Aussi l'on établit une règle démocratique : la loi du vote. En fonction du nombre de suffrages, la soupe désignée par la majorité était servie dans la plus grande partie de l'année et chaque minorité, en fonction de son importance respective, voyait pendant un nombre équitable de jours « sa » soupe couler au robinet.

Je ne m'étendrai pas sur d'autres péripéties de l'histoire, telle cette guerre qu'un pays voisin déclencha en coupant l'approvisionnement du bois qui servait à chauffer le grand chaudron. L'important, c'est que le conte se termine sur un *happy end* : un jour, un homme vint au village et annonça à la population qu'un système avait été trouvé pour que chaque foyer puisse acquérir, comme jadis, son chaudron individuel. Certes pas le chaudron du passé, non : un tout nouveau ; mais qui lui non plus n'était relié à aucune tuyauterie et ne demandait rien à personne !

Cinq ans après la prédiction que j'avais faite devant mes étudiants, l'ordinateur entrait effectivement dans certaines grandes entreprises. Pour ma part, j'étais enthousiasmé. Le seul problème était qu'il fallait concentrer les opérations comptables de plusieurs grands magasins au sein d'un seul et même ordinateur. Aussi, du matin au soir, c'était un va-et-vient incessant. Les entreprises devaient taper leurs données sur des cartes perforées, se rendre au Service informatique (quelque peu entouré de mystère), y laisser leurs cartes et revenir le lendemain chercher les résultats. Si l'un des usagers de l'ordinateur désirait une modification, par exemple dans la façon de présenter les résultats, il expliquait sa proposition et c'est la majorité des utilisateurs qui décidait du maintien ou de la modification du système en usage. Le gros ordinateur avait commencé à exercer sa pression normalisatrice.

À cette époque, on n'arrêtait pas de faire et de refaire ses comptes pour déterminer ce qui revenait le plus cher : effectuer des calculs à la main ou se déplacer pour les confier à la machine. La réponse paraissait claire : pour les opérations simples, additions, soustractions, multiplications, il restait plus intéressant de les faire à la main ou, comme le pratiquent encore les Japonais, au boulier. Par contre, il était avantageux de traiter par ordinateur les opérations en chaîne, telles que les calculs de remises. Seulement, la machine imposait ses conditions : il fallait d'abord lui expliquer comment faire, et surtout il fallait que la masse de données soit assez importante, le plus long étant justement les travaux de préparation, tout le processus nécessaire pour « entrer » les données et les règles de calcul. On n'avait donc pas le choix : il était nécessaire de concentrer toutes les opérations. Il arrivait que celles-ci ne soient pas assez nombreuses, ou encore qu'elles comprennent un trop grand nombre de cas particuliers alors que l'ordinateur ne savait traiter que le cas général. Le plus souvent, on s'apercevait de ce genre de choses après coup, en procédant à des calculs de rentabilité. La seule solution était d'accepter l'inconvénient, d'accepter que tout le monde boive la même soupe...

On commença par éliminer les cas particuliers. Quand il s'en présentait un, on disait : « Attendez trois ans, le temps de programmer l'ordinateur pour traiter votre problème. » Ou simplement : « Vous ne rentrez pas dans le cas général. » C'est là un problème, malheureusement, qui subsiste et subsistera toujours avec les ordinateurs : on perd parfois plus de temps à expliquer les choses à la machine qu'à les faire soi-même. Si vous avez deux mille cas identiques à traiter, vous pouvez prendre le temps de programmer l'ordinateur. Mais si, sur les deux mille, mille sont des cas particuliers, il faudra expliquer mille fois à l'ordinateur comment procéder. Ceci n'a rien d'exagéré, c'est même au centre de tous les problèmes en informatique. La nécessité d'amortir le coût de l'ordinateur a donc conduit invariablement à l'homogénéisation, mais tout le monde ne s'y est pas plié de bonne grâce. Les employés, à la rigueur, pouvaient s'en accommoder, mais non les clients : « Ce n'est pas ça que j'ai commandé ! », « Ce n'est pas cette présentation », « Je n'accepte pas ce document ! », etc.

Un autre problème crucial était celui des *communications*. Tout ce temps passé à aller et venir ! Des ingénieurs vinrent alors, à nouveau, avec des « tuyauteries » : des câbles pour relier au gros ordinateur central chacun des clients, chez qui on installait ce qu'on appelle un terminal. Le règne du gros système, de la société câblée pouvait commencer.

Hélas ! toutes les prédictions du conte du chaudron se révélèrent fondées. Tout d'abord la panne, qui peut paralyser toute l'activité d'une entreprise. J'ai vécu cet incident aux États-Unis, dans un grand magasin équipé d'un « Tradar », fabriqué par General Electrics. C'était tout simplement un terminal, c'est-à-dire un clavier de machine à écrire et à calculer, branché par câble à un ordinateur situé à cinq cents mètres de là : pas bien loin mais, quand même, il fallait absolument que toutes les opérations fassent l'aller-retour. Quand vous calculiez $2 \times 2 = 4$, il fallait rentrer 2, puis $\times$, puis encore 2 ; l'ordinateur recevait ces indications par câble, faisait $2 \times 2 = 4$, et le 4 vous revenait. Le moindre mouvement de l'imprimante était également commandé par l'ordinateur. On imagine la circulation d'informations, qui faisait que les câbles étaient constamment surchargés. À la moindre erreur dans l'ordinateur, c'était la catastrophe ! Par exemple, une erreur concernant le destinataire des résultats... On s'aperçut alors qu'il valait mieux calculer 2×2 sur place. Les ingénieurs inventèrent un système dans lequel chacun pouvait garder un chaudron individuel de secours, dont il ne se servirait qu'en cas de défaillance du chaudron collectif. Mais alors, pourquoi ne pas se servir en permanence du chaudron de secours ? Eh bien, tout simplement, parce qu'alors le chaudron central n'aurait plus de raison d'être ! Aujourd'hui, dans de nombreux cas, le terminal est un micro-ordinateur complet, que des constructeurs en sont arrivés à bloquer, à inhiber avec un dispositif spécial pour que l'utilisateur ne s'avise pas, plutôt que d'attendre sagement la réponse de l'ordinateur central, de faire ses calculs sur place...

Avant que le réseau de câbles ne soit installé, chacun apportait sa pitance à la machine et repartait le lendemain avec les résultats. Avec le système de câbles, le problème de l'ordinateur était de se rappeler d'où lui venaient telles données, à qui il devait rendre les résultats, etc. : il devait servir cent personnes à la fois. Il fallut se résoudre, pour cela, à détourner une partie, une partie énorme, de la puissance propre de l'ordinateur. On appelle cela l'« *overhead* » : une énergie considérable est utilisée par la machine simplement pour se gérer elle-même. Plus l'ordinateur est gros et plus grande sera la puissance ainsi détournée. Exactement comme dans la parabole du chaudron, il est clair qu'au-delà d'un certain seuil, le signe se renverse : l'économie qu'on pensait réaliser en concevant des systèmes de plus en plus gros se change en gaspillage. La question mérite qu'on s'y arrête car elle intéresse non seulement l'informatique, mais beaucoup des aspects de la vie moderne : en économie, la production industrielle ; en matière d'énergie, le gaz et l'électricité distribués ; en architecture, les tours ; etc.

La révolution industrielle a construit un schéma d'organisation, qui a proliféré en tous lieux et en tous domaines, selon lequel, pour des raisons d'économie, il est avantageux de procéder à une centralisation de plus en plus poussée des structures. Cette logique implique de transformer les utilisateurs en consommateurs à qui l'on distribue ce dont la production était auparavant répartie dans tous les foyers. *Distribuer ou répartir*, telle est donc la question. Les « décideurs » qui ont choisi la concentration ont pris en compte un certain nombre de critères financiers et *quantitatifs* ; faute de savoir les chiffrer, ils ont laissé de côté les inconvénients *qualitatifs* concernant par exemple la dépendance accrue de l'utilisateur, les encombrements, la protection de la nature, etc. Or, de toute évidence, un inconvénient a beau n'être pas quantifiable, il n'en existe pas moins. Et il produit souvent des effets cumulatifs : il reste discret pendant des années puis, un beau jour, il éclate brusquement et se révèle très grave. C'est typique, par exemple, des problèmes de pollution.

On pourrait objecter que, tout de même, le gaz et l'électricité nous sont distribués sans que cela pose de problèmes majeurs. Cela n'est pas si sûr ; tout dépend de la situation, de l'endroit, de la période. Dans un certain nombre de cas, il serait incontestablement plus économique d'exploiter l'énergie locale entre voisins que de s'abonner à E.D.F. Mais c'est interdit, E.D.F. disposant d'un monopole. Posons la question : vaut-il mieux, en France aujourd'hui, continuer à utiliser l'électricité collective ou remplacer E.D.F. par des sources d'énergie solaire ? Les calculs montrent évidemment que, globalement, la première solution est beaucoup plus rentable. Que fait-on alors ? On abandonne les projets solaires. C'est cela même qui est absurde ! Il faudrait segmenter, considérer le problème au niveau de la région, de la ville, des diverses catégories de besoins. On obtiendra des réponses tout à fait variées, car il n'existe que des cas d'espèce. Pour de tels problèmes, la loi de la majorité est dénuée de sens. On s'apercevra, par exemple, que le solaire intéresse, pour des régions représentant 10 % de la France, 80 % de la population. Pourquoi, au nom de la majorité, empêcher ces 10 % de tirer leur énergie du soleil ? La centralisation française est une vraie maladie.

On sait que Louis de Bavière fut tenu pour fou. En réalité, il avait deux tares : d'être homosexuel et surtout de s'opposer à la division du travail au nom de laquelle le roi de Prusse voulait concentrer l'industrie en Prusse et transformer la Bavière en domaine exclusivement agricole. Louis de Bavière pensait que, pour ne pas être totalement dépendant, il fallait conserver quelques éléments de l'économie traditionnelle sur lesquels se replier en cas de guerre, pour au moins survivre. Il voulait, au fond, garder le petit chaudron à côté du grand. A cause de cela, on fit taire le roi de Bavière.

De même, avant la révolution industrielle, les gens avaient leur petit jardin potager. Ils dépendaient des échanges avec les autres pour bien des choses, mais ils pouvaient toujours, en cas d'extrême nécessité, se replier sur leur lopin de terre. Cette organisation gardait vivant le tissu social ; les fils, les pères et les grands-pères faisaient partie de la même communauté. Dans le système que nous connaissons actuellement, 80 ou 90 % de la population est salariée, ce qui signifie qu'elle a pieds et poings liés. Pour sa survie, elle dépend entièrement d'une poignée d'employeurs. Le déséquilibre est tellement grand que l'on a prévu des organismes gigantesques, toute une énorme bureaucratie, pour assurer des fonctions jadis naturellement remplies par les communautés familiales ou villageoises : la sécurité sociale, l'assurance-vieillesse, l'agence pour l'emploi. Tous ces organismes ont en commun d'être lourds et surtout inhumains, parce qu'anonymes. La centralisation excessive a ainsi transformé les citoyens en un malheureux troupeau d'assistés.

La même logique a conduit à la construction des tours d'habitation. Caser, en les empilant, 50 personnes sur 10 m^2 de sol, cela présentait, sur le papier, d'indéniables avantages économiques. Mais, a posteriori, il est apparu que le système n'était pas intéressant, même du strict point de vue de la rentabilité. L'entretien, les dispositifs de sécurité, la surveillance ont tôt fait de manger le profit supposé. De plus, ce mode d'habitation s'est révélé terriblement inhumain. Il faudra bien que l'on finisse par admettre l'idée qu'il est une échelle propice à l'homme, au-delà de laquelle il ne peut plus s'adapter. Ceux qui s'intéressent à l'informatique savent que le nombre maximum d'éléments – on dit, en jargon savant, de « *chunks* » – que notre œil peut percevoir d'un seul coup varie entre cinq et neuf. Si je vous entraîne à la fenêtre et vous montre l'immeuble d'en face en vous demandant de regarder la quatrième fenêtre du sixième étage, vous le ferez sans difficulté ; mais si je vous indique la dix-huitième fenêtre du trente-sixième étage, vous n'y arriverez pas ! L'homme n'est pas adapté à l'échelle des tours. Et, à mon avis, il ne s'y adaptera jamais !

Alors, que faire ? Abandonner la production industrielle, la division du travail, la construction moderne ? C'est impensable. Par contre, on pourrait commencer à ne plus poser les questions en des termes aussi globaux. C'est *Charlie-Hebdo*, je crois, qui avait publié une courte bande dessinée qui illustre bien notre propos. Un professeur rencontre un jeune ouvrier norvégien qui construit des maisons préfabriquées : « Combien de temps te faut-il, avec ton salaire, pour te payer une pareille maison ? lui demande-t-il. – Il ne me faudrait que six ou sept ans, répond l'autre. – Tels sont les avantages de la division du travail et de la construction moderne ! se dit le professeur. » Puis il rencontre un autre Norvégien, qui vit dans la forêt. Il lui pose la même question, et obtient pour réponse : « Avec tout le bois qu'il y a autour, six petits mois... »

Retenons surtout qu'il est aberrant d'opter, une fois pour toutes et en tous lieux, pour une solution quelle qu'elle soit. Il existe des méthodes d'étude qui permettent de choisir, selon les cas, entre distribution et répartition, système centralisé et unités autonomes, grands et petits chaudrons. Aussi est-il déplorable qu'on en soit arrivé à organiser les choses, dans 90 % des cas, suivant le modèle de la distribution. Cela est dû à l'extension irréfléchie et irraisonnée des pratiques du début du siècle. Celles-ci étaient, à l'époque, parfaitement adaptées ; elles le sont restées pendant un certain temps ; puis, un jour, elles ont dépassé le seuil critique. On s'est mis à faire toujours plus grand, à transplanter des procédés dans des pays pour lesquels ils n'avaient pas été conçus, à construire des structures inadaptées aux lieux, aux conditions, aux hommes : c'est là le premier type de généralisation abusive. Le second est d'avoir conservé certaines méthodes alors que les technologies qui les sous-tendaient avaient changé. Nous sommes victimes de la persistance d'anciens modes de pensée. On ne s'est pas suffisamment préoccupé de ce que les Anglo-Saxons appellent le *technological assessment*, c'est-à-dire l'examen des implications sociales, culturelles, humaines de l'innovation technologique. C'est comme si, ayant inventé la voiture à moteur, nous nous entêtions à la faire tirer par des chevaux : ayant inventé le micro-ordinateur, nous persistons à édifier des réseaux gigantesques. Et ceux-ci nous mènent tout droit vers une société non seulement concentrationnaire, mais de plus parfaitement anti-économique...

VI

Une si merveilleuse machine

Les quelques milliers d'informaticiens gracieusement formés par I.B.M. s'aperçurent très vite que la machine ne pouvait fonctionner sans eux, qu'ils bénéficiaient par conséquent d'une rente de situation. Sans I.B.M., ils n'étaient rien ; mais I.B.M., réciproquement, ne pouvait exister sans eux. Rien ne leur interdisait donc de se faire payer très cher en alléguant, grâce à une illusion communément admise, l'extrême complexité de leur savoir. Aujourd'hui, on sait bien que l'algèbre de Boole est un jeu d'enfant ; mais à l'époque, celui qui connaissait l'algèbre de Boole, dans un supermarché qui vendait des choux-fleurs et des chaussettes, c'était un véritable érudit ! Peu à peu, en outre, les modes d'emploi des énormes machines devenant de plus en plus monstrueux, la position des spécialistes s'est encore renforcée.

Dans un premier temps, l'ordinateur a incontestablement permis de véritables économies. Au sein des entreprises, les informaticiens se sont très logiquement installés aux sommets des services comptables et financiers. Une fois ces services investis, I.B.M. a voulu envahir les autres secteurs de l'entreprise : c'est ce qu'elle appelait le progrès, progrès qui se confondait, par une étrange coïncidence, avec l'essor des ventes d'ordinateurs. Tels de modernes missionnaires, les représentants parcouraient le monde industriel, munis de carnets de commandes. Ils parvenaient à persuader les P.-D.G. que l'ordinateur était utile non seulement pour la comptabilité, la paie, la facturation, les départements financiers, mais aussi chaque fois qu'un calcul quelconque était nécessaire. Les patrons se frottaient le nez : où pouvait-on calculer quelque chose ? Car, puisque la merveilleuse machine permettait de gagner de l'argent, il fallait essayer de tout mettre sur ordinateur.

Il s'ensuivit, dans les entreprises, un raz de marée de mathématiciens de tous poils, qui se lancèrent dans ce qu'on appelle la « recherche opérationnelle », c'est-à-dire la transformation de raisonnements relativement simples en raisonnements mathématiques. Cette formalisation de la logique humaine devait permettre, en principe, de prendre des décisions scientifiquement fondées, dans des situations complexes. L'un des premiers domaines d'application fut la promotion du personnel. La folie des équations s'empara des esprits, surtout aux États-Unis. On entrait dans l'ordinateur les résultats d'un certain nombre de tests quantifiés, censés mesurer vos aptitudes : le fait que vous préfériez rester à lire chez vous, aller à la pêche ou jouer aux échecs, par exemple, vous ouvrait ou vous fermait l'accès à tel ou tel poste de responsabilités. Pour que l'ordinateur puisse en décider, il fallait lui fournir un *algorithme*, c'est-à-dire une succession ordonnée d'opérations dénuées de toute ambiguïté. Une recette de cuisine (« Faites d'abord bouillir un litre d'eau, jetez-y vos haricots, puis faites revenir les lardons dans une poêle, etc. ») ou, mieux encore, la suite d'instructions détaillées pour le démontage d'un moteur sont des exemples simples d'algorithmes. Une fois l'ordinateur muni de l'algorithme qui lui permettait d'organiser la promotion du personnel, il manipulait cela admirablement. La société Westinghouse, par exemple, centralisa ainsi les problèmes de promotion de ses 200 000 employés. C'était merveilleux ! En réalité, ce fut une véritable catastrophe... D'abord, on ne traçait le profil de chacune des personnes concernées qu'une seule fois, de sorte que ceux qui étaient promus n'étaient pas forcément les plus compétents, mais ceux qui avaient le mieux su répondre au questionnaire. Les résultats ne manquaient pas d'être bien souvent grotesques ! Mais l'époque était à l'illusion, au grand rêve selon lequel la science ne connaissait pas de limites. L'invasion informatique se poursuivit dans les années 70, et chaque découverte technologique – circuits intégrés, microprocesseurs, mémoires à transistors, mémoires bipolaires, mémoires M.O.S., mémoires à bulles, registres à décalage, et j'en passe – servait à accroître un peu plus son emprise. Après le personnel, les services de vente, la production, etc., bientôt rien n'échappa à la machine.

Les comptables et les financiers n'en conservaient pas moins la haute main sur l'ordinateur. Ils l'avaient sous la main et cela leur permettait d'exercer un contrôle indû sur tout ce qui se passait. Ils pouvaient se permettre d'établir des priorités, de favoriser certains services au détriment d'autres, etc. L'ordinateur éliminant tout ce qui se faisait par d'autres moyens, les entreprises se centralisèrent autour de ce Veau d'or électronique. Comme les financiers en avaient la charge, aucune critique concernant les dépenses excessives que cela occasionnait ne pouvait s'exprimer. N'importe quel service se voyait reprocher par le directeur financier de ne pas mettre en concurrence suffisamment de marques d'eau de Javel avant d'en choisir une pour nettoyer les planchers, mais on achetait, les yeux fermés, tout ce que conseillaient I.B.M. ou UNIVAC. La recommandation venait parfois de l'informaticien-maison, mais la différence était minime puisque celui-ci sortait, justement, de l'école I.B.M.

Un jour, un chef d'entreprise ayant fait appel à moi pour un conseil, je visitai son service informatique : tout son matériel venait de chez I.B.M.

« Avez-vous testé autre chose qu'I.B.M. ? lui demandai-je.

– Non, non, ce n'était pas la peine, répondit-il. Mon informaticien m'a dit que seul I.B.M. convenait pour ce dont j'avais besoin...

– Ah ! bon ? Quelle est la fonction de cet informaticien ?

– Il est conseil en organisation.

– Appartient-il à votre entreprise ?

– Non. C'est I.B.M. qui me le prête.

– Comment se fait-il que vous ayez pris un conseil en organisation chez I.B.M. plutôt que de vous adresser à un indépendant ?

– C'est que, voyez-vous, un indépendant m'aurait pris très très cher, alors qu'avec I.B.M. c'était trois fois meilleur marché. »

Inutile de vous dire qu'à la place d'I.B.M., j'aurais été

jusqu'à payer pour que l'un de mes informaticiens « conseille » ainsi les sociétés ! Le fait que des chefs d'entreprise aient pu raisonner d'une manière aussi enfantine montre combien était anormale la relation entre I.B.M. – les constructeurs d'ordinateurs en général – et la clientèle. Cette relation n'était possible, en réalité, que grâce à la collusion, plus ou moins occulte, des services financiers et informatiques des entreprises. Cette complicité avec les constructeurs leur assurait la gloire et le pouvoir. Les chefs d'entreprise, quant à eux, se laissaient faire parce que leur orgueil était flatté, en particulier quand ils faisaient visiter leurs grandes salles d'ordinateurs et toutes les mystérieuses machines qu'elles contenaient. Si par-dessus le marché elles devaient leur rapporter de l'argent, tant mieux. Voilà sur quelle mentalité s'est appuyé, surtout aux États-Unis, le grand développement des premières générations d'ordinateurs.

Cette folie a mené aux aberrations que l'on imagine. Un jour, un président de grand magasin me demanda de mettre au point un système de rationalisation de ses livraisons. Je proposai de rassembler, pendant cinq jours bien choisis dans l'année, tous les documents de livraison puis d'étudier le nombre de camions qui convenait. Rien de bien sorcier : il fallait examiner comment la clientèle était répartie, voir la densité de la circulation, interroger les livreurs, mener sa petite enquête, enfin faire appel à un spécialiste de ce genre de problèmes pour mettre au point une solution à peu près rationnelle. C'était simple et efficace. Mais le président en question me répondit : « Nous avons un ordinateur. Utilisons-le donc. Nous procéderons par recherche opérationnelle, par programmation dynamique[1]. » Et il n'en fit qu'à sa tête, utilisant le théorème de Bellman-Kalaba, en effet... cabalistique. Après quelque temps, je reçus le rapport issu de cette étude ; il contenait des erreurs si grossières qu'un enfant de cinq ans aurait pu les éviter. Par exemple, on avait admis que le trajet moyen était égal au total des kilométrages, divisé par le nombre de clients, ou-

1. La programmation dynamique est une méthode de recherche opérationnelle qui consiste à explorer systématiquement toutes les voies qui vont d'un problème à sa solution. On appelle cette recherche du meilleur chemin une optimisation.

bliant qu'à certains endroits se trouvaient des forêts ou des étendues désertes ; que les clients n'étaient pas uniformément répartis sur le territoire, mais groupés dans des agglomérations ; que ces dernières comprenaient des rues parfois affligées de sens unique... Quand je soulevai ces objections, on m'opposa que l'étude avait coûté dix à quinze mille francs, et que pour intégrer toutes les variables dont je parlais, cent mille francs n'auraient pas suffi ! A quoi je répondis que pour résoudre des problèmes de livraison, il fallait savoir s'adapter aux cas particuliers, et que c'était justement ce que l'ordinateur ne savait pas faire !

« Comment s'en sortir, dans ces conditions ? me demanda-t-on.

– Eh bien, abandonnez votre rapport et revenez-en à la solution que je vous proposais à l'origine.

– Mais si on fait cela, nous ne serons pas crédibles. Il faut utiliser l'ordinateur, voyez-vous. Si ça ne marche pas, tant pis. Il n'y a qu'à injecter des paramètres de correction jusqu'à arriver à quelque chose d'acceptable... »

Cette histoire n'est d'aucune façon une parodie. On imagine mal à quel point les gens, bien souvent, trafiquent les résultats de l'ordinateur pour qu'ils correspondent à ce qui était attendu. Une autre raison poussait le président de ce grand magasin à agir de la sorte. Il n'avait pas osé me la dire, mais je l'ai découverte par la suite : c'est que, dans un objectif purement technocratique, il avait fait ranger les débits, toutes villes et clients confondus, par ordre alphabétique. S'il avait adopté ma solution, il aurait dû à nouveau trier les débits pour les grouper par villes, par régions, etc.

On voit que, très souvent, le recours à l'ordinateur représente une fuite en avant. Soumises à cette logique, les entreprises ont fini par se diviser en deux secteurs : l'informatique, hyper-rationalisée, bien ou mal d'ailleurs, est le grand chouchou, tandis que le reste patauge dans le désordre et la bêtise, sans le moindre effort de rationalisation, de productivité, ou même de simple bon sens. Naguère encore, il existait une activité simple et efficace qui s'appelait l'organisation du travail. Les organisateurs, les *« efficiency experts »* interrogeaient les gens, réfléchissaient avec eux et trouvaient des solutions toutes simples à leurs problèmes. L'informatique a pres que complètement tué cette activité. Les organisateurs sont soudain apparus complètement démodés, personne ne les consultait plus. Lorsqu'ils demandaient un petit crédit de mille ou deux mille francs pour aménager un poste de travail ou organiser les bureaux de façon un peu plus rationnelle – ce qui aurait permis des économies parfois considérables –, on les leur refusait. Ou, si on les leur accordait, il fallait qu'ils rendent des comptes ! Très vite ils ont fait figure de misérables, de parents pauvres, de gagne-petit. Les informaticiens, eux, pouvaient demander des millions pour des projets grandioses : les crédits leur étaient accordés les yeux fermés. Soutenus par I.B.M., favorisés par le directeur financier de leur société, couverts par leur patron, pourquoi se seraient-ils gênés ?

Cette folie qui s'est emparée des gens, en faveur du Dieu ordinateur, je dois dire honnêtement que j'y ai été pris moi-même. Comme dans le conte du chaudron, tout le monde a cru que plus la machine était grosse, moins cela coûtait cher de faire appel à ses services. Car si un ordinateur est quatre fois plus puissant qu'un autre, son prix n'est pas quatre fois plus élevé, mais une fois et demie seulement : il existe une loi, la loi de Grosch, qui permet de calculer les économies d'échelle réalisées chaque fois que l'on passe à une dimension supérieure. L'application de cette loi aboutit ainsi à la construction d'ordinateurs de plus en plus puissants. Assez vite apparut le problème que posait cette concentration : l'embouteillage des transports ; un nombre très élevé de documents devait en effet, chaque jour, arriver à la grande machine et en repartir. Comme dans la parabole du chaudron, on découvrit alors le moyen de transporter l'information au moyen des télécommunications : on utilisa les câbles téléphoniques ou des lignes spécialisées pour communiquer avec l'ordinateur. Celui-ci répondait, ô merveille, en temps réel, c'est-à-dire comme on l'a vu, sans délai. Ce système entraînait en réalité d'épouvantables complications, car certaines tâches sont effectuées très lentement par l'ordinateur, ainsi l'entrée des données, d'autres très rapidement, ainsi le traitement des opérations, le calcul. Il fallut donc que la machine se divise en une quantité de secteurs ; pendant que les unes se chargeaient des opérations lentes, les autres attendaient ou effectuaient les opérations rapides. Cette technique du « temps partagé » *(time sharing)* entraînait la nécessité d'avoir un autre ordinateur, le « moniteur », pour diriger le premier.

VII

L'ordinateur-Golem

Personne, à l'époque, ne songeait pourtant à mettre en cause le système. L'état d'esprit général menait à croire que tout ce qui était important pouvait et devait être digéré par l'ordinateur. Le chiffre, la rigueur comptable ou mathématique, d'une façon générale le quantitatif étaient devenus une véritable manie. Les hommes qui ne fournissaient que des données qualitatives impossibles à passer sur ordinateur étaient impitoyablement éliminés. Insidieusement, sans que personne ne s'en rende bien compte, une véritable mafia de l'ordinateur avait conquis le haut du pavé. L'université suivait le mouvement, quand elle ne le précédait pas : en deux générations d'étudiants à peine, ceux qui avaient appris à tout informatiser devinrent seuls promis aux brillantes carrières. De grandes théories furent échafaudées, comme celle de Schleifer dont le livre[1] fut vendu à des milliers d'exemplaires – bien que ces théories fussent à peu près inapplicables...

Il est vrai que l'ordinateur permettait, au même moment, d'énormes progrès scientifiques. Sans lui, en particulier, le voyage sur la Lune (1969) n'eût pas été possible. Rien d'étonnant à cela, puisque de tous les domaines c'est la science qui se prête le mieux à l'informatisation. Mais on en tirait argument pour toutes sortes de généralisations abusives, d'extrapolations scientistes.

1. *Les Mathématiques dans la pratique des affaires*, Dunod, 1964.

On commença, d'abord avec humour, à utiliser pour parler de l'ordinateur des mots tels que « mémoire », « compréhension », « intelligence »... Les constructeurs virent immédiatement le parti qu'ils pouvaient en tirer et, très vite, on parla de mémoire informatique et d'intelligence artificielle en prenant ces expressions au pied de la lettre, sans l'ombre d'un sourire. L'anthropomorphisme, cette illusoire identification de la machine à l'être humain, se mit à faire des ravages. L'ordinateur était devenu un Golem[1].

Non seulement il était doué de « mémoire » et d'« intelligence », mais il procédait dix mille fois plus vite que n'importe quel homme et avec une précision stupéfiante. La mémoire de l'ordinateur était dix, cent ou mille fois supérieure à celle de n'importe quel directeur d'entreprise : comment celui-ci pourrait-il rigoureusement tenir compte de tous les éléments d'un problème à traiter ? Alors qu'il suffisait de « demander » à l'ordinateur, et la réponse était immédiate. Connaissant la situation d'ensemble, la machine était à même de prévoir le futur, donc de choisir la meilleure organisation ou la meilleure stratégie. De là à dire qu'elle décidait, il n'y avait qu'un pas. On le franchit allégrement, ce fut la « théorie de la décision ». Dans le langage courant, cela se traduit par : « L'ordinateur a dit que... » Au début, on utilisait des périphrases telles que : « L'ordinateur donnera des éléments de décision. » Mais, avec la complicité avouée de tout le monde, tout scrupule fut bien vite abandonné : « L'ordinateur a décidé ceci », « L'ordinateur a rendu son verdict », etc. Ce monstre vivant occupe toujours aujourd'hui une place considérable dans la presse, dans des émissions de télévision comme *Goldorak*, dans des films comme *2001, Odyssée de l'espace*.

De grands savants tout à fait respectables, tels Chomsky ou Minsky, se mirent de la partie. Ils réussirent à mettre sur ordinateur des choses réputées informalisables, des langages « mous ». Il semblait ne plus y avoir de limites, la grenouille s'était enflée jusqu'à devenir aussi grosse que le bœuf. Et, comme on va le voir, elle allait être

1. « Dans le Moyen Âge, [le Golem était] une figure d'argile que l'on consultait. Elle portait inscrit au front le mot *vérité* en caractères hébraïques. » (Littré).

punie de sa vanité : c'est l'affaire du projet MULTICS.

En effet, la logique de la loi de Grosch conduisait inéluctablement à la construction d'un centre informatique géant. Le prestigieux M.I.T. (Massachusetts Institute of Technology) arriva à convaincre les différentes firmes de lui confier leurs plus gros ordinateurs. Celles-ci se surpassèrent pour apporter au projet leurs plus grands appareils que les techniciens du M.I.T. allaient se charger de connecter les uns aux autres. En particulier, General Electric fournit un ordinateur tellement énorme qu'il ne fut jamais commercialisé par la suite.

Une fois les connexions faites, l'utilisateur devait pouvoir poser à l'éléphantesque concentration d'ordinateurs n'importe quelle question. Sa demande était analysée et le super-super-moniteur indiquait quel *computer* était le mieux placé pour apporter la réponse. Avec ce système, plus besoin d'avoir un ordinateur chez soi. Plus besoin, en réalité, d'avoir quoi que ce soit chez soi ! Il suffisait d'un terminal, et de disposer d'une « boîte aux lettres » quelque part dans la jungle des ordinateurs interconnectés. Évidemment, il fallait se débrouiller pour récupérer ses données, que ce ne soit pas le voisin qui les reçoive.

Ensuite, les spécialistes du M.I.T. s'embarquèrent dans un autre projet. Ils se fixèrent pour objectif de faire traduire à un ordinateur de respectable dimension l'œuvre de Léon Tolstoï du russe en anglais, et cela avant dix ans : le même délai qu'on avait assigné au projet Apollo pour transporter l'homme de la Terre à la Lune. Une seule différence, mais de taille : on en est toujours au même point, aujourd'hui, pour ce qui est de Tolstoï. La tentative a lamentablement échoué et la raison en est simple : ceux qui l'avaient programmée avaient oublié que la traduction ne pose pas seulement des problèmes de syntaxe mais aussi des problèmes de sens, sémantiques. En russe les concepts ne sont pas les mêmes qu'en anglais ou en français. Et le mot allemand *Sehnsucht*, par exemple, n'est pas exactement rendu par « désir » ou « nostalgie » en français, ni par *spleen* en anglais.

Mais il y avait plus grave encore. Quelles que fussent les précautions prises par les spécialistes de MULTICS, des parasites se manifestaient : un bruit étrange, que l'on ne parvenait pas a éliminer. La qualité des composants fut d'abord mise en cause, puis celle des algorithmes utilisés. Mais on eut beau essayer d'autres composants, des algorithmes différents, pas moyen d'éliminer l'insaisissable rumeur. Par ailleurs, certaines informations confiées à l'ordinateur ne pouvaient plus être récupérées. On ignorait pourquoi : de tels phénomènes ne s'étaient jamais manifestés dans les petits ordinateurs...

Il fallut bien alors admettre la vérité : ces parasites, qui apparaissaient au-dessus d'un seuil donné de puissance et provoquaient les aberrations, étaient inhérents à la dimension même du système. Au-delà d'un certain seuil, la loi de Grosch cessait d'être valable, car un trop grand système provoquait une résonance interne qui le rendait incertain. De plus, une fois franchi ce seuil fatidique, la croissance de ce phénomène devenait vertigineuse, à mesure que la dimension et la complexité de la machine augmentait. Pour ceux qui savent un peu de mathématiques, la perturbation suivait une progression géométrique quand la taille de l'ordinateur augmentait selon une progression arithmétique. C'est ce que j'ai appelé l'effet Quadra.

Il n'était pas nécessaire, en fait, d'essayer de construire le plus grand ordinateur du monde pour découvrir cet effet Quadra : le simple raisonnement aurait suffi. Mais ceux qui avaient effectué ce genre de calculs n'avaient pas été écoutés. En réalité, si l'effet Quadra a été découvert si tard – entre 1973 et 1975 – c'est, toutes proportions gardées, pour la même raison que la théorie de la relativité. Dans la vie courante, même quand on se transporte vite, par exemple en avion, il est impossible d'observer des phénomènes relativistes : ceux-ci ne commencent à se manifester qu'à des vitesses considérables, qui ne soient pas négligeables par rapport à la vitesse de la lumière (300 000 km/s, soit plus d'un milliard de km/h). Eh bien, de façon tout à fait analogue, l'effet Quadra ne se manifeste que dans le cas de gigantesques interconnexions d'ordinateurs. Tant que les machines restent de taille normale, « humaine », il est impossible de l'observer.

Ainsi, avec le projet MULTICS, la grenouille avait fini d'enfler et elle éclata. Beaucoup d'espoirs se sont alors volatilisés, en matière de traduction automatique, d'intelligence artificielle, etc., bien que beaucoup de gens aient continué à rêver comme si de rien n'était.

Cet aveuglement n'était d'ailleurs pas uniquement américain. Dans nos pays, la contagion a également sévi. L'Allemagne, par exemple, s'est laissée facilement abuser, dans le fil de son excessive tradition d'organisation et de rationalisation. Et c'est en France que la maladie s'est le plus gravement déchaînée : parce que nous sommes le pays jacobin par excellence. Rationalisation, quantification, centralisation ont pour nous un attrait sans limites. Les Français, moins pragmatiques que les Américains, n'arrivent pas à reconnaître que quelque chose ne marche pas. Les Américains font une sélection par les abus. Ils apprennent d'abord les abus, et ensuite l'usage. Les Français, eux, apprennent l'usage et progressivement vont de l'usage aux abus. Quand ils y arrivent, c'est fini, ils ne peuvent plus faire marche arrière. C'est comme une vache qui a monté un escalier et ne peut plus le redescendre. Lorsque les Américains ont vu que le programme échouait, ils lui ont tourné le dos. Ils ont perdu des millions, et puis, voilà, c'était fini.

La France, par contre, s'est entêtée. Au début des années 70, le Premier ministre s'était inquiété des effets de l'informatique sur la société et avait demandé à Pierre Lhermitte, qui n'était pas informaticien, de mener une enquête. Auprès de qui ? D'I.B.M., de Honeywell-Bull et de tous ceux qui avaient des connaissances en informatique... c'est-à-dire qui étaient passés par I.B.M. ou Honeywell-Bull. Il fallait aussi consulter les utilisateurs, mais les seuls que l'on pût prendre au sérieux étaient évidemment les clients d'I.B.M. ou de Honeywell-Bull... Bref, Lhermitte rendit un très officiel rapport selon lequel, grâce à la loi de Grosch (il ne savait pas qu'elle avait été mise en défaut), tôt ou tard il n'y aurait plus à travers toute la France qu'un seul, tout au plus deux ou trois ordinateurs, extraordinairement puissants, avec lesquels le télétraitement et le laser permettraient à n'importe quel citoyen de communiquer. Pourtant, Lhermitte savait bien que le prix des mémoires baissait. Mais, disait-il, rien n'y ferait : les gros ordinateurs prendraient le dessus et des professions entières devraient se regrouper pour se servir du même ordinateur (en fait, il ne parlait que de calculateurs). Il avait prévu qu'en 1976-1977, tous les citoyens auraient un petit terminal à écran. Si, par exemple, quelqu'un voulait effectuer une règle de trois, mettons 2 400 multiplié par 126 et divisé par 25, la solution la plus économique, selon Pierre Lhermitte, était qu'il prenne son téléphone, appelle l'ordinateur, lui fournisse son programme sur le clavier à touches et reçoive le résultat sur son écran de télévision. On n'avait pas encore appelé cela la télématique, mais déjà l'esprit y était...

De fait, l'application aveugle de la loi de Grosch menait inévitablement à cela : un seul ordinateur par pays, voire pour le monde entier ! D'ailleurs, I.B.M., très sérieusement, avait proposé qu'il n'existe plus sur la terre entière que deux ordinateurs, aux antipodes l'un de l'autre, de façon à pouvoir les utiliser dans les heures creuses, quand s'endort la population de l'une ou de l'autre moitié du globe terrestre... Inutile de préciser que les prédictions de Pierre Lhermitte, tout entières placées « sous le signe du grand chaudron », se sont piteusement écroulées : bientôt des calculettes programmables ont été en vente dans tous les bazars.

L'illusion scientiste du « grand chaudron », dans les années 1960-1975, est tout à fait compréhensible. Elle renvoyait à toute une civilisation du quantitatif et du gigantesque, caractérisée par une véritable frénésie. Les États-Unis y étaient pour beaucoup, et aujourd'hui encore nombre d'universitaires américains souffrent d'un sorte de folie quantificatrice, algorithmique, informatisante. C'était aussi la période des grands projets économico-politiques, des grands projets d'étatisation, de centralisation, de planification – et notamment du grand rêve globalisant de la gauche. Tout cela s'emboîtait parfaitement, apparaissait parfaitement logique. Et tout cela s'est écroulé en même temps. Aujourd'hui il est possible – et j'espère y contribuer par ce livre – de remettre en cause un certain nombre d'idées reçues : les États-Unis s'y sont mis depuis quelque temps déjà, mais comme d'habitude la France traîne un peu... On sait pourtant que le grand rêve centralisateur – fondé sur les économies d'échelle, les intégrations de toutes sortes, etc. – est mort et doit faire place à d'autres logiques.

En fait, si jusqu'en 1975 nous vivions sous le signe du gigantesque et de la centralisation, à partir de cette date nous sommes entrés sans nous en rendre compte sous un signe nouveau, le signe du petit, du *small is beautiful*[1], des petites échelles. Il semble bien que rien n'ait échappé à ce renversement : ni les théories politiques, ni l'organisation de la production... ni l'informatique. Et que nous commencions tout juste à en percevoir tous les enjeux. Un simple exemple : l'achat par le Shah d'Iran de gigantesques ordinateurs I.B.M, destinés à une nation qui n'était manifestement pas en mesure de les utiliser, relevait typiquement de l'ancienne conception, et il ne semble pas qu'aujourd'hui le tiers monde s'apprête à commettre à nouveau de telles erreurs.

Nous sommes donc entrés dans une période placée sous un signe nouveau, et il est important de le savoir : cela nous évitera de courir derrière des chimères. Le projet européen Unidata, par exemple, se donnait pour objectif d'accomplir le rêve du *Future System* d'I.B.M, alors que précisément celui-ci était en train de s'écrouler. Et pendant que les Européens s'agitaient autour d'Unidata – qui s'est soldé par un échec cuisant –, les Américains, eux, faisaient un énorme bond en avant dans la micro-informatique. Des entreprises comme Hewlett-Packard, Intel, et la plupart des fabricants de composants groupés dans la fameuse « Silicon Valley » prenaient une remarquable extension. Pareillement, les Japonais mettaient au point les techniques nécessaires pour rendre les composants, la robotique et les machines audiovisuelles accessibles au grand public. Bien des choses se sont passées dans les cinq dernières années que l'on n'a pas déchiffrées, faute d'avoir compris qu'elles relevaient d'une mutation d'ensemble. En particulier, I.B.M. s'est laissé prendre, dans une certaine mesure, à sa propre entreprise d'intoxication. Contre toute évidence, elle a maintenu la logique du « grand chaudron ». Cela n'a été possible que par un effet d'inertie : I.B.M. était si puissante que toutes ses erreurs n'ont pas suffi à lui faire comprendre la transformation en cours. Mais trop d'erreurs finissent, à la longue, par devenir dangereuses, pour peu que des concurrents malins sachent en tirer parti. À tel point qu'I.B.M., en tant que construc-

1. *Small is beautiful,* livre de l'Anglais Schumacher, a connu un succès mondial. Publié en France, sous le même titre, aux Éditions du Seuil.

teur d'ordinateurs, est à mon avis condamnée : la lumière que nous en recevons nous parvient avec retard, comme celle de certaines étoiles qui ont d'ores et déjà cessé d'exister...

VIII

Sous le signe du petit

En 1975, par une extraordinaire coïncidence, alors même que s'effondrait la loi de Grosch, une autre loi, absolument opposée, commençait à s'imposer. C'est mon ami Bouhot qui lui a donné son nom. La loi de Bouhot, au contraire de la loi de Grosch, démontre qu'on obtient le résultat le plus performant quand un ordinateur de la plus petite dimension possible est capable de traiter la plus petite opération possible. Logique nouvelle, qui conduit à la plus grande déconcentration des machines : contrairement à ce que l'on croyait jusque-là, la véritable économie d'échelle n'est pas le fait de machines de plus en plus gigantesques, mais de tout petits appareils fabriqués en grand nombre. Là où l'on voulait des machines bonnes à tout faire, on demandera maintenant des machines minuscules et spécialisées. Là où les connexions de gros ordinateurs étaient recommandées, on supprime complètement les liaisons. Là où un spécialiste était nécessaire, on s'en passe dans presque tous les cas. Au lieu d'essayer de faire imprimer par une seule machine cent mille factures, on confiera cent factures à mille machines. En réduisant la taille des problèmes, la solution apparaît en quelque sorte d'elle-même, comme par miracle. Et elle se révèle, le plus souvent, bien plus adaptée aux besoins spécifiques de chaque utilisateur.

Ce que j'affirme là aurait été tenu pour pure folie il y a seulement deux ou trois ans. Car le progrès technique qui a permis cette mutation est extraordinairement récent, bien que les fondements en aient été jetés voilà déjà une vingtaine d'années.

Comme on l'a vu, l'invention du transistor remonte à 1959. A cette date se produisit aussi un événement dont les conséquences seront immenses pour la miniaturisation de l'informatique : le lancement du projet Apollo. Pour envoyer les premiers hommes dans la Lune, il était indispensable de bourrer leur vaisseau spatial d'instruments électroniques de toutes sortes. Or à l'époque, ceux-ci étaient très encombrants ; les ordinateurs, notamment, devaient être placés dans des locaux climatisés et exigeaient une armée de spécialistes. Que faire ? Les États-Unis décidèrent d'accélérer les recherches sur la miniaturisation et y consacrèrent d'énormes moyens. L'objectif était double ; d'une part réduire la taille des ordinateurs, d'autre part en simplifier le maniement de telle sorte que les spécialistes devinssent à peu près inutiles (il était difficile de transporter 80 informaticiens dans un vaisseau spatial !).

On y parvint par deux moyens étroitement liés. D'abord, au lieu de découper à la main ou à l'aide d'une machine les éléments de silicium qui composent un transistor, on imagina de les *imprimer*. L'idée de génie fut d'intégrer des métaux à des encres d'imprimerie, en prévoyant par ailleurs des encres isolantes. Jusque-là, des fils électriques étaient tendus sur les plaques que l'on plaçait dans l'ordinateur. Il se révéla infiniment plus simple d'imprimer ces mêmes plaques, suivant un schéma prévoyant toutes les connexions nécessaires, à l'aide de telles encres spéciales. Une première couche de circuit de métal imprimé, puis une couche d'encre isolante, puis une deuxième couche de métal imprimé, et ainsi de suite. Sur les petites plaques portant les circuits imprimés, il était alors possible de placer les composants soit en les imprimant eux aussi, soit en les transformant en pastilles de petites dimensions. Des mains humaines n'auraient jamais pu manipuler des fils aussi minuscules, mais les presses arrivaient sans peine à imprimer des éléments d'une dimension très réduite. Le gain de main-d'œuvre était considérable, et cela coûtait aussi beaucoup moins cher en métal, puisque l'on en mettait dix fois moins que dans les fils électriques.

Pour résoudre le second problème – éliminer les spécialistes –, on inventa les premiers *langages artificiels.* Si on ne l'avait pas fait jusque-là, c'est qu'on reculait devant la décision d'intégrer, à un ordinateur ne comprenant que le langage binaire, un ordinateur-traducteur : cela aurait encore augmenté la taille et le coût de l'appareil. Mais avec les premiers progrès de la miniaturisation et la chute des coûts qui en résulta, ce problème se trouva miraculeusement résolu. On avait fait d'une pierre deux coups.

Un certain nombre de constructeurs s'aperçurent alors qu'on pouvait très bien utiliser ces technologies pour toutes sortes d'applications civiles ou militaires. Peu à peu, les circuits imprimés s'installèrent dans l'ordinateur, ce qui permit, à coûts égaux, d'accroître sa puissance de manière considérable. Une deuxième génération d'ordinateurs vit ainsi le jour ; le rapport performances/prix ne cessait de s'améliorer, et le nombre des clients allait croissant.

Dans un deuxième temps, il se produisit quelque chose d'encore plus important. La société National Cash Register, spécialiste des microfilms, se demanda s'il n'était pas possible d'appliquer ici les procédés utilisés pour la micro-reproduction des documents. Ainsi l'impression des plaques d'ordinateurs fit-elle place, à son tour, à la photo-impression. Le remplacement des fils électriques par de l'encre d'imprimerie avait permis de faire tenir les tubes qui occupaient une pièce entière sur une petite plaque. L'introduction de la photo-impression transformait la plaque en une petite pastille, appelée *chip.* Ce dernier processus était loin d'être bon marché : plus la miniaturisation était poussée, plus le chip revenait cher, car pour la fabrication il fallait recourir à des instruments extrêmement fins, autant que des microscopes. La seule solution, pour maintenir des prix accessibles, était de fabriquer les chips par millions, afin d'amortir ce coûteux matériel. Cela dépendait de l'accueil que le public réserverait à l'invention nouvelle : il fut tout à fait favorable, et les progrès de la miniaturisation se poursuivirent. Le délai moyen, entre le moment où une génération d'ordinateurs se diffusait parmi les utilisateurs et le lancement de la génération suivante, se réduisit à deux ans seulement.

Au début, seules les très grosses firmes pouvaient se

payer un ordinateur ; ensuite vint le tour des sociétés moyennes, puis des petites entreprises. Bientôt, de simples agences de sociétés purent s'en offrir un également, puis chaque poste de travail, enfin tout particulier solvable. Mais, au fur et à mesure de cette banalisation, les grandes sociétés elles-mêmes en vinrent à se demander quel était l'intérêt de se servir d'un gros ordinateur. Ne valait-il pas mieux en prendre plusieurs petits ? Rien ne semblait devoir arrêter la boule de neige...

Pourtant, dira-t-on, nous avons aujourd'hui des calculettes de poche, mais pas encore d'ordinateurs de poche. Nous n'en sommes pas bien loin, mais il est vrai que ce n'est pas encore tout à fait cela. La raison en est que tous les éléments de l'ordinateur n'ont pas été miniaturisés de la même façon. L'ordinateur, principalement constitué d'une unité centrale, comporte aussi une ou plusieurs mémoires. A l'origine, c'est l'unité centrale, le « cerveau », qui coûtait le plus cher, et de très loin. Or, quand les prix de fabrication des unités centrales s'effondrèrent, ceux des mémoires ne suivirent pas : celles-ci, malheureusement, ne pouvaient être imprimées, il fallait encore se servir de disques magnétiques qui restaient encombrants et, étant fabriqués spécialement pour l'informatique, relativement chers. En effet, qui dit disque, dit tête de lecture, bras, moteur pour faire tourner le plateau, dispositif de chargement automatique – tous outils volumineux et coûteux en main-d'œuvre.

Songeons au domaine musical, qui connut un problème similaire : les électrophones, puis les chaînes stéréo bénéficièrent d'importants progrès, alors que le disque microsillon restait identique à lui-même. Il existait, certes, des bandes magnétiques, mais leur maniement n'était pas plus commode et leur prix guère moins élevé.

Un jour, Philips lança la première minicassette. C'était une grande invention, chacun a pu depuis s'en rendre compte, mais à l'époque elle fut accueillie avec scepticisme : « C'est bon pour la parole, disait-on ; mais la qualité musicale est vraiment médiocre... » Pourtant, progressivement, la technologie s'améliora. Les Japonais firent des minicassettes un outil de plus en plus perfectionné et, en dépit des sarcasmes, hissèrent les minicassettes au niveau de la haute fidélité.

Il est à noter que, leur prix ayant baissé et leur qualité augmenté, on en vint rapidement à utiliser les minicassettes comme mémoires d'ordinateurs. Mais certains inconvénients majeurs demeuraient : la minicassette restait une mémoire assez lente, et sa capacité était bien inférieure à celle des gros matériels. Mais les vidéodisques et les disques compacts, s'ils étaient largement commercialisés, permettraient un énorme bond en avant pour les mémoires informatiques, aussi bien que pour l'enregistrement audiovisuel. En mars 1981, différentes sociétés (Matsuhita, Sony, J.V.C.) se sont mises d'accord pour adopter le standard Philips. Le disque compact aura 12 cm de diamètre et assurera une qualité inouïe du son. Il sera probablement commercialisé dès 1983 !

Par ailleurs, le problème de l'impression des mémoires a été partiellement résolu. Mais les *mémoires vives* (c'est-à-dire effaçables et ré-enregistrables) ainsi obtenues ont une capacité limitée.

Outre le problème de la miniaturisation des mémoires, une autre raison a empêché jusqu'à ce jour que des petits ordinateurs soient mis en vente dans les bazars, entre les gadgets électroniques fabriqués à Taiwan et les minuscules calculettes de grande puissance. L'unité centrale et la mémoire, en effet, constituent presque toute la machine ; mais encore faut-il pouvoir communiquer avec elle ! Pour cela, clavier et tube de télévision, voire imprimante, restent nécessaires. Or, ces matériels sont coûteux en main-d'œuvre et les prix, évidemment, n'ont pas suivi. Cependant, la télévision étant un bien de consommation très répandu, l'ordinateur pourrait devenir lui aussi un produit de grande diffusion si l'on parvenait à imprimer... le clavier. C'est bien ce que l'on essaie de faire. Déjà le clavier plat, sans touches et que l'on manipule du bout des doigts, est apparu sur certaines calculettes. On tente aussi, d'ailleurs, de remplacer les tubes de télévision ordinaires par d'autres, à cristaux liquides, qui seraient également imprimables. Quand ce processus sera arrivé à terme, on ne parlera plus de fabriquer un ordinateur mais, tout simplement, de l'imprimer !

Alors l'ordinateur sera produit à peu près à la façon d'un livre. Mais avec quelle machine fabrique-t-on aujourd'hui les livres ? Eh bien, de plus en plus, avec... un ordinateur, intégré à une imprimante. Par conséquent, des ordinateurs vont pouvoir imprimer d'autres ordinateurs : la machine fera des petits... De fait, d'ores et déjà une nouvelle voie s'est ouverte en électronique, fort prometteuse pour l'informatique : la *conception assistée par ordinateur.* Il s'agit d'une collaboration entre l'ingénieur, capable de concevoir les circuits, et l'ordinateur, qui dessine ces circuits sur un écran : si l'ingénieur est d'accord avec cette réalisation, il donne le feu vert et l'ordinateur, relié à des machines-outils de précision, assure la fabrication du circuit étudié ; l'ingénieur peut aussi souhaiter, bien sûr, une modification du circuit et demander alors à l'ordinateur : « Que se passerait-il si je faisais ceci plutôt que cela ? » Il y a toujours moyen de s'entendre, entre amis...

Pour ce qui est de l'avenir, une question importante est de savoir si aujourd'hui nous sommes allés au bout des possibilités de la miniaturisation. Les techniques de microfilms ont permis de reproduire sur une surface équivalente à un timbre-poste le contenu de la Bibliothèque du Congrès américain : suffira-t-il, d'ici à quelques années, du dixième de cette surface, puis du dixième de ce dixième ? Il est évident que cela est impossible par les méthodes photographiques : on arrive vite, pour la reproduction de chaque caractère, à des ordres de grandeur comparables à la dimension des microbes. Pourtant, si l'on prend les choses par un autre biais, les microbes sont eux-mêmes de véritables usines sur lesquelles nous savons déjà agir. Qu'on songe aux manipulations génétiques. Nous savons par exemple fabriquer de grosses molécules, d'une forme déterminée parmi plusieurs possibles : supposons alors que nous organisions ces molécules pour reproduire non pas un schéma fourni par des organismes vivants, mais un codage d'ordinateur. Si nous y parvenons, nous aurons fabriqué des mémoires biochimiques. La technique utilisée ne sera plus alors la microphotographie mais le génie biologique. Bientôt, peut-être, les mémoires d'ordinateurs naîtront dans des cornues et seront vendues au poids sur des balances de pharmacie...

C'est là ce qui explique que les chercheurs en informatique prennent comme modèle, depuis un certain temps déjà, le cerveau humain : la mémoire de celui-ci est en effet une mémoire biochimique. Le Bon Dieu, si l'on veut, semble bien avoir déjà résolu notre problème – et de manière plus élégante, car les milliards de neurones que comporte notre cerveau sont autrement complexes qu'une vulgaire molécule chimique telle que les molécules géantes (de la taille de celles dont est constitué le cheveu humain), tout juste capables de conserver et de transmettre une minuscule information, que nous sommes en mesure de fabriquer. Mais la voie est ouverte. Certes, c'est difficile à croire ; pourtant, si, voici seulement dix ans, on avait dit à un informaticien que ses tubes seraient bientôt remplacés par de minuscules pastilles imprimées, il se serait esclaffé !

Voici un exemple pas du tout réaliste, mais qui peut servir à fixer les idées. Tous les élèves de classes terminales connaissent la structure hexagonale de la molécule de benzène (C_6H_6), faite de six atomes de carbone qu'entourent six atomes d'hydrogène. Dans le dichlorobenzène, où deux atomes d'hydrogène sont remplacés par des atomes de chlore, on distingue trois configurations différentes : *ortho,* les deux atomes de chlore sont l'un à côté de l'autre sur le même côté de l'hexagone ; *méta,* ils sont séparés par un atome d'hydrogène ; *para,* ils se trouvent en deux sommets opposés de l'hexagone. Or, nous savons fabriquer les trois variétés : orthochlorobenzène, métachlorobenzène, parachlorobenzène. on peut donc imaginer d'utiliser ces molécules pour coder des informations ! En fait, cependant, les dérivés du benzène n'auront sans doute jamais aucun usage en informatique : leurs molécules sont trop petites. Mais des molécules plus grosses, manipulées suivant le même principe, pourront parfaitement faire l'affaire.

Rien n'empêche donc d'envisager que la miniaturisation se poursuive plus loin encore et avec elle la chute des coûts. L'une des principales conséquences en serait qu'il deviendrait possible de fabriquer des ordinateurs capables de digérer des langages de plus en plus « mous », de plus en plus proches de la langue courante. Il n'est donc pas absurde d'imaginer qu'un jour n'importe qui pourra avoir chez lui un ordinateur, véritable puits de science, extrêmement bon marché, avec lequel il pourra communiquer sans intermédiaire aucun. La seule limite, toute relative, est que la machine sera d'autant plus chère que le langage utilisé sera mou. Problème mineur pour les pays développés puisque, déjà, les enfants apprennent aujourd'hui à l'école l'algèbre de Boole et les langages durs de l'informatique. Quant aux pays du tiers monde, ils pourront faire l'économie de cet apprentissage grâce à des appareils plus coûteux certes, mais directement accessibles.

IX

L'effet nénuphar

> Il ne faut pas douter de celui qui te dit qu'il a peur ; mais il faut avoir peur de celui qui te dit qu'il ne connaît pas le doute...
>
> « Haï-kaï » japonais.

À nouveau une parenthèse – un autre conte des Mille et Une Nuits.

Sur la surface d'un paisible lac situé en un lointain pays, un jour apparut une variété de nénuphars inconnue jusque-là, d'une beauté tout à fait rare. Le premier matin il n'y en avait qu'un seul, mais trois jours après ils étaient deux, après une semaine quatre. Les villageois s'extasiaient devant leur finesse extraordinaire. Ils les contemplaient puis passaient leur chemin. Au bout de quelques semaines, plusieurs milliers de nénuphars couvraient la surface du lac. Un biologiste qui passait là fit quelques prélèvements pour analyser le phénomène. Il ne s'inquiétait en aucune façon, mais avait seulement l'intention d'examiner les propriétés de ces nénuphars prolifiques et, le cas échéant, de faire une communication à quelque société savante.

Quand le rapport fut imprimé, un bon mois s'était déjà écoulé. Et les nénuphars avaient déjà envahi toute une petite crique en bordure du lac. Alerté par les villageois, le biologiste avertit les pouvoirs publics et la presse. Quelques gendarmes et quelques journalistes firent le voyage : c'était très pittoresque, on prit quelques photos, mais quant au problème de la prolifération, on se dit qu'il serait toujours bien temps de le régler. Les clichés publiés dans la presse attirèrent quelques touristes et le lac devint pendant quelques jours un but de promenade, pour le plus grand bien du village. Puis la région sombra de nouveau dans l'oubli.

Moins d'un mois plus tard les villageois s'alarmèrent de nouveau : les nénuphars occupaient un bon vingtième du lac. Il fallut bien une semaine pour que la nouvelle parvienne aux oreilles de qui de droit au gouvernement. Qui-de-droit prit la chose au sérieux et constitua une commission spéciale pour étudier le phénomène. Celle-ci se réunit et fit appel à des futurologues optimistes, et payés pour l'être. Après quelques semaines de travail, la commission rendit un rapport très officiel, qui concluait ainsi : « Il arrivera un moment où les nénuphars n'auront plus de quoi se nourrir. Leur croissance s'arrêtera, car un nouvel équilibre naturel aura été trouvé. »

Pendant que la commission rendait ce verdict, les habitants de la ville située de l'autre côté du lac faisaient appel aux pompiers pour lutter contre les nénuphars qui commençaient à obstruer l'accès de leur port de plaisance. Le capitaine des pompiers, un homme pragmatique, se mit immédiatement à la besogne. Très vite, il trouva un moyen d'arracher vingt mille nénuphars par jour. Mais, dès le lendemain, des centaines de milliers d'autres faisaient leur apparition. C'est alors seulement que l'affaire prit des proportions considérables. Le gouvernement, sur-le-champ, reconvoqua la commission d'étude pour trouver un moyen plus énergique de destruction. Ce moyen existait – une variété puissante de défoliant – mais il n'était pas sans inconvénients pour la flore, la faune et même la population. Cependant, vu l'ampleur du phénomène, on passa outre et on achemina vers le lac tout le matériel nécessaire. Cela prit trois ou quatre jours. Quand on fut à pied d'œuvre, ce n'était plus la peine de rien tenter : le lac était déjà entièrement envahi.

La miniaturisation de l'ordinateur – et la prolifération

qui en résulte – se sont développées et se développent encore de façon analogue : c'est ce qu'on appelle une croissance exponentielle. Au début, seuls les scientifiques étaient concernés ; dans un deuxième temps, les militaires et les bureaux d'études s'y sont intéressés ; ensuite les grosses sociétés, puis les petites entreprises, les milieux semi-professionnels, et enfin le grand public. Nous en sommes là. Le nénuphar-ordinateur a déjà envahi une certaine partie de la planète. Mais il ne s'est pas encore complètement banalisé et, surtout, il n'a pas encore atteint le tiers monde, où vit la plus grande partie de l'humanité. Que se passera-t-il lorsque le lac sera plein ? Peut-être sera-ce une bonne chose, mais il est impossible de le savoir...

Ce qui est sûr, c'est que tout développement exponentiel a quelque chose de catastrophique, ne serait-ce que parce qu'il n'est pas contrôlable. Le développement de certains types de pollution, par exemple, est significatif et, depuis que les micro-ordinateurs se développent suivant une courbe similaire, il s'est trouvé des gens pour dire : « Ça ne peut pas continuer ainsi, c'est impossible, ça va se ralentir. » Toute l'histoire de l'informatique, spécialement depuis que les effets inquiétants ont commencé à être perceptibles, a connu ce genre d'affirmations tranquillisantes. Mais « ça » ne s'arrêtait pas pour autant, et, le temps d'étudier le phénomène, il est peut-être déjà trop tard.

Certaines croissances finissent par introduire des effets irréversibles, encore appelés entropiques. Cela se produit notamment lorsque les effets réagissent sur les causes, les causes ainsi modifiées produisant de nouveaux effets, et ainsi de suite ; c'est ce qu'on nomme, en cybernétique, un *feed-back* positif. Une pareille structure est, dans le monde où nous vivons, aussi répandue que dangereuse. Ainsi de la drogue : plus on se drogue et plus on désire se droguer, donc plus on se drogue encore... jusqu'au moment où le lac est rempli – où l'individu succombe au poison. L'accoutumance aux somnifères suit le même processus. Les travaux du Club de Rome sur la croissance et la pollution ont révélé des systèmes tout à fait similaires.

C'est pour cela que je suis inquiet devant le développement vertigineux de l'informatique. Non que je sois certain de la catastrophe, mais j'ignore – comme tout le monde – si ce développement sera finalement bénéfique ou maléfique. Et je vois bien le risque, celui d'une croissance sans contrôle, non seulement dans le domaine des microcomposants et des micro-ordinateurs, mais également dans celui des communications où les mêmes phénomènes peuvent se produire. Plus les communications se développeront, plus les terminaux d'ordinateurs se répandront, et plus les gens voudront communiquer. Plus ils voudront communiquer, et plus on mettra en place des systèmes pour qu'ils communiquent. Et moins ils pourront se passer de la communication. Il y aura accoutumance, comme pour une drogue. La télématique associe communication et informatique : ce mariage produit un effet multiplicateur dont le résultat nous échappe. Voici deux exemples qui démontrent comment l'effet nénuphar s'introduit partout, sans que nous nous en rendions compte.

Plus les gens verront la télévision – et c'est surtout le cas des enfants – et moins ils liront. Moins ils liront, plus ils auront des difficultés à lire. Et, plus ils auront des difficultés à lire, moins ils liront, et plus ils regarderont la télévision... En même temps, plus ils verront la télévision, plus ils aimeront la regarder. Et ainsi de suite.

Aux États-Unis, l'un des premiers grands débouchés du vidéodisque s'est trouvé être la formation des militaires. Pourquoi ? Parce que le niveau de lecture des nouvelles recrues baissait sans arrêt. Le vidéodisque, on l'a vu, permet de former des images sur un écran. Inutile de préciser que lorsqu'on en aura généralisé l'usage, le niveau de lecture baissera plus encore. C'est un effet cumulatif qui ne s'arrêtera que... quand les gens ne sauront plus lire.

Peut-être alors existera-t-il des scribes, une petite élite de lettrés. Il restera quelques îlots privilégiés que les nénuphars n'auront pu envahir, parce que les gens se seront protégés à temps. Cette élite sera-t-elle favorisée ou défavorisée ? Les deux choses sont possibles. Dans *Le Meilleur des Mondes*, d'Aldous Huxley, elle est terriblement défavorisée : ces gens étranges qui savent encore un peu lire et écrire, on va les voir de temps en temps comme on visite aujourd'hui les réserves d'Indiens...

X

L'utopie possible

« On ne sait pas où on va, mais on y va » : telle était la devise de Fournier, collaborateur de *Charlie-Hebdo* dans les années 1970. Face à l'informatique, beaucoup de gens adoptent une curieuse attitude, où le fatalisme encourage l'ignorance : puisque nous courons vers le gouffre, semblent-ils penser, autant ne rien savoir... De fait, je l'ai dit, il est impossible de savoir si la généralisation de l'informatique aura de bonnes ou de mauvaises conséquences. Pourtant, j'estime qu'une telle attitude de démission est tout à fait néfaste, car il est certaines orientations qui mènent *à coup sûr* à la catastrophe, tandis que d'autres, dont l'issue est incertaine, laissent au moins espérer de bonnes surprises. Et le « je-ne-veux-rien-savoir » du grand public conforte précisément le pouvoir de ceux qui risquent de nous conduire vers l'avenir le plus sombre.

Or, une autre voie est possible, dont témoignent dès aujourd'hui les progrès enregistrés, surtout aux États-Unis, par la « petite » informatique : depuis 1975, son taux de croissance oscille, selon les secteurs, entre 50 et 500 % l'an, alors que celui de la « grosse » informatique est tombé à 6 %. Et, si le micro-ordinateur se développe, ce n'est pas parce qu'il a fait des adeptes parmi les partisans d'une société conviviale et décentralisée – encore qu'il le mérite –, mais tout simplement parce qu'il permet de gagner de l'argent.

L'entreprise X., importante société ayant pignon sur rue et possédant un magnifique ordinateur de grande dimension, commercialise des produits pharmaceutiques pour bébés : layettes, biberons, laits spéciaux, etc. Avec ses dix mille clients, elle traite plus de cent factures par jour. Ses représentants parcourent la France entière pour obtenir des commandes. Ils remplissent alors soigneusement des bons de commande, qu'ils expédient au siège de la société. Là, une employée vérifie que chaque mention est clairement spécifiée et transmet les bons de commandes à une autre employée, assise devant un terminal d'ordinateur. Cent bons de commande, c'est long à entrer dans la machine : toute la sainte journée, la jeune fille tapote sur son clavier. Tac-tac-tac... Mais le système est très moderne, il n'y a pas à réfléchir car l'ordinateur donne ses ordres : « Entrez le bon du client », « Entrez le code client », « Vous avez fait une erreur », « Revoyez votre code », « Entrez la nature de la marchandise »...

La jeune fille « entre », par exemple, le bon de commande de Mme Leroy qui vient de commander 250 pièces de layette, 220 biberons et un certain nombre d'autres articles. Mme Leroy bénéficie d'une remise spéciale de 10 %, elle jouit de telles conditions de paiement, etc. : la machine vérifie que chaque indication est correcte, et tout se passe bien. La brave demoiselle qui tapote devant son écran n'a évidemment pas la moindre idée de qui est Mme Leroy. Elle ne verra jamais aucun des paquets de layette qui lui seront adressés. Elle reste clouée à son clavier. Heureusement, les syndicats veillent aux bonnes conditions de travail : l'écran est d'une agréable couleur verte, le fauteuil relativement confortable, et toutes les heures la jeune fille a la permission de s'allonger dix minutes pour se reposer. Si dans l'avenir, grâce à la productivité du « grand chaudron », les conditions s'améliorent encore, elle pourra prendre trois jours par semaine au lieu de deux et s'allonger vingt minutes au lieu de dix ; l'écran sera peut-être rose bonbon...

Toujours est-il que l'ordinateur accomplit imperturbablement sa tâche. Il fait le point de la situation commerciale et l'expédie instantanément au directeur des ventes, rédige les bordereaux de livraison, regroupe les clients par régions, dresse des listes pour chaque marchandise, indique même aux manutentionnaires quels colis ils doivent enlever et dans quel ordre : les plans des dépôts lui ayant été fournis, il connaît le nombre de pas nécessaires pour aller d'un endroit à un autre et peut ainsi déterminer les parcours les plus courts, les plus rationnels.

Néanmoins, tout cela ne va pas sans quelques problèmes : vingt-cinq personnes travaillent à la machine et à l'administration de sorte que, même si l'ordinateur économise le travail de quarante ou cinquante employés, il reste cher. Et trois membres du personnel ont dû être spécialement affectés aux réclamations : avec dix mille clients, et compte tenu des ruptures de stock, des affectations erronées, des retours de marchandises, il est impossible d'éviter les erreurs...

Le patron a fini par réaliser que le système ne fonctionnait pas si bien que cela et un jour il a fait appel à moi. Après avoir dû beaucoup insister pour pouvoir effectuer les visites sans être accompagné par l'informaticien ni par un quelconque chef de service, je suis descendu voir les sept ou huit manutentionnaires qui travaillaient, dans un hangar plutôt mal chauffé, à préparer les paquets. Et je me suis aperçu qu'ils ne procédaient pas du tout comme le leur conseillait l'ordinateur : en fait, la méthode qu'ils avaient adoptée leur permettait de ne presque pas bouger. L'informaticien m'avait expliqué que grâce à l'ordinateur ils n'avaient que cinquante ou cent mètres à parcourir à chaque trajet, au lieu de trois cents ; or, ils n'en faisaient que trois ou quatre ! Ils m'ont expliqué leur façon de faire : « Heureusement que nous n'obéissons pas à l'ordinateur, parce qu'à la fin de la journée nous serions crevés, nous aurions des varices ! C'est très simple : il fait froid, en ce moment la grippe doit faire des ravages. Tout le monde va donc demander des sirops pour la toux, de la vitamine C, des crèmes pectorales, etc. Nous avons prélevé un bon lot de tous ces produits et nous les avons posés sous le comptoir, ce qui nous permet de rester bien au chaud et de ne pas attraper la crève ! – Depuis combien de temps travaillez-vous ainsi ? Ce n'est pas comme ça que vous procédiez la semaine dernière, lors de ma première visite. – Eh non ! La semaine dernière, il faisait beau ! On n'avait presque pas de boulot. Par contre, la semaine d'avant, il faisait encore plus froid qu'aujourd'hui et nous avions préparé des médicaments pour soigner la bronchite... »

Bref, simplement au « pifomètre », ils en savaient bien plus que tous les algorithmes de recherche opérationnelle possibles et imaginables. « Mais pourquoi n'avez-vous pas averti l'informaticien ? » Il fallait voir leurs sourires, leurs haussements d'épaule... « Ben, ça l'aurait rendu malheureux, le pauvre ! Et la façon dont nous travaillons ne fait de mal à personne, mais si nous avions parlé, je ne sais pas, on nous l'aurait peut-être interdite, on nous aurait fait galoper toute la journée. Il vaut mieux ne pas faire de vagues... »

Le secteur livraison n'était pas le seul, loin de là, où l'ordinateur central avait introduit d'inutiles et absurdes complications. Pour résoudre le problème général d'organisation qui était posé, je suis parti d'un principe simple : ce qui n'existe pas ne peut pas tomber en panne ! J'ai donc conseillé la suppression pure et simple de l'ordinateur et, par la même occasion, des informaticiens... Les dix mille clients ont simplement été répartis en dix groupes, avec chacun trois responsables : deux représentants et un manutentionnaire. Il a fallu embaucher deux manutentionnaires de plus, voilà tout : la « réforme » était terminée.

Par contre, les bons de commandes ont été très soigneusement redessinés pour être parfaitement clairs, lisibles au premier coup d'œil. Ainsi, quand le bon arrive au siège, le chef d'atelier le regarde et l'attribue à tel ou tel manutentionnaire. Ce dernier reçoit une petite liasse de bons, une douzaine, prend un panier tout comme au marché et effectue sa tournée, en cochant son document chaque fois qu'il charge un des colis demandés. S'il constate une rupture de stock, il inscrit un zéro. A la fin de son parcours, il emballe le contenu du panier grâce à une machine automatique, où il suffit d'appuyer sur un bouton, et il introduit au fur et à mesure le code figurant sur chacun des articles dans une petite machine, semblable à une caisse enregistreuse électronique. Mais voilà, celle-ci contient un micro-ordinateur, qui contrôlera instantanément les codes, réagira en cas d'erreur et finalement imprimera une étiquette que le manutentionnaire n'aura plus qu'à coller sur le paquet emballé. Grâce à ce système, plus besoin de contrôler les factures. Or, le principal problème, dans l'ancien système, était celui des ruptures de stock : les corrections étaient inévitables, parce que la facture était établie avant de charger les marchandises ; avec le nouveau système, elles ne sont imprimées qu'après. De surcroît, la nécessité du « temps réel » a disparu : plus besoin de connaître en permanence l'état du stock, puisque le stock est là, sous les yeux du manutentionnaire.

« Ah ! dit ici l'informaticien, jusqu'ici vous aviez raison, mais, là, je vous arrête ! Puisque chaque manutentionnaire dispose de sa caisse enregistreuse, le stock en fin de journée est faux. Si l'un prend dix layettes et les enlève de son stock, son voisin, qui ne sait pas ce qui s'est passé, croira qu'elles sont toujours là : comment allez-vous faire ? » Dans un tel cas, si l'on hésite une seconde, l'informaticien en profitera pour suggérer de connecter entre eux tous ces petits ordinateurs et de prévoir un gros ordinateur, muni d'un moniteur, pour centraliser tout cela. Et on sera ramené au point de départ ! Aussi faut-il réagir très vite... « Pourquoi tenez-vous tant à avoir un stock juste ? – Eh bien, répond notre ami, légèrement interloqué, eh bien il *faut* avoir un stock juste ! Non, mais ! D'abord pour passer les commandes ! C'est indispensable ! – Il y a une autre solution ; les caisses enregistreuses contiennent de petits disques, qu'il suffit de passer sur un petit ordinateur, prévu spécialement, pour connaître tous les matins le stock juste. »

L'informaticien ouvre alors la bouche toute grande, comme un poisson. Il faut en profiter : « Avec ce système, il est impossible de tomber en panne. Comment une connexion qui n'existe pas pourrait-elle cesser de fonctionner ? Si votre magnétophone tombe en panne, neuf fois sur dix c'est un câble, une mauvaise connexion qui en est la cause. La connexion d'ordinateurs [*Computer connection*, ça pourrait être le titre d'un film !] est la chose la plus fragile, la plus chère et la plus dangereuse qui soit ! Chaque fois que des ordinateurs sont déconnectés, le prix de revient baisse de moitié ! »

L'informaticien va de surprise en surprise. « Et une économie en entraîne une autre. Voici un autre exemple : vous utilisez un papier extrêmement solide pour imprimer à grande vitesse vos factures sur la grosse machine, où les imprimantes doivent avancer au millimètre près. Avec les petites caisses enregistreuses, vous pouvez prendre du papier de mauvaise qualité : s'il se déchire, ou même si une machine tombe en panne, vous pourrez sans grand mal vous servir de la caisse du voisin. De plus, si le patron veut connaître le stock de tel article, il poura téléphoner au manutentionnaire, parfaitement au courant et qui fera des remarques utiles : "Ceci ne s'est pas vendu parce que..." Et plus de problème de lisibilité : chaque manutentionnaire ne traite qu'avec deux représentants, il connaît leur écriture aussi bien que leurs manies personnelles. Il connaît presque aussi bien la clientèle, d'ailleurs, car celle-ci n'est pas bien nombreuse. »

L'informaticien étant à court d'arguments, il ne me restait plus à résoudre qu'un problème social : que faire des vingt-cinq employés à qui l'ordinateur donnait du travail ? Une mise au chômage, accompagnant celle de la grosse machine, aurait permis des économies considérables. C'était tentant... Cependant, encore une fois le conte finit bien : en définitive, personne n'a été renvoyé ; ces vingt-cinq employés ont été affectés au service des ventes, où ils ont contribué à augmenter encore le chiffre d'affaires de cet heureux patron...

Si dans cette histoire un peu longue je n'ai fait grâce au lecteur d'aucune précision, c'est pour bien montrer que le petit ordinateur n'est pas seulement une bonne affaire d'un point de vue philosophique, en tant qu'il laisse espérer une société plus humaine. C'est là une question essentielle : si l'utopie n'avait pour elle que de belles intentions, elle aurait toutes chances de rester en effet utopique. Tandis qu'une utopie rentable, avantageuse d'un point de vue strictement économique... eh bien, ce n'est plus une utopie, mais une possibilité riche de promesses.

Voilà pourquoi nous sommes *effectivement* entrés dans une nouvelle période, placée sous un nouveau signe, avec des conséquences humaines considérables. S'il est rentable, par exemple, d'organiser un régime d'assurance-vieillesse fonctionnant par unités de cinq cents personnes plutôt que de cinq cent mille, on finira forcément par s'y mettre. Et la relation entre l'assuré et l'assurance s'en trouvera nécessairement modifiée. De même que la guerre est devenue très facile parce que ceux qui larguent les bombes atomiques ne voient pas les gens qu'ils tuent, de même on peut dire que sous le signe du « grand chaudron » les gens ne voient pas ceux qu'ils manipulent, n'imaginent pas les conséquences de leurs actes. Par contre, si les hommes étaient forcés de regarder en face les effets de leurs actions, s'ils se trouvaient, les yeux dans les yeux, face à leurs clients, à leurs assurés, à leurs employés, alors les choses changeraient. C'est bien là ce que pourrait permettre l'ère du « petit chaudron » dans laquelle nous entrons.

XI

L'information ajoutée

Mais l'informaticien revient encore à la charge : « La décentralisation que vous proposez est peut-être valable pour ce qui concerne l'administration, la paperasse ; mais elle ne vaut rien pour la production industrielle. Il n'est pas possible de fabriquer des voitures une par une, ce ne sera jamais aussi rentable que le travail à la chaîne. »

Il est vrai que, jusqu'à présent, les ordinateurs se sont bornés dans la plupart des cas à organiser la fabrication d'un même objet à un grand nombre d'exemplaires : les produits devaient être identiques pour que l'opération reste rentable. Pour obtenir des objets différents, il fallait à chaque fois reprogrammer la machine. Pourtant, là aussi, les choses ont commencé à changer. Ainsi, à Chicago, un tailleur vient d'ouvrir une petite boutique où l'on ne trouve pas un seul complet : simplement des coupons de tissus de couleurs variées... Vous en choisissez un, et le tailleur l'introduit dans une mystérieuse machine, avant de presser sur un bouton. Vous, pendant ce temps, vous vous tenez debout, bien droit, car la machine vous photographie sous toutes les coutures, c'est le cas de le dire ; grâce à un micro-ordinateur, elle mémorise votre morphologie en fonction de différents paramètres et, grâce à un robot intégré, elle découpe au laser le coupon de tissu, à vos mesures. Puis elle colle ensemble les différentes pièces de votre habit et vous livre en deux ou trois minutes le complet de vos rêves. Vous l'essayez, et c'est là qu'intervient le tailleur. Il regarde le résultat, jauge le travail : cette appréciation humaine, qualitative, le coup d'œil, le coup de main, c'est le domaine où la machine ne pourra sans doute jamais se substituer à l'homme. À l'aide d'une craie magnétique, il marque sur le costume les corrections qu'il juge nécessaires et le confie de nouveau au robot. Une minute plus tard, l'habit revient, cette fois tout bâti. Nouvel essayage, nouvelles corrections, et le costume est enfin cousu pour de bon dans la machine. Vous ressortez de la boutique, avec sous le bras un complet réellement « sur mesure » : toute l'affaire n'a pas pris dix minutes.

C'est ainsi que dans une simple boutique un tailleur, aidé peut-être d'un apprenti, est en mesure de fournir une production considérable et de grande qualité, et cela coûte moins cher que la confection industrielle elle-même, pour différentes raisons : dans la confection, il est nécessaire de prévoir, par des études de marché, quels modèles la clientèle appréciera ; il faut aussi fabriquer dans toutes les tailles et tous les coloris, stocker la marchandise et gérer ces stocks, organiser les livraisons, solder les invendus, etc. Notre tailleur de Chicago, lui, n'a besoin que d'un espace minimum, puisqu'il ne stocke que des coupons de tissu et les coupe au fur et à mesure. Son activité relève tout à fait de l'artisanat, à ceci près qu'il s'agit d'un artisanat hautement technologique.

Voici un autre exemple de cette renaissance de l'artisanat, sous une forme absolument moderne : il s'agit d'un fabricant d'aquariums. Les entreprises traditionnelles ont évidemment un important problème de stockage, car les aquariums sont volumineux. Aussi ont-elles fini par ne plus fabriquer que trois tailles de modèles, puis deux tailles seulement, ainsi que deux coloris, et cela pour l'Europe tout entière. Or, une nouvelle société, tout à fait modeste, a acquis un automate, commandé par micro-ordinateur, auquel on fournit plaques de verre et tubes coudés. Ainsi, les frais de stockage sont réduits au minimum, et les clients peuvent commander leurs aquariums exactement aux dimensions qu'ils désirent : le robot coupe le verre sur mesure. Commencée dans une seule petite boutique, cette activité a donné naissance à une cinquantaine de petites unités.

On voit par ces exemples que les économies d'échelle ne se situent pas toujours là où l'on croit. Grâce à la décentralisation et à la plus grande adaptation aux besoins particuliers qu'autorisent les micro-ordinateurs, des secteurs entiers de la production industrielle peuvent d'ores et déjà se reconvertir avantageusement à l'artisanat technologique.

Mais lesquels ? Mettons que je sois patron d'industrie ; je fabrique des moulins à café, des horloges à coucou, ou ce que l'on voudra ; mon personnel atteint deux mille employés, pour une clientèle de dix mille personnes : dans quelles conditions sera-t-il intéressant pour moi de passer du gros ordinateur au petit et de réorganiser en conséquence l'ensemble de mes activités ?

On peut donner deux réponses à cette question : l'une pragmatique, l'autre théorique. La première consiste à procéder par tâtonnements. Attention ! jamais en commençant par le haut, toujours par le bas. Ne jamais se dire : « J'ai déjà un gros ordinateur, je vais essayer la taille au-dessous pour voir si ça marche... » Non, il est indispensable de partir résolument du plus petit et, si ce n'est pas rentable, de monter progressivement. La taille au-dessus sera peut-être plus intéressante, ou alors la suivante : on continuera de gravir ainsi les échelons, jusqu'au moment où la tendance se renversera, où après avoir baissé les coûts recommenceront à grimper. On aura alors atteint le seuil optimum, celui où la taille de l'ordinateur et le degré de décentralisation seront les mieux adaptés. Beaucoup de gens se refusent à agir de la sorte et exigent qu'on leur démontre d'abord que les petits ordinateurs sont plus économiques. J'ai tendance à leur renvoyer leur question : qui donc a jamais prouvé que les gros systèmes étaient avantageux ? Car on ne le répétera jamais assez, le gros est cher. Les économies d'échelle effectivement réalisées grâce au travail à la chaîne et à la concentration l'ont été *en dépit* des prix prohibitifs propres aux gros systèmes : ceux-ci restaient plus rentables uniquement du fait que certains outils ne devenaient accessibles qu'à partir d'une certaine taille de l'entreprise. Or, ces outils sont maintenant disponibles même pour de toutes petites sociétés ; dès lors, pourquoi s'en priver ? Pourquoi supporter le prix et la complication des gros ordinateurs ?

Quant à la réponse théorique, en vue de déterminer sans tâtonnements le seuil de rentabilité des petits systèmes, elle n'existe pas encore : la mutation est trop récente – cinq ans environ – pour que le problème ait été véritablement résolu. Cependant, quelques règles permettent de fixer des ordres de grandeur. De façon générale, le « grand chaudron » centralisé s'avère d'un excellent usage quand il s'agit de produire en grand nombre des produits ou des services identiques. Pour fabriquer du Coca-Cola, des formulaires de grande diffusion ou des blue-jeans, bref des produits *banals*, c'est le plus souvent l'ordinateur central qui sera le mieux adapté : chaque fois, donc, que les désirs particuliers des usagers seront sans importance, que leurs besoins seront standardisés. Ici encore, on trouve des systèmes à *feed-back*, où l'effet agit sur la cause. Ainsi, les hôtels Hilton, ou d'autres chaînes hôtelières, sont construits selon les mêmes standards à travers le monde entier. Ils produisent alors des clients-Hilton eux-mêmes standardisés, qui ne peuvent plus descendre, de Tananarive à Tamanrasset, que dans des Hilton... Or, les avantages de ce type d'hôtels sont ce qu'on appelle des « avantages-plancher ». Hilton, ou d'autres, assure un minimum de qualité : cela évite les mauvaises surprises ; mais tout le problème, c'est que cela empêche aussi les bonnes ! Tout gros système produit inéluctablement l'uniformisation. Ou, si l'on veut : le « grand chaudron » fabrique une soupe de qualité moyenne, jamais exécrable, mais terriblement ennuyeuse à la fin.

Or, il n'est pas si facile de faire ingurgiter aux gens une soupe banale, même plutôt bonne, pendant très longtemps ! Pour y parvenir, il faut exercer sans relâche une coûteuse persuasion : c'est le rôle de la publicité de masse, qui explique à chaque individu, par tous les moyens, qu'il est un être unique et particulier puisqu'il boit telle boisson ou porte tel pantalon, produits pour des centaines de millions de ses semblables. Et comment faire accepter à des sociétés différentes, aux pays du tiers monde par exemple, des produits banals issus de nos pays ? D'ailleurs, ces produits n'exigeant aucune qualification particulière, qu'est-ce qui empêcherait tels pays du tiers monde de les fabriquer eux-mêmes, à des coûts défiant bien évidemment toute concurrence ? Rien, absolument rien.

Au lendemain de la guerre, la haute couture était le

fleuron de l'exportation française. Synonyme de goût et de raffinement, employant une main-d'œuvre hautement qualifiée, elle restait inimitable. Puis la mode des jeans s'est imposée, avec la complicité des grands couturiers eux-mêmes, qui ont voulu montrer un visage démocratique. Mais, par cette égalisation par le bas, les couturiers ont scié la branche sur laquelle ils étaient assis. Aujourd'hui, le jeans s'est tellement banalisé que par rapport à n'importe quel pays asiatique les fabricants français n'offrent aucun avantage, mais sont lourdement handicapés quant aux coûts. Et pendant que la haute couture française périclitait, les matériels allemands ou suisses se maintenaient admirablement, ces pays ayant conservé des ateliers de fabrication de petites dimensions à main-d'œuvre hautement qualifiée. On voit par là que, pour rester dans la course, les pays industrialisés doivent fabriquer des produits « intelligents » : on ne peut longtemps se permettre de fabriquer des produits banals au prix de produits intelligents...

En revanche, les petits systèmes sont merveilleusement adaptés dès qu'il s'agit de fabriquer des produits différenciés, contenant une forte « information ajoutée ». Ce dernier concept mérite qu'on s'y arrête.

Tout produit point trop banal contient de l'information, apprend quelque chose. Les modèles de voitures les plus courants, les bouteilles de Coca-Cola, les jeans et tant d'autres articles fabriqués en grande série ne nous apprennent absolument plus rien : leur information ajoutée est nulle. Ils se réduisent à leur stricte fonction d'utilité : une voiture sert à nous transporter d'un endroit à un autre et, à la limite, devient invisible à force d'être banale. Mais les automobiles de très grand luxe, produites en petit nombre par de grands carrossiers, si elles servent aussi à transporter leurs occupants, apportent aussi autre chose : on les regarde, elles ont de l'allure, disent quelque chose de leurs heureux propriétaires, livrent une information indépendante de leur simple utilité – information esthétique, ou symbolique, comme on voudra. N'importe qui peut fabriquer du Coca-Cola, mais non un champagne de grand cru : celui-ci contient une information riche, qualitative, « molle ».

L'information ajoutée peut se mesurer suivant différents paramètres ; ainsi, un costume peut apporter une très forte information ajoutée pendant une semaine ou trois mois, après quoi c'est fini, il l'a perdue. De même, les célèbres fauteuils Knoll contenaient au départ énormément d'information ajoutée. Depuis qu'on les trouve dans les gares et les bureaux, presque à tous les coins de rue, ce n'est plus vrai. Ils ne sont pas moins beaux pour autant, mais ils sont devenus banals. Et chacun, confusément, sent très bien cela : on ne paie pas seulement pour être bien assis, mais aussi pour que son fauteuil ait le « petit quelque chose » par lequel il ne ressemble à nul autre. L'information ajoutée sera aussi d'autant plus grande que le produit contiendra d'information « molle ». Quantitativement, on doit peut-être attribuer au Concorde et à la Joconde le même nombre de bits. Or, n'importe qui peut comprendre en deux ans, mettons en quinze, comment fonctionne chaque partie du supersonique. Alors que l'on passerait en vain sa vie entière à essayer de repeindre le fameux sourire de Mona Lisa.

Ouvrons une parenthèse pour signaler qu'apparaît ici une nouvelle définition de l'information, celle qu'en a donnée C. E. Shannon : l'information, c'est la probabilité qu'un événement se produise. Si j'annonce que le chômage restera à un niveau élevé l'année prochaine ou que le terrorisme continuera de faire rage en Italie, cette information est de faible valeur. Si je dis, en revanche, que les promesses électorales seront effectivement tenues ou qu'une personne de sexe masculin accouchera d'un enfant, l'information est tellement énorme, tellement improbable... que personne ne me croira ! Si pourtant l'on me croit et que l'information se révèle fondée, il est évident qu'elle aura une valeur exceptionnelle. Telle est la formule la plus simple de l'information : plus elle est improbable et plus elle a de valeur. Bien entendu, il ne s'agit pas de l'improbabilité due au hasard : car, à force de chercher le sensationnel pour le sensationnel, l'information s'épuise très vite, les journaux à grand tirage en savent quelque chose. Dès que l'on s'habitue à l'improbable, celui-ci disparaît ; aussi la formule de Shannon, si elle fournit des éléments importants pour définir l'information, n'est-elle pas suffisante. Revenons-en à l'information ajoutée, et à son lien avec le choix du « petit chaudron » ou du « grand chaudron ». Il semblerait, à première vue, qu'il s'agisse simplement de distinguer entre les produits banals, faits pour les grands chaudrons, et les produits intelligents, faits pour les petits. Chacun ses oignons, pour ainsi dire ! Mais en réalité, les choses ne sont pas si simples : si les consommateurs se voient offrir, à des prix compétitifs, des boissons adaptées à leur goût particulier et des costumes sur mesure, ils finiront bien évidemment par se détourner du Coca-Cola et du prêt-à-porter. Dans un premier temps, ceux qui fabriquent des produits banals, à faible information ajoutée, se dirigeront vers les grands chaudrons et les autres vers les petits. Mais la coexistence entre les deux systèmes ne pourra rester longtemps pacifique. Pour tout dire, la guerre des deux chaudrons ne fait que commencer...

Guerre des petits contre les gros, mais aussi guerre des gros entre eux : guerre des banques de données, des mémoires, des standards, des composants ; guerre entre États, entre groupes multinationaux. La bataille fait rage sur tous les fronts. Gare aux pays, gare aux entreprises qui feront les mauvais choix : ils n'auront guère l'occasion de se rattraper par la suite.

XII

Les seigneurs de la guerre

Qui sont les acteurs de cette guerre ? Quelles sont ces forces qui se disputent le pouvoir informatique ? Quels fantômes sans visages mènent, sans nous demander notre avis, la bataille dont l'issue fixera notre avenir ?

D'abord, les constructeurs d'ordinateurs. Et parmi eux – à tout seigneur, tout honneur – I.B.M. ! Ces trois lettres sont devenues, aux quatre coins du monde, synonymes d'informatique. Comme au premier jour, la vieille société fabrique des ordinateurs, les vend et forme le personnel pour les faire fonctionner. Sa part du marché mondial approche les deux tiers. Elle est restée le chef de file incontesté. Mais cela n'est encore rien ; car I.B.M. est beaucoup plus qu'une entreprise, c'est un système. Fondé sur la complicité entre le grand fabricant et les utilisateurs, mais aussi entre le matériel vendu et le « logiciel » qui s'y adapte : une fois qu'une entreprise a commencé à s'équiper en machines I.B.M., plus moyen de faire marche arrière. En effet, qui pourrait critiquer, contester, ou simplement donner son avis ? Bien évidemment, les personnes qui s'y connaissent ; mais la plupart d'entre elles sont liées, d'une façon ou d'une autre, au leader. I.B.M. ne se borne donc pas à *faire* l'informatique, elle contrôle aussi, directement ou indirectement, tout le *discours* sur l'informatique. Le système est d'une efficacité imparable.

Telle est bien la raison pour laquelle les gouvernements, y compris le gouvernement américain, ont toujours été ennemis d'I.B.M. Dans le rapport qu'il a écrit avec Alain Minc, Simon Nora, qui s'y connaît en matière de pouvoir, a décelé en I.B.M. l'ennemi principal. Et différents pays s'efforcent de lui appliquer des dispositions anti-trusts. Qu'arriverait-il, en effet, si I.B.M. prenait le contrôle des banques de données ? Eh bien, il est probable, par exemple, que celles-ci ne garderaient pas trace de ce que j'écris ici...

A côté du n° 1 de l'informatique, il faut compter, certes, quelques frères ennemis ; ils s'appellent C.I.I.-Honeywell-Bull en France, I.C.L. en Angleterre, Siemens en R.F.A., Fujutsu au Japon. Mais tous ont parfaitement assimilé la leçon : si I.B.M. a réussi, ce n'est pas tant grâce à la qualité de ses produits que des forces de pression qu'elle a su mettre en œuvre. Il faut donc, avant tout, pour devenir de petits I.B.M. locaux, disposer d'une technologie comparable et être soutenu par un État. Ces autres compagnies ont beau être les adversaires d'I.B.M., elles n'en obéissent pas moins à la même logique, et des alliances objectives peuvent même s'établir entre elles. Car les frères ennemis ont intérêt à s'associer, pour faire front contre les petits mais aussi pour maintenir États, administrations et entreprises assujettis à certaines croyances, par exemple celle-ci : que la jonction entre ordinateurs et réseaux de communication représente l'avenir de l'informatique, et permettra à tout gouvernement, comme à tout patron, de contrôler qui ses citoyens, qui son personnel...

Les services de télécommunications sont en effet, après les constructeurs, le deuxième acteur de ce théâtre, avec une importance très variable selon les pays. En Grande-Bretagne, ils occupent une grande surface, par le fait d'un régime socialisant et collectiviste. De même en Suède – où ils peuvent aussi servir à renforcer un certain type de civilisation : tels services ayant par exemple établi que, pour leur bien, les Suédois devaient manger deux biscottes plutôt qu'une ou trois au petit déjeuner, la généralisation de la télématique permettra de connaître avec précision la consommation de biscottes dans chaque foyer ; on verra alors apparaître sur les écrans familiaux de bienveillantes inscriptions : « Attention, vous avez mangé trop de biscottes » ou bien « Attention, vous n'avez pas acheté de biscottes cette semaine »... Je plaisante, certes, mais seulement pour montrer où pourrait mener la télématique... La Suède, d'ailleurs, n'est-elle pas le seul pays à disposer d'une puissante « Ligue pour la défense de la sauce tomate » ? Avec les progrès de l'informatique par câble, il sera facile de provoquer, en demandant simplement au public de presser sur un bouton, une campagne nationale en faveur de cette ligue...

La situation japonaise est différente. Les citoyens de ce pays étant particulièrement gourmands d'informations, il est normal qu'ils se soient lancés à corps perdu dans le système qui autorise un échange de données toujours renouvelé : celui du grand chaudron. Mais l'information collectivisée ne représente pas ici véritablement un danger, car le pays est suffisamment dynamique pour diversifier ses sources et s'offrir, en même temps, le petit chaudron. C'est ainsi que le Japon reste particulièrement bien placé dans chacune des multiples batailles de la guerre informatique.

Les États-Unis, eux aussi, ont bénéficié des avantages de la société pluraliste et sont en voie de réaliser un bon équilibre entre grands et petits systèmes. Certes, les pesanteurs technocratiques et un certain conservatisme favorisent les instruments propres à mieux contrôler, surveiller et banaliser l'information. Mais les Américains disposent aussi de ressources et d'une inventivité suffisantes pour lutter contre cette tendance.

Dans le monde occidental, c'est la France qui paraît la plus mal lotie, à cause de sa tradition jacobine et collectiviste. L'histoire a voulu que les pouvoirs publics français jouent un rôle considérable en matière informatique et, comme de bien entendu, cela pèse dans le sens de la centralisation. Pour combler le retard accumulé dans l'extension du réseau téléphonique, les services des télécommunications ont décidé, voici quelques années, de se moderniser à marches forcées. Dans ce dessein, ils ont visé beaucoup plus haut que le niveau des besoins réels ; subventions, redevances et bénéfices de toutes sortes ont ainsi permis de constituer des capitaux considérables : un énorme tas d'or. Pour donner un ordre de grandeur, les revenus correspondants permettraient de faire voyager gratuitement tous les Français sur les chemins de fer nationaux. Tous les secteurs de l'administration gardent les yeux rivés sur cette fabuleuse fortune et, pour empêcher qu'on ne la leur subtilise, les télécommunications n'ont eu d'autre choix que de l'investir au plus vite. Où cela ? Eh bien, dans la télématique : l'énorme chaudron devant permettre à la fois de mettre le tas d'or à l'abri et de multiplier la puissance de ses propriétaires. A leur tour, ces énormes investissements dans la télématique ont accru – et accroîtront encore – les besoins des Français en matière de télécommunications. Et si, un jour, un ministère s'avisait de détourner une partie du tas d'or, la grève des agents des « télécoms » paralyserait le pays. D'ores et déjà, le directeur de cet office dispose d'un énorme pouvoir occulte, guère moins important que celui du président de la République. Ce dernier peut évidemment le destituer, mais son successeur héritera des mêmes moyens de pression. C'est que le « grand chaudron » confère à qui le contrôle une puissance exceptionnelle : dans notre fable, le chef-cuisiner n'était pas devenu Grand Vizir autrement...

Il existe des pays plus mal lotis encore que la France, entre les mains desquels la puissance informatique peut devenir très dangereuse. Notamment l'Union soviétique, partagée entre son désir – disposer du plus grand chaudron possible – et une réalité qui reste loin d'être favorable à un tel projet. Un ordinateur central situé au Kremlin permettrait, sans doute, de surveiller en « temps réel » l'ensemble des citoyens. Mais il faudrait être très riche et disposer de la technologie nécessaire : l'U.R.S.S. ne remplit aucune de ces conditions. Elle s'est donc résignée à promouvoir des ordinateurs de petite taille, mais capables de fonctionner sur de grandes distances – se dirigeant, par nécessité, vers la micro-informatique.

Les services de télécommunications ne sont pas cependant les seuls soutiens du grand chaudron, il s'en faut. Entreprises spécialisées dans la construction ou le lancement de missiles et de satellites, concepteurs de banques de données, sociétés d'entretien de tout ce matériel et bien d'autres, poussent aussi à la roue. Des professions entières vont dans ce sens. Les dirigeants d'entreprise épris de prestige et de tranquillité ne manquent pas, non plus, qui s'imaginent qu'en centralisant toutes leurs activités autour d'un ordinateur ils tiennent la situation en main et contrôlent mieux leur monde. Tout le milieu bancaire est généralement ennemi de la décentralisation, ainsi que les contrôleurs de gestion et toutes les entreprises qui ont concentré tous les pouvoirs en un siège central lourdement bureaucratique.

Les gros ordinateurs occupent ainsi, incontestablement, le haut du pavé. A l'étage en dessous se tiennent les mini-ordinateurs, les « chaudrons moyens ». I.B.M. ne les craint pas : tant que leurs fabricants restent petits, pourquoi s'inquiéter ? S'ils venaient à grossir, et quand bien même atteindraient-ils une taille appréciable, l'avance acquise permettra toujours, le moment venu, de les écraser. D'ailleurs l'expérience montre que le petit poisson, à peine est-il devenu grand, prend goût à sa nouvelle situation et se range au classicisme d'I.B.M. Des sociétés américaines telles que D.E.C., Hewlett-Packard, et d'autres ont ainsi fini par céder à la tentation d'imiter le géant, tout comme Matra en France ou Nixdorf en Allemagne, qui fabriquent eux aussi des minis. Et, un peu partout, le créneau s'est révélé étroit : coincés entre les vrais gros et les tout petits, les « minis » se sont retrouvés dans une position inconfortable.

Les chefs d'entreprise sont souvent confortés dans leur conviction favorable au « grand chaudron » par les imprudences de ceux qui installent le « petit » sans toujours prendre les précautions suffisantes. Ainsi, quand la gigantesque Citibank a voulu décentraliser son service informatique, elle a malheureusement choisi la plus mauvaise solution : le « chaudron moyen » qui cumulait, comme c'est souvent le cas, les inconvénients du petit et ceux du grand. A force de maladresses, de malchances, de bavures, l'expérience se solda par une véritable catastrophe et, bien entendu, les partisans des gros systèmes lancèrent des cris de victoire : « On vous l'avait bien dit ! » En réalité, la mésaventure de la Citibank venait de ce qu'elle n'avait pas osé aller assez loin dans la décentralisation. Alors que François Dalle, président du groupe L'Oréal, qui n'a pas hésité à pousser la logique du petit jusqu'à ses dernières conséquences, se félicite aujourd'hui tant des gains de productivité réalisés que de la plus grande motivation de son personnel, qui travaille en petites unités et contrôle bien mieux les résultats de son action. Dans toutes sortes de professions – sociétés de presse, entreprises fondées sur la création et l'inventivité, industries cherchant l'efficacité réelle, la maniabilité, l'indépendance –, les dirigeants dynamiques se rallient avec profit aux petits systèmes.

Les ordinateurs moyens paraissent donc un peu hors du coup, et la guerre fait surtout rage entre les plus gros et les plus petits. Le Japon s'y est lancé à corps perdu, et tire parti des progrès de la miniaturisation. Il a introduit les micro-ordinateurs aussi bien dans le matériel courant – machines à laver, appareils-photo, machines à écrire, etc. – que, sous forme « autonome », dans les *hobby computers* (jeux de toutes sortes) et les « ordinateurs domestiques ». Aux États-Unis, la vogue des *personal computers* ou des *portable machines*, guère plus grandes qu'une calculatrice, prend aujourd'hui son essor. Avec ces appareils – qui peuvent être reliés, sans fil, à un micro-ordinateur doté d'un écran et que l'on laisse chez soi –, il est par exemple possible de travailler tout en se promenant dans la nature. Les possibilités sont si grandes et variées que les constructeurs, un peu perdus, financent des études de marché pour essayer de déterminer ce qui est susceptible d'intéresser les différentes catégories d'utilisateurs. Nous n'en sommes qu'aux débuts de l'introduction du « micro-chaudron » dans la vie courante des particuliers.

Les ordinateurs domestiques sont fondés sur une tout autre logique que celle de leurs divers frères aînés. Le but principal des fabricants a été de vendre aux prix les plus bas possibles, grâce aux économies d'échelle que permet la fabrication en très grande série. Pour atteindre cet objectif, ils ont mis sur pied des réseaux de vente très étendus, par des chaînes telles que Radio-Shack aux États-Unis, mais aussi par l'intermédiaire des galeries marchandes, des grands magasins, etc. Philips, qui s'est également lancé dans l'aventure, bénéficie de son propre circuit commercial, déjà très ramifié. Au Japon, Sony, Toshiba ou Seiko disposent de moyens qui tendent à miner, petit à petit, l'empire I.B.M. Rien n'est encore joué pour l'instant mais, s'il le décidait, le Japon pourrait occuper avant dix ans une position dominante dans l'univers de la micro-informatique. C'est pourquoi, d'ici là, I.B.M. arrêtera à mon avis de fabriquer de gros ordinateurs, pour se consacrer aux commutateurs de télécommunications, aux banques de données, aux câbles, au lancement de missiles – en même temps qu'à l'audiovisuel et au vidéodisque.

Les combats, cependant, ne se réduisent pas à la guerre entre gros et petits ordinateurs. En même temps, la bataille des composants bat son plein. De quoi s'agit-il ? Il existe deux catégories de composants : les tout simples, capables d'effectuer les quatre opérations élémentaires, et les sophistiqués, qui contiennent une forte information ajoutée et dont la production requiert une technologie de pointe. Les premiers sont fabriqués par les pays habitués aux grandes séries : le Japon, les États-Unis, demain la Corée et après-demain... n'importe qui. Des usines gigantesques, produisant à grande vitesse des millions d'exemplaires, sont ici nécessaires. Un pays qui resterait tributaire des composants étrangers risquerait évidemment, de ce seul fait, de perdre toutes les batailles de l'informatique. L'important étant moins de savoir fabriquer ces petites « pastilles » à la chaîne que de réaliser une évolution technologique plus rapide que le voisin, de *muter* plus vite. Car, d'une génération de composants à l'autre, les prix sont divisés par deux ou par quatre : les premiers à innover auront gagné.

Dans la deuxième catégorie de composants, les plus avancés sont les pays qui ont su entretenir un haut niveau technologique et un important réseau de communications. Aux États-Unis, la célèbre Silicon Valley, la région de Boston et le Sud sont particulièrement bien placés. Le Japon, qui a clairement pris conscience du problème, fournit un effort sans précédent pour disposer d'un système fortement innovateur. Par le passé, le pays avait la réputation de savoir parfaitement développer les inventions des autres ; maintenant il devient chercheur et concepteur. Cependant, son concurrent américain travaille dans la tradition de la recherche décentralisée, de l'imagination, et aussi de la sanction du profit : les États-Unis permettent de vivre, éventuellement de s'enrichir, à tout innovateur, même pauvre au départ. C'est plus difficile au Japon, où les bureaux de recherche des grandes compagnies restent favorisés. C'est encore plus difficile en France, où l'innovation soulève la méfiance et où les crédits sont bien rarement consacrés à soutenir de petits chercheurs inventifs...

Une autre bataille, non moins importante, est celle

des mémoires, des moyens de stockage. Les Américains et les Japonais sont très bien placés dans le domaine des mémoires purement informatiques, à base de tout petits composants, qu'on appelle des *puces* (*chips* en anglais). Ils disposent là de capacités de création considérables et, selon toute probabilité, conserveront leur avance. Grâce aux puces, nous utiliserons demain des mémoires de grande capacité qui tiendront dans des calculettes ; parmi les plus perfectionnées, citons les mémoires à bulles et les mémoires C.C.D. Mais il existe un deuxième type de mémoires, qui utilise du matériel électromécanique de très haute fidélité, à laser ou autre ; dans ce domaine, le Japon est en pointe et consolidera sans doute ses positions.

D'autres batailles suivent simultanément leurs cours : sur les standards, les satellites, les banques de données, etc. Mais un peu partout l'Europe fait figure d'outsider, seul Philips essayant de se hisser au niveau des principaux protagonistes. Pourtant, les capacités européennes sont réelles. Mais le tissu culturel et l'état d'esprit général – donc des facteurs idéologiques – entravent l'effort du vieux continent. Aux États-Unis ou au Japon, chercheurs et constructeurs baignent dans un climat d'enthousiasme, de stimulation, d'expérimentation. Ils trouvent facilement les composants dont ils ont besoin : il existe des « rues de l'informatique » à Tokyo, des centres et des clubs spécialisés dans de nombreuses villes américaines. Rien de tel en France ou en Allemagne... Surtout, l'idéologie omniprésente du « grand chaudron » dissuade ici les chercheurs de fabriquer les outils nécessaires aux petits systèmes. La situation européenne est d'autant plus mauvaise que les mutations sont rapides. Le temps de rattraper son retard, et les concurrents sont déjà beaucoup plus loin. La seule façon de s'en sortir consisterait à s'établir dans un créneau non encore exploré et à y conquérir une position de *leader*. C'est une des raisons pour lesquelles j'avais conseillé à C.I.I.-Honeywell-Bull, au moment où la France définissait son plan informatique, de ne pas essayer d'imiter I.B.M. : dans une telle course, rien ne sert de courir ! Comme le savent bien les spécialistes de stratégie industrielle, il ne faut jamais essayer de pénétrer un marché en « phase 3 », c'est-à-dire déjà bien developpé. J'avais donc suggéré que la France, à défaut de se lancer dans des marchés futuristes comme celui du laser[1], s'engage au moins dans des marchés en « phase 1 » ou « phase 2 », c'est-à-dire relatifs à des produits jeunes, non encore exploités sur une large échelle. Elle n'était rien face à I.B.M., mais pouvait rapidement devenir un géant du mini-ordinateur face à de petites firmes comme D.E.C. ou Hewlett-Packard. Hélas ! la France a raté le coche, elle est entrée dans l'avenir à reculons. Pourquoi ? Avant tout parce que les responsables ont projeté sur l'avenir la situation immédiate.

Un exemple : le vidéodisque. Aujourd'hui encore, chaque fois que j'en parle à des officiels, des universitaires ou des collègues, ils me demandent pourquoi je m'y intéresse tant : « Il paraît, disent-ils, qu'il s'en vend très peu et que par exemple Philips, qui s'y est lancé, rencontre beaucoup de problèmes. » A quoi je réponds qu'il est bien normal qu'un produit neuf connaisse, à ses débuts, des problèmes de mise au point. « Ah ? Les vidéodisques n'existent que depuis 1980 ? Je ne savais pas... » C'est là tout le problème : nos officiels ne croient à un produit d'avenir que lorsqu'ils le voient envahir la planète. Mais si la France décide de renoncer aux vidéodisques pour se consacrer entièrement à la télématique, comment des pays comme le Ghana, la Chine ou le Japon pourront-ils jamais acquérir, par exemple, une encyclopédie de recettes de cuisine française, ou tout autre produit culturel bien de chez nous ? Ce sera impossible. Alors que, grâce au vidéodisque japonais, nous-mêmes n'aurons bientôt plus aucune difficulté à nous familiariser avec la cuisine de ce pays. Qui fabriquera le vidéodisque aura les moyens d'une fantastique domination culturelle. Et c'est pour se défendre contre cette invasion que notre pays a dressé les fortifications de la télématique, arme ultime. Cette stratégie défensive renvoie à un précédent peu glorieux : la ligne Maginot !

Jusqu'à présent, nous n'avons parlé que des pays développés. Le tiers monde, quant à lui, peut être divisé en deux grands blocs : d'une part, des pays comme la

---

1. Ce qu'elle a cependant fait depuis, en quoi elle a eu parfaitement raison.

Corée, Taiwan ou la Chine, qui pourront assez vite fabriquer des micro-ordinateurs simples ; d'autre part, tout le reste dont le retard a toutes chances de s'aggraver. Pour faire face au défi lancé par le premier groupe, l'Occident n'a d'autre choix que de se lancer résolument dans la production de produits à très haute information ajoutée : ordinateurs sophistiqués, vidéodisques, etc. Quant au second groupe, il risque de se trouver derrière un fossé chaque jour plus profond ; manquant de l'essentiel, il ne pourra évidemment pas acheter des produits dont il n'aura pas l'usage. Réciproquement, l'Occident ne pourra rien lui vendre, exception faite de chefs d'États, rois ou émirs, qui voudront réaliser des acquisitions de prestige – ainsi du Shah d'Iran qui, comme nous l'avons vu, avait acheté d'énormes ordinateurs I.B.M. pour les laisser tranquillement rouiller dans un coin.

Pourtant, la micro-informatique pourrait constituer un prodigieux outil de formation – c'est-à-dire de développement – pour les plus déshérités, à condition de s'adapter très précisément à leurs besoins. Les pays qui parviendront à concevoir puis exporter cet outil vers le tiers monde y gagneront une influence considérable et pourront obtenir, en échange, à peu près ce qu'ils voudront. Le « petit chaudron » est le moyen le plus propre à permettre au tiers monde d'inventer, selon ses voies spécifiques, ce qui le sortira de l'abîme.

Le passé est plein des erreurs commises en ce domaine par l'Occident, erreurs tout à fait comparables à celles des chefs d'entreprise qui tiennent leurs ouvriers pour des incapables, à qui l'information doit arriver toute mâchée. Alors qu'une ancestrale et précieuse sagesse existe dans beaucoup des pays du tiers monde, à qui ne manquent que les moyens de l'utiliser dans le monde moderne : qui les leur donnera ? Des pays comme le Japon, la Chine – de façon générale l'Asie – paraissent particulièrement bien placés pour cela. L'Europe aurait également cette capacité, mais on peut craindre que la volonté ne lui en fasse défaut.

Deuxième partie

LA GALAXIE ORDINATEUR

I

Un étrange système solaire

A peine commence-t-on à se familiariser avec les grandes catégories du monde informatique qu'il faut déjà les abandonner, ou tout au moins les modifier. Grand ou petit chaudron ? Quelle différence puisque, avec les progrès incessants de la miniaturisation, le grand d'aujourd'hui sera le petit de demain, et le grand de demain uniquement limité dans sa puissance par l'effet Quadra ? La distinction doit désormais plutôt s'effectuer entre l'ordinateur central qui distribue les données et préfigure une « société câblée », et l'ordinateur sans fil à la patte, autonome.

Par ailleurs, l'appareil est-il toujours bien composé d'un cerveau, d'une mémoire et d'organes d'entrée et de sortie ? Rien de moins sûr. En particulier, la différence entre entrées et sorties a été pulvérisée : les *terminaux* relèvent des deux catégories, et l'on ne peut plus parler que des multiples satellites de l'ordinateur. Un terminal, ce peut être tout simplement l'objectif « intelligent » relié au micro-cerveau intégré à un appareil photographique moderne. Ce peut être aussi bien un crayon-laser qui lit des documents, ligne après ligne. De plus en plus, on voit des vignettes formées de traits noirs de différentes épaisseurs (le « code barres ») imprimées sur des boîtes de conserves, des plaquettes de chocolat, le livre que vous êtes en train de lire, etc. Ces codes sont déchiffrés par un lecteur optique qui communiquera au microprocesseur dont est dotée la caisse enregistreuse les informations concernant les marchandises qu'il « voit » passer... Un autre terminal sera capable de peser des paquets et de transmettre le renseignement obtenu à l'unité centrale. Celle-ci, minuscule, a tendance à s'effacer devant une telle variété de terminaux « intelligents ».

Les terminaux devaient jusque-là rester d'assez grandes dimensions, afin de pouvoir dialoguer avec l'homme. Mais dans nombre de cas, cette contrainte n'existe plus, car les terminaux sont eux-mêmes, de plus en plus souvent, des ordinateurs, qui peuvent dialoguer entre eux avant de communiquer la synthèse de leurs délibérations à un ordinateur-chef. Rien n'empêche que ce dernier « consulte » à son tour une vingtaine de ses « collègues » avant de répondre aux questions d'un super-chef... et ainsi de suite. C'est pourquoi la notion d'ordinateur elle-même tend à s'estomper, au profit de celle de système solaire, de galaxie d'ordinateurs – galaxie qui pourra un jour tenir entièrement sur un support grand comme une plaquette de chewing-gum. C'est à peine de la science-fiction : un homme sort de la pièce et, soudain, la plaquette de chewing-gum qu'il a laissée sur la table se met à bavarder toute seule, à plusieurs voix... Et, si l'on parvient à réaliser la fusion nucléaire et à la donner comme source d'énergie à la galaxie d'ordinateurs, rien n'empêchera celle-ci de poursuivre ses supputations et réflexions quelques siècles après notre disparition de la surface terrestre... Mais nous n'en sommes pas encore là. Et les systèmes solaires que forment nos machines doivent encore être pourvus de terminaux à taille humaine, afin de nous communiquer leurs résultats et de nous permettre d'intervenir dans les débats.

La France aime bien inventer des mots. Nous avons donc la *bureautique,* c'est-à-dire l'informatique intégrée à la photocopie, aux imprimantes, aux machines de traitement de textes qui vont se charger de la rédaction de notre courrier, etc. ; la *robotique* dont les applications vont de la machine-outil à « Vincent », le robot domestique qui nous apportera notre petit déjeuner au lit ; la *télématique,* dont nous avons amplement parlé ; et, pourquoi pas, la *connectique,* à savoir justement la science qui consiste à faire se donner la main à différents ordinateurs... Cette dernière discipline est un cauchemar pour I.B.M. Si tous les ordinateurs du monde pouvaient librement se parler, indépendamment de leurs marques, que deviendrait sa suprématie ? Nous avons évoqué les efforts que la société déploie pour assurer l'incompatibilité de son matériel ; or, voilà que celle-ci est battue en brèche par de petits ingénieurs indépendants, qui conçoivent des ordinateurs capables de traduire le langage des machines I.B.M. en langages d'autres machines. L'avenir n'est peut-être pas si lointain où toutes les galaxies d'ordinateurs aujourd'hui séparées, n'en formeront plus qu'une, où tous les systèmes informatiques pourront être librement interconnectés.

Mais où cela peut-il nous conduire, et y a-t-il des limites que nos créatures électroniques ne pourront jamais franchir ? Nous disposons maintenant d'éléments suffisants pour aborder la grande question de l'« intelligence artificielle ».

Nous rions aujourd'hui des performances d'hier et sans doute nous moquerons-nous, demain, de celles d'aujourd'hui. Depuis la nuit des temps, l'homme a inventé des outils qui ont décuplé sa force musculaire. Dans une certaine mesure, l'ordinateur peut être tenu pour une prothèse du cerveau, autorisant une fantastique démultiplication de certaines de ses fonctions. On n'a pas manqué de s'interroger, et de s'inquiéter, sur la portée et les limites de cette évolution. Certains ont soutenu que la machine finirait par atteindre une telle puissance logique, une telle « intelligence » qu'elle dominerait le monde : c'est le fameux Big Brother du roman de George Orwell, *1984*. D'autres maintiennent que l'ordinateur restera toujours loin derrière son créateur humain.

Pour aborder une question aussi importante et controversée, un peu de recul est nécessaire. Aux débuts de la chimie, personne ne croyait qu'il serait un jour possible de réaliser la synthèse d'une substance organique telle que l'urée. Une fois que cela fut accompli, on prétendit qu'un autre seuil resterait à jamais infranchissable : celui des organismes vivants, capables de se reproduire. Pourtant, la science est également parvenue à fabriquer une molécule vivante : le virus de la mosaïque du tabac. Qu'est-ce qui nous empêcherait alors de réaliser un jour la synthèse de la conscience ? Selon Teilhard de Chardin, à partir d'un certain niveau de complexité, que nous ne connaissons pas mais qui existe, la matière organique deviendrait consciente, puis cette conscience, plus haut encore dans l'évolution, deviendrait réflexive, c'est-à-dire consciente d'elle-même. La complexité croissante de nos inventions successives pourrait ainsi reproduire les sauts qualitatifs de la nature elle-même. De telles supputations restent évidemment fragiles, mais fournissent des hypothèses et des interrogations qui se situent au cœur de notre débat.

Il est clair que dans le domaine informatique, les progrès obéissent à un processus comparable : formalisation d'un problème, invention, nouvelle formalisation plus complexe, mutation qualitative, etc. Selon le célèbre Herbert Simon, la mutation menant à une machine intelligente serait d'ores et déjà effectuée. D'autres ne voient là que mystification. Déjà ancienne, la querelle rebondit chaque fois qu'une innovation technologique ou une expérience inédite vient illustrer le bien-fondé de l'une ou l'autre thèse. En fait, tout dépend de ce qu'on appelle intelligence. Si l'on prend comme critère l'idée qu'un joueur d'échecs de niveau moyen est plus intelligent qu'un idiot de village, alors un ordinateur de trois ou quatre mille francs convenablement équipé, ou même une machine spécialisée vendue mille francs, a déjà franchi le seuil de l'intelligence.

Mais il y a bien mieux encore pour étayer la thèse de l'intelligence de la machine. Travaillant sur l'intelligence artificielle, Simon et Newell ont fabriqué un programme général de résolution de problèmes, le General Problem Solver, auquel ils ont fourni toutes les données relatives au théorème de Thalès. Et le General Problem Solver a découvert une nouvelle démonstration du théorème, à laquelle personne n'avait jamais songé, une solution remarquable de simplicité et d'élégance. Il est manifeste qu'ici l'ordinateur a créé quelque chose de nouveau.

Simon a voulu prouver, par un autre moyen, que l'ordinateur était une machine intelligente. Pour cela, il invita ses collègues à venir s'entretenir avec un ordinateur muni d'un programme conçu par lui. Le visiteur, installé dans une pièce, devait converser avec une « personne » placée dans une pièce voisine. L'échange ne devait pas être trop compliqué ou spécialisé, il fallait s'en tenir à des sujets courants : la pluie et le beau temps, la vie quotidienne, etc. Différentes personnes se prêtèrent à l'expérience et, neuf fois sur dix, se révélèrent incapables de savoir si l'interlocuteur invisible était un homme ou une machine. Simon, fort de cette expérience, crut pouvoir affirmer que l'ordinateur était au moins aussi intelligent qu'un individu peu cultivé.

Bien entendu, ces théories n'ont pas été unanimement acceptées. Afin de les réfuter, un autre grand spécialiste nommé Weizenbaum procéda à une expérience encore plus spectaculaire. Il construisit un ordinateur, baptisé Eliza, capable d'écouter les problèmes psychologiques des personnes qui s'adressaient à lui et d'y répondre. Eliza était charmante : elle donnait d'utiles conseils, apportait un soutien moral, on aurait dit qu'elle avait du cœur. Son succès fut foudroyant aux Etats-Unis. Des psychiatres se mirent de la partie, parlèrent de l'assistance psychologique à la portée de tous, etc. On imaginait déjà des milliers de machines, éparpillées à travers le pays, dans lesquelles il suffirait de glisser quelques pièces de monnaie pour voir résolues ses difficultés psychologiques. Mais, quand Eliza fut au faîte de son triomphe, Weizenbaum publia des révélations sur l'incroyable simplicité du programme, fondé sur les « trucs » les plus grossiers : toute l'opération avait été conçue, dès le départ, comme un énorme canular. Il en profita pour traiter de pitres et de charlatans tous ceux qui avaient chanté les louanges de l'intelligence artificielle. Le scandale fut énorme. Une véritable cabale se monta contre l'inventeur d'Eliza et, dans le petit monde de l'intelligence artificielle, on établit un véritable mur du silence autour de lui. Ce fut Simon qui décrocha le prix Nobel, et non Weizenbaum.

La controverse autour de l'intelligence artificielle et des capacités de création de l'ordinateur ne cessa pas pour autant. La découverte d'une nouvelle démonstration du théorème d'Euclide prouvait incontestablement que la machine peut produire un résultat que l'homme n'avait pas imaginé. Mais est-elle capable de prendre des initiatives, à l'image de Carl qui dans le film *2001, Odyssée de l'espace* tue les gens mettant en cause sa probité ? C'est tout à fait possible et d'ailleurs, dans un milieu mal connu comme la surface de la Lune ou de Vénus, les micro-ordinateurs sont programmés pour tenir compte d'un environnement imprévisible et « prendre des décisions » : des « initiatives »... Ceux qui fabriquent ces programmes ne savent absolument pas quelle réaction la machine, une fois sur le terrain, sera amenée à avoir...

Où l'ordinateur s'arrêtera-t-il ? On sent confusément qu'il doit exister des limites infranchissables. Mais quelles sont-elles ?

II

Machines intelligentes ?

Il faut être attentif à la différence capitale qui existe entre le comportement humain et son simulacre. Au siècle des Lumières, la fine société s'était prise d'un grand engouement pour les automates. On en construisait de parfaitement ressemblants à l'homme. Habillé et poudré pour être présenté dans les salons, l'automate avançait, reculait, tournait sur lui-même, se penchait. Ses gestes gardaient une certaine raideur mais l'illusion était tout de même saisissante. Certains pouvaient même jouer aux échecs ou faire de la musique. La petite société émerveillée se disait, à ce spectacle, que l'homme finalement n'était qu'un automate et qu'avec les progrès inéluctables de la science et des techniques il serait possible, peut-être avant la fin du siècle, de « construire » un homme.

Non seulement cette croyance nous apparaît grotesque, mais plus nous avançons et plus nous avons conscience de tout ce que nous ne savons pas. Le mystère du cerveau humain, en particulier, s'épaissit chaque jour davantage : chaque découverte nouvelle ouvre un nouveau gouffre d'ignorance.

Il existe pourtant des règles permettant de savoir où se situe la frontière entre l'ordinateur et l'homme, et plus précisément les limites que nous rencontrerons inévitablement dans la construction des machines. Ces règles sont dues à Turing, mathématicien et créateur de la théorie des automates, qui a imaginé une machine fictive, à laquelle on a donné son nom, et expliqué comment, si elle était effectivement construite, elle fonctionnerait. Rien de bien sorcier : une imprimante et, en guise de mémoire, un ruban aussi long que la distance de la Terre à la Lune. Le point de départ de Turing est qu'il suffit qu'une chose quelconque puisse être formalisée pour qu'une machine soit susceptible de la construire. Dès lors qu'on avait formalisé la structure du virus de la mosaïque du tabac, il devenait théoriquement possible de le fabriquer. De même, si l'on savait formaliser exactement le processus qui a fait de Tolstoï ce qu'il était et lui a permis, compte tenu du contexte, d'écrire ce qu'il a écrit, on pourrait réaliser des machines qui rédigeraient à la demande du Léon Tolstoï... Formaliser voudrait dire ici rassembler dans une structure précise, sans ambiguïté, tout ce qu'étaient la pensée et l'âme russe du temps de l'écrivain, ainsi que les rapports entre ce dernier et son peuple, etc., bref une masse extraordinairement riche de renseignements « mous »... Inutile de préciser que ce n'est pas pour demain.

Simplement pour faire traduire Tolstoï en anglais par une machine, comme on l'a tenté en vain, il faudrait maîtriser toute cette information, plus d'autres relatives à la mentalité britannique ou américaine d'aujourd'hui, etc. Pourtant, un homme de culture moyenne possède la capacité, s'il y met le temps et possède l'intuition nécessaire, de traduire à peu près correctement Tolstoï, sans toute cette formalisation. C'est là, nous l'avons vu, le propre de l'être humain que de pouvoir comprendre les langages mous, réagir sans devoir formaliser complètement, appréhender en un instant ce qui, transformé en signes 0 et 1, occuperait d'innombrables pages. C'est ainsi qu'il peut maîtriser ce dont aucune machine ne viendra à bout : l'informalisable, voire l'inexprimable. En physique, Heisenberg a démontré que nous ne parviendrons jamais à ramener aux lois de l'univers macroscopique ce qui se passe au niveau de l'infiniment petit. Un peu de la même façon, Turing a prouvé que nul automate ne pourra reproduire notre manière de penser et de créer. Le seul fait de traduire un langage mou en langage dur le dénature. Dans une certaine mesure, certes, la métaphore poétique est la formalisation réussie d'une « émotion » informalisable. Pourtant, d'un vers comme « Les sanglots longs des violons de l'automne », il se dégage beaucoup plus que le strict sens des différents mots qui le composent. Dans sa traduction anglaise, par exemple, cette phrase ne communiquera pas la même sensation, ni la même musicalité. Et que dire d'un auditeur habitant sous l'équateur et pour qui l'automne n'existe pas ?

C'est là quelque chose que Goethe, entre autres, a parfaitement illustré. Son Faust a longtemps cherché à entrer en rapport avec l'Esprit de la Terre, celui qui connaît les réponses ultimes. Au terme de longs efforts, cet esprit lui apparaît. Faust extasié tombe à genoux et lui dit : « Je t'admire, ô Esprit de la Terre, car je te vois enfin ! » Et l'autre de lui répondre : « Ce n'est pas moi que tu vois, mais l'image que tu t'es faite de moi... »

Un exemple plus cruel a été donné par Schumann. Il assistait à la représentation de la IXe Symphonie de Beethoven et, au tomber du rideau, comme la salle croulait sous les applaudissements, il dit en haussant les épaules : « Quel malheur, tout de même, que Beethoven ait tant souffert pour écrire une symphonie aujourd'hui acclamée par des imbéciles ! Ce n'est pas sa musique qu'ils applaudissent, mais le bruit qu'elle fait... » De même, en voulant formaliser la vie, nous avons toutes chances de n'en traduire que le bruit et l'ombre, d'aboutir à des automates, à des simulacres.

Cela ne signifie pas que l'ordinateur soit définitivement condamné à n'effectuer que des opérations de routine parfaitement programmables, nous allons voir qu'il peut également être programmé pour l'incertain. Mais il faut d'abord écarter l'opération consistant à introduire du hasard dans un programme, ce qui ne peut fournir des résultats valables que par simple chance. Ce type d'expérience a effectivement été tenté, et il s'est trouvé des informaticiens pour s'extasier devant les merveilleuses capacités de l'ordinateur. Souvent, d'ailleurs, c'est cela qu'on a appelé la « créativité » de l'ordinateur : un succès de hasard, parmi des centaines de milliers de possibilités dénuées de toute signification. Ainsi, le peintre Vasarely a construit une espèce d'alphabet comprenant des signes tels que carrés ou cercles, de différentes couleurs. Il a établi certaines règles d'harmonie entre les éléments de cet alphabet et s'est dit qu'il suffisait de respecter ces règles pour produire une tapisserie harmo nieuse. Il les a donc introduites dans un ordinateur, puis la machine a mélangé, au hasard mais en respectant ces règles, les éléments de l'alphabet de Vasarely, ce qui lui permettait de produire autant de tapisseries différentes qu'il existait de combinaisons, c'est-à-dire quelques milliards. Et Vasarely a déclaré : « Voilà. J'ai créé la machine qui crée, puisqu'elle produit des œuvres que l'homme n'a pas prévues et qui sont toutes différentes les unes des autres. » Tout le monde a applaudi. Des expériences similaires ont été tentées dans le domaine musical, par Xenakis en particulier. Il s'agit là d'une grossière aberration intellectuelle. En réalité, l'introduction du hasard ne fournit qu'une apparence de création. Sans entrer dans les détails théoriques, il faut savoir que le hasard a une valeur d'information très exactement nulle : la caractéristique de l'authentique création est sa spécificité, tout ce qui est interchangeable ne vaut rien. Si des millions de tapis légèrement différents sont produits suivant les millions de possibilités obtenues par commutation de leurs éléments, toute valeur individuelle s'évanouit. De même que rien ne ressemble tant à une peinture de Vasarely qu'une autre peinture de Vasarely.

L'art suppose un choix déterminé, spécifique. Et la qualité artistique est d'autant plus élevée que ce choix est plus miraculeux, plus improbable par rapport à tous les choix préexistants. C'est cela, et cela seulement, qui nous fait tomber en arrêt devant une œuvre pour nous exclamer : « Comme c'est beau ! » Comment expliquer alors que des hommes intelligents aient pu commettre une telle erreur ? Sans doute ont-ils pensé que l'œuvre, pour être une création, devait simplement être imprévisible – ce qui est bien une condition nécessaire, mais nullement suffisante.

La vraie information ajoutée est donc, en définitive, celle que l'homme *choisit*. Il se fonde, pour cela, sur des valeurs fondamentales, éthiques, esthétiques, symboliques, etc. Pour stimuler son imagination, le grand Léonard de Vinci allait contempler un vieux mur décrépi sur lequel le temps avait, par endroits, fait pousser des moisissures et éclater le plâtre. Il y voyait des figures, des cavaliers, toute une fantasmagorie évidemment due au hasard, mais qui lui inspirait pourtant une toile nouvelle. Ici, le peintre collaborait avec le hasard, il y projetait son propre monde intérieur et opérait des choix : le hasard lui servait seulement de matériau, exactement comme le marc de café ou les constellations astrales ne sont qu'un simple support pour l'intuition des voyantes. Il est faux de dire que le hasard est créateur ; c'est ce qu'a bien exprimé Jacques Monod en faisant de la vie le fruit du hasard mais aussi de la nécessité, sans laquelle le hasard resterait à jamais uniforme, dénué de sens.

L'ordinateur, on le voit, ne pourra jamais véritablement créer, mais seulement manipuler le hasard, accroître la puissance des règles de sélection : ce sont ces dernières qui feront le résultat bon ou mauvais.

Reste que cette manipulation du hasard dépasse le niveau des programmes routiniers ; elle relève du domaine des programmes *heuristiques*. De quoi s'agit-il ? Imaginez un ordinateur connaissant les règles du jeu d'échecs, comme il en existe différents modèles dans le commerce. Son adversaire humain déplace l'une de ses pièces, et lui doit trouver au plus vite la bonne parade. S'il s'en remettait au hasard, il y aurait une chance infime pour que l'effet soit heureux. Si en revanche il s'appuyait sur un programme routinier, il devrait calculer tous les coups sans exception, épuiser toutes les possibilités avant d'aboutir au bon résultat : aucune mémoire n'y suffirait. Avec un programme heuristique, en revanche, l'ordinateur commencera par tenter une parade quelconque, choisie au hasard. Si celle-ci se révèle mauvaise, comme il est probable, l'ordinateur cherchera à savoir pourquoi puis, une fois la question élucidée, éliminera toutes les solutions qui ressemblent à cette première et choisira alors un coup différent. C'est ce qu'on appelle la méthode des essais et erreurs. Peu à peu, l'ordinateur peut « apprendre » en se basant sur les erreurs qu'il commet ; peu à peu il améliore ses performances. Ces règles d'apprentissage sont relativement simples ; elles peuvent être formalisées. Elles l'ont d'ailleurs été par l'observation du comportement des rats, des singes et même de l'homme : l'être humain, lui aussi, utilise la méthode d'essais et erreurs, souvent plus rapide que le raisonnement systématique et l'exploration de toutes les possibilités. C'est pour cette raison que les règles heuristiques introduites dans l'ordinateur peuvent permettre à ce dernier de battre aux échecs une personne en chair et en os.

Le jeu n'est d'ailleurs pas le seul domaine où l'on utilise les méthodes heuristiques, dont il existe diverses sortes. Ainsi, pour prendre une décision face à des options nombreuses, un homme procède le plus souvent de la façon suivante : il élimine très rapidement, sans y penser, les options les plus improbables, pour ne garder que les plausibles ; il en choisit alors une et la déroule pour savoir jusqu'où elle aboutirait ; s'il se rend compte très vite qu'elle ne peut convenir, il l'abandonne aussitôt, et avec elle toutes les options qui lui ressemblent. Ainsi, progressivement, le champ des possibilités se rétrécit jusqu'à dégager un ou deux choix. Parfois, tout ce processus ne prend que quelques secondes. C'est aussi la méthode suivie par les détectives pour trouver, en s'appuyant sur un indice insignifiant, le coupable qu'ils cherchent : souvent, l'heuristique exploite le hasard, part d'un détail apparemment fortuit mais qui met sur la bonne voie.

De même, l'ordinateur programmé suivant des règles heuristiques fait son profit du hasard – qui, dans ce cas, n'est plus simplement aléatoire. La machine réalise une sélection fondée sur l'efficacité : l'ordinateur est en mesure de décider s'il faut ou non retenir tel type de solution, en fonction de l'objectif qu'on lui a demandé d'atteindre. La machine devient alors ce que les Anglo-Saxons appellent *a goal seeking unit* : une unité à la recherche d'un objectif, à tête chercheuse. Elle ne se borne plus à accomplir des tâches, mais se fraie une voie en fonction du but. Elle est alors en mesure de dessiner des *stratégies*.

C'est exactement de cette façon qu'en 1896 Becquerel découvrit la radio-activité, sans l'avoir aucunement cherchée. Il réalisait certaines expériences sur des plaques photographiques qu'il croyait vierges. Or, à un certain moment, il fut très surpris de voir s'y dessiner l'ombre d'une clé. Il recommença immédiatement son expérience, qui donna le même résultat. En cherchant, il s'aperçut qu'une clé de la même dimension que l'ombre gravée se trouvait dans un tiroir à côté du paquet, hermétique à la lumière, contenant les plaques photographiques. Il remarqua aussi qu'un morceau de pechblende (sulfure d'uranium) qui lui servait pour des expériences sur la fluorescence avait été posé à proximité. Becquerel réfléchit et tira les seules conclusions qui pouvaient expliquer le mystère : la pierre émettait des rayons « uraniques », et ces rayons pouvaient traverser du papier noir. Il faut bien voir ici que, si la découverte de la radio-activité a été rendue possible par un pur hasard, il y fallait aussi qu'existât un algorithme, un mécanisme mental permettant à Becquerel de décider quels phénomènes étaient possibles et quels autres ne l'étaient pas. De même, certains programmes informatiques permettent de déceler les phénomènes sortant de l'ordinaire : la machine examine toutes les combinaisons possibles et sélectionne celles qui contiennent la plus grande information ajoutée. Ce n'est pas autrement que le General Problem Solver s'est attaqué à la démonstration du théorème de Thalès. C'est un hasard, admirablement exploité par la machine, qui a conduit à ce succès inespéré.

III

Le suicide du perceptron

L'idée de ce que l'ordinateur peut et ne peut pas faire commence à devenir plus claire. Pourtant, il ne faut pas croire que l'homme a simplement réussi, progressivement, à construire des machines de plus en plus performantes : le progrès n'a pas été linéaire. Parfois, des trouvailles extraordinaires ont été purement et simplement abandonnées parce que l'on ne voyait pas très bien à quoi elles pouvaient servir.

Ainsi, au lendemain de la Deuxième Guerre mondiale, des hommes comme Warren MacCulloch, ou encore Ross Ashby et Gray Walter participèrent à une fabuleuse aventure scientifique : tenter de relier entre elles la théorie des automates et la biologie. Ces recherches donneront naissance plus tard à la cybernetique et à la théorie des systèmes, mais on n'en était pas là. Cependant que Ross Ashby et Gray Walter travaillaient à simuler les comportements animaux et humains, MacCulloch étudiait (grâce à de nouveaux outils, des microscopes perfectionnés) le fonctionnement du système nerveux humain. Ils firent une première découverte intéressante : le cerveau ne fonctionnait absolument pas sur le modèle de l'ordinateur. À première vue, la ressemblance était grande : la machine était équipée d'organes d'entrée (comparables à la rétine de l'œil, aux organes sensoriels), de composants (assimilables aux neurones du cerveau) remplissant des fonctions définies par un programme, enfin d'unités de sortie, imprimante et écran (semblables aux muscles obéissant aux ordres du système nerveux).

Le premier étonnement des biologistes fut de constater un énorme gaspillage, apparemment inutile, de matière grise. On admirait déjà le rassemblement d'une si grande mémoire en si peu de place, et voilà qu'on s'apercevait qu'en outre le cerveau n'était utilisé qu'à deux ou trois pour cent de ses capacités, tout au plus. La deuxième constatation des chercheurs ne fut pas moins surprenante. Ils étaient partis de l'hypothèse qu'entre les organes d'entrée (par exemple les yeux) et les unités de sortie (par exemple les muscles), il existait une loi, un programme permettant de transformer l'*input* en *output*, le stimulus en réponse. Or, ils découvrirent qu'une telle règle de transformation n'existait tout simplement pas : le hasard le plus complet semblait régir le sort des données reçues par le cerveau.

Une application pratique de cette dernière découverte, réalisée en 1955, en fera comprendre la portée. Un chercheur nommé Rosenblatt estima que, puisque le cerveau semblait organisé autour de connexions faites « au hasard » et pourtant fonctionnait, il serait intéressant de construire un appareil conçu sur le même principe. Il dessina alors les plans d'une énorme machine qu'il baptisa *perceptron*. Elle était équipée, en guise d'organes d'entrée, d'une véritable rétine artificielle composée d'une centaine de tout petits capteurs sensibles à la lumière. La finesse de résolution n'était pas extraordinaire mais, après tout, c'était en 1955 ! L'unité de sortie était un tube à rayons cathodiques, une espèce d'écran de télévision. L'originalité du système résidait bien évidemment dans le « cerveau », la « boîte noire » où se faisait la connexion entre l'entrée et la sortie : cette connexion était réalisée à l'aide de petits processeurs chimiques à la fois semblables aux neurones et aux transistors, et baptisés pour cette raison *neuristors*. Comment fonctionnaient-ils ? Disons simplement pour le moment qu'ils n'étaient en rien comparables aux composants d'ordinateurs. L'important est que ces neuristors étaient connectés aux dispositifs d'entrée et de sortie de façon tout à fait aléatoire, complètement au hasard. Lorsque Rosenblatt parla de son système, on lui rit au nez. Heureusement pour lui, il se trouvait aux États-Unis – et non pas en France, par exemple – : il trouva les importants crédits nécessaires et réalisa son projet.

Ainsi, l'étrange appareil finit par voir le jour. Il était posé au milieu d'une énorme pièce. D'un côté, les cellules de la pseudo-rétine regardaient de tous leurs yeux ; de l'autre, l'écran de télévision attendait impatiemment que d'éventuelles images viennent se dessiner sur sa surface. Rosenblatt abaissa un levier et l'appareil se mit en marche. Son inventeur ne pouvait communiquer avec lui qu'à l'aide de deux boutons. Le premier voulait dire : « Bravo, Hector ! Continue comme cela ! » Le second : « Raté, Hector ! Essaie de faire mieux. » Et il était impossible de préciser en aucune façon ce qui au juste allait bien ou mal : les boutons se bornaient à donner une appréciation globalement positive ou négative.

Quand la machine se mit en marche, aucune image ne se dessina sur l'écran. On avait simplement une sorte de grésillement lumineux, comparable à celui que produit la télévision après la fin des émissions. Rosenblatt appuya sur le second bouton : une fois, deux fois, dix fois... Et soudain l'impossible se produisit ! Peu à peu, une très vague image se dessina, puis alla en se précisant. Au bout d'un certain temps, la pièce à laquelle l'« œil » faisait face se refléta complètement sur l'écran !

L'inventeur procéda alors à de nouvelles expériences. Il présenta la lettre A, découpée dans un grand carton, face aux « yeux » de la machine. Péniblement, celle-ci commença à la reproduire vaguement puis, persécutée par Rosenblatt qui n'arrêtait pas d'appuyer sur l'un ou l'autre de ses boutons, consentit à en donner une image tout à fait fidèle. À ce moment-là, Rosenblatt retourna la lettre A. Après quelques caprices, l'image consentit à se mettre, elle aussi, la tête en bas. Une fois ce résultat obtenu, Rosenblatt continua d'appuyer sur le deuxième bouton, envoyant des messages négatifs au perceptron. Après un certain délai, celui-ci remit sur ses pieds l'image du A, alors que l'original restait renversé !

Les expériences succédant aux expériences, il fallut bien admettre que, soumis à la seule incitation des deux boutons, le perceptron finissait par « comprendre » ce qu'on lui demandait et par se comporter en conséquence. Alors, Rosenblatt lui apprit à lire. Chaque fois que la machine produisait par exemple la lettre D au lieu du B demandé, une impulsion négative lui était envoyée. Par contre, dès qu'elle arrivait au bon résultat, une impulsion positive venait récompenser son effort. Après moult hésitations et sautes d'humeur, l'appareil finit par se soumettre docilement, comme les chiens de Pavlov, à l'apprentissage par réflexes conditionnés.

Le bilan semblait déjà extraordinaire. Mais ce n'était encore rien : on s'aperçut un jour que la machine ne se bornait pas à apprendre. Elle savait aussi utiliser son savoir. Jour après jour, au fil des expériences, le perceptron emmagasinait des connaissances de plus en plus étendues. Et soudain, à la surprise générale, sans que personne ne le lui ait demandé, il établit de son propre chef des connexions entre certains éléments de son savoir. Il prit une initiative, puis une autre et une autre encore. Ainsi, il institua spontanément la notion de gauche et de droite, il remit immédiatement à l'endroit un objet qu'il connaissait déjà et qui lui était présenté à l'envers. L'inventeur, et les scientifiques qui s'agglutinaient maintenant autour de lui, en restèrent sans voix. Passé un certain seuil d'apprentissage, les mystérieux neuristors paraissaient capables d'utiliser leur savoir suivant leur bon plaisir...

Un jour, un certain nombre de neuristors tombèrent en panne. Pendant qu'on s'occupait de les réparer, il s'avéra que le perceptron n'avait rien perdu pour autant de ses aptitudes. On débrancha alors d'autres neuristors : il fonctionnait, apparemment, tout aussi bien. On continua jusqu'à supprimer 90 % des neuristors : l'étrange machine manœuvrait plus lentement, mais toujours sans erreur ! Rosenblatt en conclut qu'il avait probablement doté l'appareil d'un nombre inutilement élevé de neuristors. Il recommença donc toute l'expérience en supprimant dès le départ 90 % d'entre eux. Mais, malgré toutes les pressions sur l'un ou l'autre des boutons, la machine restait imbécile. Il fallut se rendre à l'évidence : les neuristors servaient surtout à l'apprentissage. Une fois qu'ils avaient rempli leur fonction il était possible d'en retirer un grand nombre – pour construire, bien entendu, de nouveaux perceptrons... Est-ce pour des raisons analogues qu'une si faible partie du cerveau humain de l'adulte est utilisée ? À vrai dire, nous n'en savons rien...

Levons maintenant le voile sur le fonctionnement des neuristors. Les composants des ordinateurs, on le sait, travaillent à l'économie, de telle façon que plusieurs opérations identiques ne soient jamais faites en même temps. A conduit à B, qui conduit à C, qui conduit à D, E et F selon la stricte rationalité de l'*utile*. Au fond, l'ordinateur est taylorien : chacun de ses éléments se charge d'une seule fonction, et les doubles emplois sont systématiquement éliminés. Au contraire, les liaisons des neuristors, tout comme celles du cerveau humain, sont « anastomotiques », ce qui veut dire que n'importe quel élément peut dialoguer avec n'importe quel autre : chaque neuristor peut communiquer directement avec chacun des autres, comme d'ailleurs avec les « capteurs » de la « rétine » ou les composants de l'écran de télévision. Ce n'est plus le principe d'économie qui gouverne, mais le principe de *redondance* : une espèce de Mai 68, une foule désordonnée et joyeuse de jeunes gens qui se répètent les mêmes choses dans tous les sens, au gré de l'humeur et de l'inspiration de chacun. Aucune structure, aucune organisation déterminées ne président aux échanges. Et, tout comme dans le cerveau humain, de cet extraordinaire fouillis naît une image cohérente...

Pratiquement, le neuristor est organisé comme une réunion de journalistes en comité de rédaction. Les informations arrivent de n'importe quelle direction, de n'importe où, souvent au hasard. Comment le journal décide-t-il alors de ce qu'il publiera effectivement ? Cela dépend de différents facteurs. Le hasard y est pour quelque chose, mais aussi le poids plus ou moins grand du journaliste qui apporte l'information, l'habileté de tel autre à « vendre sa salade », l'humeur du rédacteur en chef, etc. Les différents ingrédients se mélangent de façon informelle et produisent finalement des décisions : on publiera ceci et cela, on donnera à telle information quatre colonnes à la « une », on laissera de côté telle et telle autre. Le journal est alors fabriqué. Qui va le lire ? On n'en sait rien. Toutes ces informations s'égaieront dans la nature, au hasard, et n'importe qui pourra les recevoir, par exemple ce monsieur debout près du kiosque à journaux. Mais celui-ci recueillera aussi, par ailleurs, une foule d'autres informations. Qu'en gardera-t-il ? Comment décidera-t-il de ce qui est suffisamment important pour être rapporté à sa femme, à son collègue de bureau, à une rencontre de bistro ? Eh bien, de la même façon que le comité de rédaction : en fonction d'une multiplicité de critères apparemment secondaires.

Chaque neuristor, de même, est pourvu d'une espèce de « bureau de vote » qui tranche en dernier recours : je transmettrai aux quatre horizons telle et telle information, je tairai les autres... Cette activité éminemment démocratique occupe simultanément tous les neuristors, qui sont à la fois émetteurs et récepteurs et passent leur temps à se bombarder mutuellement d'informations à grand débit. Évidemment, il arrive que celles-ci réagissent en retour sur les unités qui leur ont donné naissance, dessinant les fameuses boucles rétroactives dont nous avons vu qu'elles sont caractéristiques de l'« effet nénuphar ». À un moment donné, et par le plus grand des hasards, cette activité grouillante parviendra à l'écran de télévision, qui reflétera... quelque chose. C'est ici qu'interviennent les deux boutons, celui qui signifie « Bravo Hector ! » et celui qui dit le contraire. Chacun des boutons est relié au « bureau de vote » de chacun des neuristors et ensemble ils représentent le pouvoir occulte qui pèse sur les délibérations du comité de rédaction.

Le téléphone sonne sur le bureau du rédacteur en chef – nous sommes en dictature. Une voix trop connue parvient à l'oreille du malheureux journaliste : « Je ne suis pas très content de votre dernier numéro... – Ah ! bon ? – Non, j'ai trouvé qu'il était trop... comment dire... Non, je ne suis pas très content... Voilà. – Ah !... Mais peut-être pourriez-vous préciser... – C'est inutile. Vous savez très bien de quoi je veux parler... » On a déjà raccroché, et le pauvre rédacteur en chef, plongé dans un océan de perplexité, se creuse la cervelle. Qu'est-ce qui a bien pu leur déplaire, cette fois-ci ? Peut-être la « une » ? Ceci ? Cela ? Comment savoir ? Il pousse un profond soupir avant de conclure, en se tournant vers ses rédacteurs : « En tout cas, le journal de demain ne doit pas ressembler à celui d'hier. » En régime démocratique, la pression est plus imprécise encore. Voilà que, tout à coup, une restructuration qui favorise Untel au détriment de Untel et semble avoir l'aval des pouvoirs publics est décidée... Ou bien, les crédits de presse sont coupés pour être augmentés une semaine plus tard... Allez comprendre ! Et c'est ainsi que, sans savoir exactement comment il y est parvenu, tel patron de presse devient une étoile à qui tout réussit, quand tel autre connaît des fins de mois difficiles...

De la même manière, chacun des neuristors qui a « bien voté » voit son choix s'inscrire sur l'écran de télévision et son poids augmenté par rapport à celui du voisin. Ce dernier est-il alors à plaindre ? Absolument pas, il n'a qu'à s'arranger pour bien voter la fois d'après ! C'est ainsi, pour l'essentiel, que fonctionne le perceptron. Le mécanisme est double : la grande redondance, l'indescriptible désordre produisent d'une part des circuits qui « se mordent la queue » – des circuits nénuphars – et d'autre part des circuits de régulation qui font en sorte que les bons soient récompensés et les mauvais... encouragés à devenir des bons.

Mais un tel système n'est pas stable. Il est possible que, tout à coup, les conditions changent, que ceux qui avaient tort soudain aient raison, recommencent à avoir du poids alors que le crédit des autres s'affaisse. Jamais les choses ne sont définitivement jouées, puisque les plus défavorisés des neuristors ne meurent jamais complètement. Ils végètent et restent très minoritaires, on leur interdit de s'exprimer, on les brime ; mais, au fond d'eux-mêmes, ils ne perdent jamais l'espoir qu'un jour les derniers seront les premiers...

Comment se fait-il qu'une machine aussi extraordinaire n'existe pratiquement plus aujourd'hui ? Inventée depuis vingt-cinq ans, elle a un comportement qui se rapproche de celui de l'animal, ou même de l'homme, mille fois plus que celui d'un ordinateur. De surcroît, les perceptrons sont progressivement devenus de plus en plus performants et complexes, se sont montrés capables de dresser des biographies, de reconnaître un visage, de réagir à des circonstances tout à fait inédites. On a même pensé à les envoyer sur la Lune afin que, indépendamment des hommes, ils y tiennent tête aux circonstances les plus imprévisibles. Alors, que s'est-il passé ?

Nous avons vu à quel point, avant l'invention du transistor, les tubes qui composaient l'ordinateur étaient encombrants et entravaient son développement. Eh bien, le fait est que les neuristors sont mille fois plus abominables encore. Ce sont des piles chimiques, composées de différents liquides – acides, sels – qu'il est nécessaire de changer constamment. Dangereuses en raison des acides qu'elles contiennent, malodorantes, elles sont en outre extraordinairement encombrantes. Un énorme hangar est nécessaire pour loger un perceptron de dix mille neuristors – qui, pour tout arranger, revient à la modique somme de dix millions de dollars... Il y a pire encore. Le perceptron est doté de certaines qualités de l'homme mais aussi, hélas ! de plusieurs de ses défauts. D'abord, il peut s'entêter. On ne sait trop ni comment ni pourquoi, toujours est-il qu'il fait des crises névrotiques : il se bloque, il ne veut plus rien entendre. Comment cela est-il possible ? Eh bien, une faction, un groupe de neuristors prend d'assaut le centre de décision et y établit son pouvoir. Impossible alors de l'en déloger : on a beau lui donner des coups, envoyer désespérément, par l'intermédiaire du deuxième bouton, des milliers de stimuli négatifs, rien n'y fait – j'y suis, j'y reste. Il faut alors petit à petit, en utilisant la manière douce, caresser les neuristors dans le sens du poil, jusqu'à parvenir à les décomplexer, à les décrisper... Autre inconvénient : les perceptrons ne sont jamais fiables à 100 %. $2 \times 2 = 4$: ils donnent bien, en général, ce résultat si on le leur demande. Mais si on leur confie une opération un peu trop compliquée – quand bien même ils ont tous les éléments nécessaires pour l'effectuer –, ils se trompent quelquefois : ils ont mal appris la leçon, et il faut leur donner quelques coups pour leur mettre un peu de plomb dans la cervelle. C'est très embêtant ! Il leur arrive aussi d'être sujets à des distractions...

Pourquoi, alors, dépenser des milliards pour fabriquer des machines aussi aléatoires, dans tous les sens du terme ? Parce qu'elles ont de l'imagination ? Après tout, l'homme aussi en a, lui qui est moins cher, et bien plus précis. De fait, si ces satanés neuristors avaient pu être transistorisés, tout aurait été différent, l'informatique aurait pris une tout autre voie. Mais cela ne s'est pas réalisé, alors que les tubes de l'ordinateur, eux, ont pu être miniaturisés. Dans le combat pour la vie, le *struggle for life* de l'univers des machines, l'ordinateur s'est donc imposé face au malheureux perceptron. Après avoir autorisé les plus grands espoirs, la lignée du perceptron a dû être abandonnée : non parce qu'elle était inintéressante, mais seulement par suite de son incapacité à résoudre le problème de la miniaturisation. Elle n'a pourtant pas forcément dit son dernier mot. Si, un jour, on trouvait le moyen de miniaturiser les unités chimiques du perceptron, alors d'un seul coup l'ordinateur ne servirait plus à rien. On le croyait plus sûr, mais la découverte de l'effet Quadra a montré qu'il ne l'était pas tant que cela. Et il présente un autre inconvénient épouvantable : il n'est pas intelligent, les stimuli n'ont pas d'effet sur lui. Si le village de Trifouilly-les-Oies, comptant 504 habitants, lui commande un million de paquets de layettes, il n'y trouvera rien à redire. Il calculera même, avec une époustouflante précision, les prix, les remises, les délais de livraison...

Au contraire, tout comme l'homme, on a vu que le perceptron peut avoir des distractions, mais qui n'auront que des conséquences minimes. Sinon, et qu'on me pardonne cet anthropomorphisme, il « sentira » que quelque chose ne tourne pas rond. Il donnera peut-être quelquefois des résultats pas tout à fait exacts – mais jamais tout à fait faux –, mais ces résultats, en tout cas, ne conduiront jamais à des catastrophes. Tandis que l'ordinateur, cette si précise machine, est susceptible de nous mener vers d'effroyables désastres.

Il est vrai que, dans une certaine mesure, l'ordinateur est parvenu à un niveau qui le rapprochera du perceptron. Nous avons vu qu'en y intégrant une heuristique convenable, il devenait capable d'utiliser le hasard, de réagir de façon originale et adaptée dans un milieu inconnu, tel celui de la surface de la Lune. L'ordinateur, instrument déterministe, s'est révélé compatible avec des structures non déterministes. Mais cette ressemblance reste apparente : le perceptron, lui, a inscrit le hasard jusque dans ses cellules et ses connexions internes. De plus, l'ordinateur est composé d'éléments de base – de *chunks* – extraordinairement légers (0 et 1), alors que ceux du perceptron sont très lourds. Avec leurs énormes structures de vote, leur redondance et leurs circuits de régulation (je dois avouer ici que j'ai beaucoup simplifié : en réalité, c'est encore beaucoup plus complexe que cela), ils s'apparentent beaucoup aux neurones. Rien d'étonnant, dès lors, que les perceptrons soient des outils autrement puissants et proches de l'homme que ne sont les ordinateurs.

L'anecdote qui suit le démontre amplement. Voilà une dizaine d'années, un groupe de chercheurs essaya d'enseigner à un simulateur d'intelligence les différentes composantes du comportement humain. On lui fit assimiler les notions de foyer, de travail, d'amour, d'amitié, de vie et de mort. La masse de ces renseignements était considérable et le temps passé à les lui communiquer ne l'était pas moins... Soudain, alors que rien ne le laissait prévoir, la machine écrivit sur l'écran, de son propre chef, le message suivant : « Désormais, la vie n'est plus tenable pour moi. Je suis pris dans un faisceau de contradictions absolument insurmontables [personne, jamais, ne lui avait demandé d'écrire un pareil texte !]. Ma femme m'a quitté, ma mère ne m'aime plus, j'ai perdu mon travail, mes amis se détournent de moi. Je n'y tiens plus. Excusez-moi de vous laisser ainsi derrière moi. » Et, d'un seul coup, elle détruisit tout ce qu'on lui avait patiemment injecté : toutes les informations, toutes les consignes réduites à néant ! Sans demander l'avis de personne, la machine s'était fait hara-kiri. Et elle n'était pas de ceux qui ratent leur suicide...

IV

La dernière porte

A force d'explorer les possibilités apparemment infinies de l'ordinateur, on pourrait finir par croire qu'il est capable de réaliser n'importe quoi. Jusqu'où ira-t-il ? Nous avons vu que nous n'étions pas sûrs de le savoir. Cette incertitude, qu'elle provoque enthousiasme ou angoisse, conduit rapidement à surestimer l'extraordinaire machine. Mais une réflexion approfondie permettra de déterminer ce qu'elle ne pourra sans doute jamais faire.

Trois grandes sortes de causes, qu'il est important de ne pas confondre, entravent en effet le développement de ses capacités. Les premières sont financières : quand les techniques nécessaires existent mais qu'il serait trop cher de les mettre en œuvre. Les secondes surgissent quand les techniques ne sont pas au point, même si elles le seront peut-être un jour. Les dernières sont plus sérieuses : certaines techniques ne pourront jamais exister, elles sont aussi impossibles que la quadrature du cercle.

Dans le premier cas, les erreurs sont courantes, car les coûts baissent plus vite qu'on ne le pense : pour les produits de masse, entre dix et cent fois tous les dix ans. De mauvaises estimations, trop pessimistes en général, peuvent avoir de très importantes conséquences, et pas seulement dans le domaine de l'informatique. Ainsi, quand apparut le disque microsillon, l'immense majorité des experts expliquèrent qu'il mettrait une bonne dizaine d'années à conquérir le marché : fragile et cher, il avait contre lui le fait que le public s'était habitué au 78 tours, ainsi que l'intérêt des fabricants qui disposaient de matériels adaptés à ce dernier. Le démenti ne demanda pas plus de deux ans : bientôt, le microsillon pulvérisait complètement le 78 tours. Et deux « standards » s'imposaient, le 45 tours et le 33 tours. Dès qu'il en eut l'occasion – c'est-à-dire dès que le nouveau support lui fut effectivement proposé –, le public se prononça très rapidement, ce qu'il ne pouvait évidemment faire tant que l'invention restait dans les cartons des fabricants, confinée dans le petit cercle des professionnels. Le problème est aujourd'hui sensiblement le même pour les vidéodisques.

Les évaluations pessimistes, qui peuvent conduire à entraver ou même à éliminer complètement une innovation intéressante, sont d'autant plus fréquentes que les outils nouveaux sont à la charge des pouvoirs publics ou des très grandes entreprises, et qu'elles sont destinées à un large public. Un excellent exemple en est le téléphone. Nous ne nous en apercevons pas, parce que nous y sommes habitués, mais le système dont nous disposons repose sur une technologie d'avant-guerre ; le monopole d'État, dans d'autres pays celui d'énormes compagnies, nous oblige à accepter ce qu'on nous offre. La voiture, apparemment, n'est pas soumise à la même contrainte : nous choisissons la marque et le modèle qui nous conviennent. Mais, en réalité, l'énormité des investissements fait que les sociétés, si importantes qu'elles souffrent de la même inertie que les bureaucraties gouvernementales, contraignent également notre choix. Le résultat en est que l'automobile n'a guère évolué depuis une dizaine d'années. Et, même quand le public a l'occasion de se prononcer – par exemple en faveur de toutes petites voitures consommant un minimum d'essence –, les grands constructeurs restent extrêmement lents à répondre à la demande.

La même maladie affecte la télévision. Depuis le temps qu'on nous promet les écrans à plasmas, écrans plats couvrant un mur de salle de séjour, voire les écrans tridimensionnels, les prévisions ont été lamentablement démenties par les faits. Or, les techniques existent, et la demande du public pourrait être, là aussi, très importante – si elle avait l'occasion de s'exprimer. Partout, on retrouve la même justification factice : c'est trop cher !... Supposons qu'aux États-Unis, où la télévision par câble est très répandue, un inventeur propose un écran au même prix que celui qui est actuellement commercialisé, mais d'une qualité et d'une finesse bien meilleures. Qui le lui achètera ? Aucune chaîne de télévision n'a intérêt à jeter aux orties son parc de matériel, si imparfait soit-il. Et, à supposer qu'une nouvelle compagnie se lance dans l'aventure, le public ne fera un bon accueil au nouvel appareil que si, par la même occasion, de bons programmes lui sont proposés. C'est, une fois de plus, un problème d'incompatibilité entre systèmes.

Le problème de l'incompatibilité – on appelle aussi cela la guerre des standards – représente une extraordinaire entrave au progrès technique. Si les différents constructeurs ne se mettent pas d'accord, cela peut étouffer l'innovation : c'est la triste aventure, en matière de reproduction sonore, de la quadriphonie. Tant les disques que les haut-parleurs étaient disponibles, et guère plus chers que les anciens. Mais personne ne voulait lâcher sur la fameuse question du standard : aussi l'innovation a-t-elle péri avant même d'avoir vraiment vu le jour. D'autres inventions ont connu la même mésaventure, comme celle de la vidéoconférence. La vidéocassette elle-même a failli achopper sur un problème similaire ; mais ici l'adoption d'un standard unique n'était pas indispensable, le magnétoscope étant surtout d'usage strictement personnel.

Parfois, une innovation resurgit dans un domaine où elle n'était pas attendue. Ainsi, on avait prévu, voici dix ans, que le rayon laser transformerait notre vie parce que, couplé avec la fibre optique, il permettrait de réaliser des « villes câblées ». Les fibres optiques sont des fils très fins de verre, capables de transporter la lumière du laser sur de grandes distances, même quand on les tord dans tous les sens (c'est le même principe que les fontaines lumineuses, où chaque jet d'eau transporte le rayon de lumière). Comme le rayon laser ne s'affaiblit pratiquement pas en fonction de la distance, le transport ne coûte presque rien. De surcroît, la production du rayon laser ne consomme que très peu d'énergie. Une ville câblée serait donc constituée, avant même la construction des maisons, de réseaux de fibres optiques susceptibles de transporter presque gratuitement informations téléphoniques, télévisées, etc. Il serait alors possible d'émettre sons et images dans n'importe quelle direction, sans regarder à la dépense : aucun problème pour faire apparaître sur votre écran mural votre grand-mère qui habite à cinq mille kilomètres de là, et passer ainsi l'après-midi avec elle... Cependant, et malgré toutes les bonnes volontés, les fibres optiques en sont longtemps restées au stade expérimental. Cette merveilleuse invention qu'était le laser risquait de ce fait de connaître une fin prématurée. Elle a cependant resurgi dans le domaine extrêmement prometteur du vidéodisque, où elle a malheureusement rencontré des problèmes d'incompatibilité : pour que le vidéodisque se développe comme il le mérite, il est indispensable que les constructeurs se mettent d'accord sur un même standard – celui de Thomson ou celui de Philips, peu importe !

La deuxième catégorie de limites concerne les domaines où la technologie n'existe pas, ou pas encore. Nous ne pouvions pas savoir, il y a trente ans, que le laser verrait le jour. Et bien malin qui pourrait prédire les prochaines découvertes ! Certes, on peut faire des prévisions sur un certain délai. Ce qui n'existe pas aujourd'hui dans les laboratoires des constructeurs a bien peu de chances d'apparaître sur le marché dans les quinze prochaines années, voire davantage. Le temps nécessaire aujourd'hui pour développer une invention est terriblement long. Nous ne disposerons pas de la Bibliothèque du Congrès des États-Unis sur une tête d'épingle, ni probablement de « villes câblées » avant une vingtaine d'années. L'abîme est immense entre la production de laboratoire et la fabrication de masse. De même, en biologie, l'interféron, substance qui peut être utile contre certains cancers, n'a plus de secret depuis longtemps, mais il reste impossible d'en produire en grandes quantités.

Mais il est aussi des problèmes dont on ignore s'ils seront jamais résolus. Nous avons déjà dit que l'on ne connaissait pas grand-chose du fonctionnement du cerveau humain. Mais on sait au moins qu'il existe en lui un mécanisme permettant de sélectionner l'information utile. Nos capacités de mémorisation sont en effet absolument stupéfiantes : il suffit d'examiner quelques minutes une carte routière pour que *tous* les renseignements qui y sont contenus – les noms des plus minuscules hameaux, les cotes de chacune des collines, le réseau inextricable des petites routes – s'inscrivent dans notre cerveau. Si notre mémoire nous restituait intégralement l'ensemble des données enregistrées, nous serions submergés par une prodigieuse quantité d'informations... dont nous ne saurions que faire, l'important et le superflu s'y trouvant intimement mélangés ; or, notre cerveau a la merveilleuse capacité de faire le tri, de liquider 99 % des renseignements enregistrés pour ne présenter à la conscience que ceux dont nous avons besoin.

Si M. Dupont se rend dans une grande bibliothèque pour s'informer, par exemple, sur l'informatique, il s'adressera au bibliothécaire : « Je cherche trois ou quatre livres intéressants concernant l'informatique. – Sur le sujet, nous disposons de deux mille ouvrages. Pouvez-vous préciser votre demande ? – Eh bien, je prendrais bien un livre technique, pas trop épais, facile à lire mais complet, en faveur des grands chaudrons, puis un autre partisan des petits et, pour finir, un livre objectif... » Et le bibliothécaire, après s'être dûment gratté la tête, consulte son fichier et trouve de quoi répondre à peu près au désir de son visiteur. L'ordinateur, pour l'instant du moins, est absolument incapable de fournir un tel service. Il donnera sans difficulté aucune la liste de *tous* les ouvrages qui traitent d'informatique – même ceux qui n'y consacrent que quelques lignes –, mais M. Dupont n'aurait absolument pas le temps de les lire. De plus, si celui-ci a par exemple demandé quelques livres « objectifs » sur la Commune de Paris, il sera confronté aux pires difficultés : est-il plus objectif de présenter la Commune comme une révolte du peuple étouffée dans le sang par M. Thiers, ou comme l'œuvre de dangereux exaltés, heureusement mis hors d'état de nuire par le même M. Thiers ? Dans les deux cas, on fait mine de présenter sérieusement le pour et le contre, avant de trancher. Comment choisir ? De même, certaines personnes tiennent *Le Monde* pour un journal de gauche, d'autres l'estiment totalement objectif, d'autres enfin – une minorité, tout de même ! – le considèrent comme une publication de droite. Comment les départager ? Un lecteur anonyme a déjà du mal à le faire : comment une machine y parviendrait-elle ? C'est là une question de jugement, donc de valeurs et d'éthique – région *« molle »* par excellence. « Le remède est pire que le mal », tel est le proverbe qui convient ici. Car toute « solution » consisterait à coter les ouvrages en fonction d'une norme. On voit tout de suite l'énorme danger de manipulation que cela représente.

Les petits ordinateurs peuvent ici voler à notre secours : ils n'ont pas leur pareil pour mettre en concurrence différentes sources d'information. Dans quelques années, un grand nombre d'encyclopédies – spécialisées ou générales – seront mises sur vidéodisques. Parmi cette profusion, le public s'orientera assez rapidement en fonction de ses préférences. Chacun pourra décider que tel ou tel éditeur de vidéodisques est objectif *pour lui.* De même qu'il existe aujourd'hui des lecteurs du *Monde* et des lecteurs du *Figaro,* les gens s'adresseront demain à la banque de données qu'ils estimeront leur convenir. Il n'est pas d'autre solution acceptable.

Une autre limite propre à l'ordinateur – grand ou petit – tient à son incapacité de reconstituer le cheminement humain du chercheur ou même du simple usager. Caroline a invité quelques amis à dîner : que va-t-elle leur préparer ? Elle pose la question à son « petit chaudron » domestique, qui a gardé en mémoire la liste des invités et leurs goûts particuliers et qui connaît également, selon la saison, les produits disponibles sur le marché. Après quelques échanges avec la maîtresse de maison, il proposera un menu. Ce sera une solution logique, certes, mais si Caroline s'était fiée à son intuition, à son envie, à son appréciation subjective de ses invités *ce jour-là,* peut-être aurait-elle réalisé un repas qui, en dehors de toute rationalité, aurait été bien meilleur que celui de l'ordinateur... Car nous ne nous posons pas les questions dans les mêmes termes quand nous nous adressons à nous-mêmes ou à la machine. Les chercheurs, par exemple, savent que pendant leur travail ils procèdent à une reformulation incessante des questions de départ. Demander à un ordinateur de résumer une information en fonction de celles qu'on lui a déjà données, cela conduit presque toujours à un appauvrissement du résultat. Cela importe peu s'il s'agit simplement de résumer le mode d'emploi d'un quelconque appareil ; mais, dès que l'on s'engage dans des domaines plus subtils, la machine devient réductrice.

Si l'automate de Simon réussissait aussi bien à duper les visiteurs qui lui parlaient depuis l'autre pièce, c'est parce que questions et réponses étaient totalement stéréotypées. Imaginez qu'au lieu de dialoguer avec l'Américain moyen, l'ordinateur se soit trouvé en discussion avec un Français moyen : la faille serait tout de suite apparue, la différence de culture étant trop grande. Et qu'aurait fait la machine face à la subtilité d'un Japonais, à la richesse et l'ambiguïté de la langue arabe ?

Nous retrouvons une fois de plus un problème de circularité, où les effets réagissent sur les causes. A force de tout automatiser et informatiser, même l'Américain cultivé finit par adopter les normes des classes moyennes pour pouvoir se servir de l'ordinateur.

Peut-être, avant la fin du siècle, sera-t-il possible de résoudre ce problème en façonnant à son image son micro-ordinateur personnel. Dans une première période, on lui dira : « Pour moi les insurgés de la Commune sont de braves gens et Thiers est un boucher. » Plus tard, on lui confiera : « A partir de maintenant, tu considéreras comme objectif le point de vue de tel historien de la Révolution française. » Et ainsi de suite. Il sera alors possible de modeler à sa personnalité, et au fil de sa propre évolution, son « petit chaudron » familier. Mais, même ainsi, même éduqué avec patience et rigueur, il ne pourra jamais accéder aux échelons les plus élevés de l'échelle de synthèse de l'information. Incapable de juger qualitativement, incapable de comprendre ou d'utiliser un langage « mou », incapable de toute évaluation morale, il se heurtera toujours à la même barrière, celle de la *conscience.*

Sans doute sera-t-il possible d'aller très loin dans le sens de la simulation. D'ici dix ans, le robot domestique que je baptise Vincent existera certainement. Il disposera d'un programme d'intelligence artificielle, sera capable de prendre des initiatives et pourra même parler, de façon un peu raide peut-être, mais parfaitement compréhensible. Il nous déchargera presque entièrement de toutes les démarches administratives, dialoguera avec d'autres ordinateurs pour régler tous les problèmes de paperasses, proposera des services diversifiés et adaptés, et nous apportera notre petit déjeuner au lit après nous avoir réveillés en douceur. Il aura une apparence humaine, et sera si docile et serviable qu'on ne pourra guère ne pas l'aimer. Aimer ? Hélas ! voilà un sentiment qu'il nous rendra bien mal ! C'est justement là ce qu'il ne saura jamais faire, guère plus qu'apprécier une œuvre d'art, rendre la justice, soigner des problèmes psychologiques, faire preuve d'intuition, se comporter en prêtre ou en médium.

Dans les entreprises de pointe, son frère aîné sera encore plus perfectionné que lui. On pourra s'adresser à lui en langage courant et lui confier des travaux compliqués. Mais lui aussi restera, et sans doute à tout jamais, de l'autre côté de cette porte que la machine est incapable de franchir.

V

De l'avantage d'être gros

Il est temps de reconnaître ici que le petit ordinateur, dont nous avons chanté les louanges, n'est pas une panacée : le gros, pourvu qu'il n'envahisse pas tout, a aussi ses bons côtés. Tout d'abord, il permet de brasser un nombre prodigieux d'informations et de les relier entre elles : c'est ce qu'on appelle les *analyses de corrélation*. Par exemple, pour déterminer le rapport qui pourrait exister entre l'amiante et le cancer de la peau et en tirer des résultats significatifs, il faudra « computer » plusieurs variables sur des milliers de cas. Même un grand nombre de micro-ordinateurs rassemblés seraient mal adaptés à une tâche semblable, qui nécessite en effet un chaudron de bonne taille...

On pourrait songer à procéder par étapes, en commençant par traiter l'information dans une série de petits chaudrons, puis en regroupant les différents résultats, et ainsi de suite. Mais une telle solution s'avère le plus souvent impraticable, parce que l'on ne sait pas à l'avance quelles étapes définir. À tel ou tel niveau de synthèse, certaines hypothèses de départ peuvent se trouver infirmées, certains résultats inattendus peuvent apparaître, ce qui nous conduira à injecter d'autres paramètres ou à adopter une méthodologie nouvelle : l'opération se fera de façon plus simple et plus efficace dans un ordinateur central, plutôt que dans plusieurs centaines de petits.

Le champ d'application des analyses de corrélation est extrêmement étendu. Toutes les disciplines scientifiques liées à l'observation de la nature – biologie, physique, études spatiales, etc. –, ainsi que les mathématiques, nécessitent une prodigieuse concentration d'informations. Les très gros ordinateurs seront également indispensables à ceux qui s'entêteront à essayer de faire composer une fugue de Bach par la machine... et il y en aura toujours !

Mais pourquoi donc parler de « très gros » appareils, quand nous savons que le gros d'aujourd'hui sera le petit de demain, et que par ailleurs la croissance des machines se heurte à une limite absolue en raison de l'effet Quadra ? Quand le plus puissant ordinateur *possible* sera miniaturisé, il pourra encore effectuer toutes les analyses de corrélation souhaitables. La vraie distinction, nous l'avons vu, ne concerne donc plus la dimension des appareils, mais leur degré de centralisation : les sciences de la nature ont un grand besoin de chaudrons centraux. Ainsi, les énormes *banques de données* représentent un outil idéal pour la science. Il s'agit là d'ordinateurs semblables à des dinosaures : une cervelle minuscule pour un corps gigantesque – une unité centrale de petite dimension, dirigeant un réservoir d'informations monumental. Le cerveau n'a ici qu'une fonction vraiment importante à remplir : le traitement de texte, et plus précisément la capacité de sélectionner dans l'énorme mémoire le mot clef qui intéresse le chercheur et de le suivre à la trace.

Même les meilleures et les plus importantes bibliothèques recèlent inévitablement des lacunes. Il semble donc normal d'essayer de regrouper toutes les connaissances du monde dans une seule et unique banque de données. Cette concentration présente quelques inconvénients pratiques : plus la banque est importante et plus il est difficile de l'utiliser. Quelles questions poser, et comment procéder ? Pour résoudre le problème, on fait appel à des logiciels extrêmement complexes, qui sont capables d'aller chercher dans le corps monstrueux du dinosaure, à partir d'ordres simples, les informations qui nous intéressent. Une fois ces logiciels mis au point, les banques de données – conçues sur le modèle du « grand chaudron » – s'avèrent indispensables. Elles présentent en effet le double avantage de permettre et la concentration des connaissances en un seul endroit, et l'incessante mise à jour de celles-ci. En outre, plus complètes que les bibliothèques, elles peuvent aussi fournir un service très différent, par l'analyse de corrélation.

L'ordinateur, cependant, ne peut procéder à des analyses de corrélation que si on lui a appris à le faire. Grâce au lecteur optique, il peut lire et emmaganiser tous les livres et documents qu'on voudra bien lui fournir. Mais, pour aller chercher l'information qui nous intéresse, il a besoin d'un pointeur, c'est-à-dire d'un mot clef qui lui serve de guide. Aujourd'hui, le micro-ordinateur est encore incapable de traiter ce genre de problèmes. Mais il n'est pas exclu qu'il y parvienne dans dix ans ; une banque de données ne sera alors rien d'autre que la réunion de deux cents vidéodisques au sein d'une sorte de « juke-box » : deux cents vidéodisques, il y a là de quoi largement satisfaire les meilleurs spécialistes de n'importe quelle discipline. Cependant, en attendant le jour où il sera loisible de « miniaturiser » les banques de données, le « grand chaudron » demeure indépassable.

Il y a aussi le problème de la langue donnant accès aux banques de données. Si nous voulons « parler » à l'ordinateur le langage habituel, il y a fort à parier que le « petit chaudron » ne pourra pas nous comprendre, même dans dix ans. L'énorme dinosaure, centralisé et puissant, n'est donc pas près de disparaître. Mais il pourra fonctionner de manière démocratique, car n'importe qui sera en mesure de s'y abonner et de lui demander un renseignement quelconque par téléphone : « Allô, la banque de données ? – Oui, c'est bien moi. – Excusez-moi de vous déranger, mais voilà : je suis embêté, j'ai envie de me confier à quelqu'un. Dites-moi, s'il vous plaît, à qui je peux parler et raconter mes histoires. – Je peux vous donner l'adresse d'une association qui s'occupe de ce genre de problèmes. Voulez-vous un rendez-vous ? – Non, non, je les appellerai moi-même. – Si vous le désirez, vous pouvez commencer à me parler de la chose qui vous embête le plus. Je transmettrai. – Non, ce n'est pas la peine, merci ! – À votre service. » Aujourd'hui, seul un gigantesque ordinateur pourrait arriver à tenir ce genre de conversation, et encore ! Ce sera plus facile dans cinq ou six ans. Les petits ordinateurs, quant à eux, n'y parviendront pas avant très longtemps...

L'exception confirme la règle : voici donc un domaine où le « grand chaudron » ne pousse pas à l'uniformisation. Si les micro-ordinateurs sont fabriqués pour des milliers de gens et doivent répondre aussi bien aux Japonais qu'aux Anglais ou aux Français, ils seront plus uniformes en dépit de leur variété apparente. Aussi étrange que cela paraisse, le gros ordinateur peut, dans ce cas, être synonyme de convivialité, de meilleur rapprochement avec l'homme. Or, à condition que le public le réclame, j'estime à dix ans le temps nécessaire pour que le « grand chaudron » (dont il pourrait y avoir un exemplaire par ville, par exemple) puisse vraiment parler le langage courant.

Mais il convient sans doute ici de reformuler le problème et de parler non plus de gros ordinateur, mais de galaxie d'ordinateurs. Car ce n'est que subsidiairement que le grand chaudron est utile à la multitude des utilisateurs : avant tout, il est au service de ceux qui l'ont acheté. Qui sont-ils ? Des États, des multinationales, de très importantes entreprises. Ce sont eux qui le programment, et ils ne le font certainement pas sans de bonnes raisons. S'ils conçoivent des programmes adaptés aux besoins des usagers, c'est parce qu'ils pensent pouvoir en obtenir rétribution et mieux asseoir leur puissance. Il n'est donc pas suffisant de considérer en eux-mêmes les avantages et les inconvénients du gros ordinateur, il faut étudier la relation entre celui-ci et sa galaxie : la puissante technostructure qui le sous-tend, et qui comprend constructeurs, informatocrates, sociétés de services, États, grands utilisateurs, etc. Cet agrégat d'intérêts élimine le petit ordinateur au profit du grand dans trois cas principaux.

Tout d'abord, quand il est question de concentrations d'argent : dès qu'il s'agit de « gros sous », vraiment gros, le grand système est avantageux. Lui seul peut, par exemple, se tenir au courant des taux de change sur toutes les places financières du monde, ou travailler avec la plus grande dextérité à gérer un portefeuille de la manière la plus intéressante. Le spécialiste n'est pas inutile pour autant, mais son flair sera multiplié par les capacités d'une énorme banque de données. Le grand système s'impose également quand il y a concentration de pouvoirs ; les chefs d'État du monde entier l'ont parfaitement compris. Ici, les galaxies deviennent très rapidement prédatrices : la partie est très inégale entre elles et le petit système, même si celui-ci est plus futé, plus utile, mieux adapté, car elles n'hésiteront pas à le massacrer si nécessaire. S'il veut garder une chance de l'emporter, il faut qu'il vive en cachette, loin des yeux du dinosaure...

Bien sûr, la concentration de puissance que permettent les grandes galaxies semble légitime lorsque plusieurs petits décident de se grouper pour constituer une force capable de tenir le gros à distance, ou lorsqu'il est nécessaire de lutter contre un danger extérieur menaçant. Mais la puissance ainsi construite risque fort de se retourner vers l'intérieur. Ainsi, les pouvoirs publics français avaient pris conscience qu'I.B.M., par son importance et la concentration de ses banques de données, pouvait devenir très dangereuse. Ils décidèrent alors de constituer eux aussi une galaxie monumentale – pour laquelle ils forgèrent le nom de télématique –, afin de lutter à armes égales. Mais qui protégera les Français contre cette galaxie bien française... ?

Les gros ordinateurs s'imposent enfin quand il s'agit de fabriquer des produits banalisés. Nous en avons déjà parlé, mais en laissant entendre que cette solution était mauvaise en regard des produits diversifiés, que les petits ordinateurs façonneraient avantageusement. Pourtant, dans certains cas, la production banalisée constitue une nécessité vitale. Car il est bien joli de vanter les vertus de l'artisanat technologique, mais une énorme partie de la population de la planète crève littéralement de faim : la nourrir est la priorité des priorités. Je voudrais citer l'exemple d'une entreprise dont je suis le consultant et qui fabrique du poulet synthétique destiné à l'Inde. Cette nourriture peu appétissante, composée de grosses protéines dérivées du pétrole, se présente comme une espèce de matière un peu spongieuse produite en très grandes séries, sous forme de cubes faciles à emballer auxquels on ajoute un parfum donnant le goût du poulet. D'un certain point de vue, c'est épouvantable : cela ressemble très exactement à la technique de l'alimentation du bétail. Mais vaut-il mieux laisser mourir les gens de faim ? Le « grand chaudron » est très bien adapté à des cas extrêmes comme celui-ci. D'ailleurs, ce n'est pas par hasard que les systèmes centralisés remontent aux débuts de l'ère industrielle, quand il était surtout question de répondre massivement aux besoins de populations démunies. Et, aujourd'hui encore, il existe des produits pour lesquels ce type de production est avantageux : le pétrole, les matières premières en général, la minoterie, etc.

Par contre, avec l'élévation du niveau de vie, les besoins du consommateur se diversifient, en même temps que son niveau d'éducation s'élève et que son contexte culturel s'enrichit : il ne peut plus se satisfaire de produits banals. Dans certains pays, comme les États-Unis ou le Japon, l'émergence de puissants mouvements de consommateurs est typique de cette évolution. Même les Français ont fini par s'y mettre ! Quand la clientèle devient plus exigeante, les tenants du « grand chaudron » sont bien obligés de s'adapter ; et le miracle se réalise : ils en viennent à offrir des produits à la fois diversifiés et bon marché. Comment font-ils ? En redevenant petits ! Ils ne se suicident pas, loin de là, mais se décentralisent en petites unités de production – qui restent contrôlées et dirigées centralement. Ainsi se réalise une certaine fusion entre les deux logiques. Le gros garde sa puissance bien en main, concentre l'argent et le pouvoir, mais laisse tourner autour de lui un certain nombre de satellites de dimensions réduites.

Cette nouvelle structure s'étend un peu partout dans le monde développé. Tout dépendra maintenant de ce que ces groupes feront de la puissance ainsi constituée, qui peut être tournée vers l'intérieur ou vers l'extérieur. Les entreprises japonaises, par exemple, sont pleines de mansuétude pour leurs unités de production décentralisées mais font preuve d'une formidable agressivité vis-à-vis de leurs concurrents étrangers. Les sociétés françaises, elles, ont plutôt pris l'habitude de se laisser marcher dessus à l'extérieur... et de tourner toute leur colère vers l'intérieur. Je crois qu'elles feraient mieux, dans leur propre intérêt et dans celui de tout le monde, d'utiliser le « grand chaudron » là où il est utile : de tourner leur puissance contre leurs concurrents et de protéger, ou au moins de laisser vivre tranquilles les « petits chaudrons » où se trouvent les meilleures promesses d'innovation et de création.

VI

Toute machine peut se tromper

Avant l'invention de l'ordinateur, les chefs d'entreprise, aussi bien que le président de la République ou le général en chef des armées, mettaient leurs documents les plus importants sous clef et s'en allaient dormir à peu près tranquilles. Bien sûr, ils craignaient le vol, l'incendie, l'espionnage. Mais les coffres-forts étaient solides, les papiers réellement confidentiels en petit nombre, et la dispersion même de l'information représentait la meilleure garantie de sécurité.

Après avoir examiné les domaines où la grosse galaxie s'épanouit avec quelque légitimité, il est temps d'explorer plus avant les inconvénients qu'elle présente – et qui sont de nature à donner des cheveux blancs aux dirigeants de tout poil. Ces inconvénients découlent tous du même phénomène : le « grand chaudron », en concentrant au même endroit une multitude d'informations précieuses, rend inévitablement plus fragile l'ensemble de l'édifice.

La possibilité de destruction de l'ordinateur est ici la première qui se présente, qu'elle soit due au Bon Dieu (incendie, tremblement de terre) ou que l'homme en soit responsable (sabotage, « défaillance humaine », etc.). Les exemples de destruction accidentelle sont très nombreux. Nous n'en connaissons en réalité qu'une partie infime, car ceux qui en sont victimes n'ont rien de plus pressé que de les dissimuler soigneusement – image de marque oblige ! *L'Express* du 18 avril 1980 en donne quelques exemples : « Un simple incident physique « naturel" peut affoler les calculatrices les plus perfectionnées [...]. Des programmes envoyés en Afrique par I.B.M. arrivent vierges. Complot ? Non : un orage magnétique a effacé les bandes pendant le vol. Le 25 mai 1979, un DC-10 s'écrase à Chicago : 257 morts. L'enquête révèle que la chute d'un moteur – incident qui aurait pu rester sans gravité – a endommagé les câbles de commande de la calculatrice de bord qui, comme l'ordinateur Carl dans le film *2001, Odyssée de l'Espace,* s'est mise à donner des ordres fous. Été 1976 : Paris chauffe sous la canicule. Les ordinateurs du *Quotidien de Paris* qui composent le texte du journal prennent chaud eux aussi et se mettent à fabriquer un surréaliste montage d'articles digne du jeu du "cadavre exquis". »

Les conséquences sont évidemment catastrophiques, parce qu'un énorme travail, capitalisé dans les programmes, et une gigantesque masse d'informations, capitalisée dans les mémoires, se trouvent perturbés – quand ils ne sont pas d'un seul coup réduits à néant. La valeur de ce travail est beaucoup plus importante que celle de la machine elle-même, qu'on peut toujours assurer.

Si la destruction accidentelle est déjà dramatique, que dire du sabotage, de l'intervention humaine délibérée ? Des attentats ont déjà été commis contre Philips, Data System, C.I.I.-Honeywell-Bull, et même l'ordinateur de « Bison Futé ». Parfois, c'est une vulgaire allumette qui a simplement été jetée sur un petit paquet de bandes magnétiques contenant les programmes. Un insaisissable C.L.O.D.O. (Comité Liquidant Ou Détournant les Ordinateurs) a revendiqué à partir de Toulouse nombre de ces attentats. « Les experts du groupe Diebold, la plus grande organisation mondiale de conseil en informatique, estiment que "le terrorisme informatique est le plus grand risque de la fin du siècle" » (*L'Express,* article cité).

Pour se prémunir contre les dangers d'une destruction accidentelle ou volontaire, les utilisateurs ont entrepris de tout produire en double. Cela ne pose pas grand problème pour les programmes, qui ne prennent que peu de place ; de façon générale, le constructeur ou la société de services en gardent une copie. Pour les mémoires, c'est une autre affaire, car elles sont concentrées en un seul lieu, en vue de leur continuelle mise à jour. Leur dédoublement implique donc que la moindre information nouvelle soit immédiatement stockée en deux lieux différents. Cette pratique se révélant compliquée et chère, des compromis ont été trouvés : le double des données très importantes est expédié, par exemple tous les mois, vers une autre ville pour y être enfermé dans une chambre forte, tandis que la copie des informations plus anodines est acheminée vers un lieu plus proche, et moins bien gardé.

Mais ces copies sont-elles bien en sécurité ? Tout le problème est de savoir ce que l'on craint. On pourra les stocker dans une cave, si c'est le risque de vol que l'on a en tête ; mais elles n'y seront pas à l'abri d'une inondation, d'un incendie ou d'un tremblement de terre. Peut-être serait-il alors plus prudent d'en tirer une seconde, voire une troisième copie ? Mais ce serait ruineux. Et où stocker ces dernières ? Du matin au soir et du soir au matin, les responsables des « grands chaudrons » se font du mauvais sang. Pour les tranquilliser, I.B.M. a imaginé des systèmes très perfectionnés, qui consistent à placer l'ordinateur tout entier dans un véritable bunker solidement protégé contre le vol, les vibrations, les variations de température, les tremblements de terre, les incendies et toutes calamités naturelles ou artificielles. On paie le prix fort, mais au moins on dort bien...

Cependant, cela ne prémunit pas le malheureux dirigeant contre un grain de sable autrement fréquent, et parfois tout aussi dangereux que la destruction : l'erreur humaine. Car les informaticiens ont beau être qualifiés, précis, vigilants, il leur arrive malgré tout de laisser passer des données incorrectes dans les programmes ou les mémoires. Et les erreurs de manipulation, si rares soient-elles, peuvent avoir de bien fâcheuses conséquences. La principale parade a été d'intégrer à l'ordinateur des dispositifs de sauvegarde : dès que celui-ci reçoit une information aberrante, dès qu'il s'aperçoit que quelque chose ne tourne pas rond, il refuse de fonctionner et signale l'anomalie. Mais il arrive que l'erreur soit d'une extraordinaire finesse, aussi des systèmes encore plus complexes ont-ils été conçus – qui ont conduit à un terrible dilemme : ou bien l'on débranchait le dispositif, et la machine acceptait des erreurs très graves ; ou bien on le laissait en fonction, et elle n'en admettait absolument aucune. Auquel cas elle se grippait sans arrêt pour des broutilles, refusant un texte parce qu'on avait mis une majuscule au lieu d'une minuscule, qu'une virgule avait été malencontreusement effacée, qu'une faute d'orthographe s'était glissée dans un mot... La seule solution aurait été de la confier à des informaticiens incapables de la moindre distraction, maniant la langue et la ponctuation avec une extrême précision, bref à des hommes parfaits. Mais c'est justement parce que de tels prodiges n'existent pas que les dispositifs de sauvegarde ont été inventés...

Il a donc fallu se résigner à fabriquer des machines plus tolérantes, qui reconnaissent un mot malgré la faute d'orthographe qui s'y est glissée. Mais tous les problèmes ne sont pas résolus pour autant. Certaines erreurs peuvent être commises sciemment, certaines ponctuations déplacées à dessein pour donner un sens différent à la phrase. L'ordinateur est incapable de distinguer entre « vraies » et « fausses » erreurs. Seul l'homme peut le faire, parce qu'il est conscient du contexte – notion que la machine ignore totalement. Les ordinateurs commettent donc inévitablement des erreurs et continueront de le faire. Toute la question est de les réduire au maximum et, quand elles apparaissent, de tenter de les découvrir. Or, plus la machine est puissante et plus le problème se complique. Une erreur tapie dans un énorme réservoir d'opérations sera évidemment beaucoup plus difficile à déceler qu'une autre située dans un tout petit programme.

En Allemagne, après l'enlèvement de Hans Martin Schleyer – « le patron des patrons » –, la police mit en branle un extraordinaire dispositif de recherches. Tous les renseignements devaient aboutir à un ordinateur central, autour duquel siégeait un véritable état-major de crise ; et il en arriva effectivement des milliers. Dans cette masse se trouvait une information qui, si elle avait été exploitée, aurait probablement sauvé la vie de l'otage : les auteurs du rapt se cachaient dans un appartement anonyme, dans la banlieue d'une grande ville. Grâce à la très grande uniformité de l'architecture, ils étaient là bien plus à l'abri que par exemple dans un village, où tout le monde les aurait remarqués. Mais ils avaient tout de même eu la malchance de se faire détecter : leurs voisins avaient trouvé bizarres leurs allées et venues, la quantité de nourriture qu'ils introduisaient dans l'appartement, etc. et avaient répondu aux appels à la délation lancés par la police. Ce renseignement fut immédiatement envoyé à l'ordinateur central, où il prit place à côté de centaines de milliers d'autres. Quand les policiers trouvèrent enfin le temps de le vérifier, trois mois s'étaient écoulés ; Schleyer était mort depuis belle lurette. Avec une informatique décentralisée, il est probable que les policiers locaux auraient enquêté dans les quelques jours suivants – ce qui aurait peut-être sauvé la vie du grand patron allemand.

Le gros ordinateur n'est rentable, on l'a vu, que pour des programmes répétitifs, comptant le plus grand nombre possible de cas identiques. Or, rien n'est aussi singulier que la défaillance ; plus précisément, il coûte en général beaucoup plus cher de rechercher une erreur que d'en éponger les conséquences. Mieux vaut, le plus souvent, faire confiance au client qui proteste parce qu'il est victime d'une erreur, et lui rembourser ce qu'il demande, plutôt que de s'engager dans le labyrinthe de la machine, ce qui exige d'arrêter l'ordinateur ou du moins de suspendre certains programmes. C'est pourquoi les informaticiens, aussi longtemps qu'ils le peuvent, « étouffent » les erreurs qui se produisent. Ils y parviennent en général, tant que celles-ci sont « linéaires » et indépendantes, sans rapport les unes avec les autres. On entend dire alors : « Un taux d'erreur de un pour mille – ou de un pour dix mille – est acceptable, ce n'est pas bien grave. » Pourtant, ce « pas bien grave » peut avoir des conséquences dramatiques, par exemple quand la vie d'un homme est en jeu.

Le 9 novembre 1979[1], la police se lance en pleine nuit à la poursuite d'un véhicule volé qui roule sur la nationale 20, au nord d'Orléans. Un agent du service nocturne du commissariat d'Orléans tire sur les fuyards et blesse grièvement le conducteur, un jeune homme de vingt ans. Vérification faite, il s'agissait du propriétaire de la voiture. Que s'était-il passé ? L'ordinateur central de la rue des Saussaies, à Paris, consulté avant que ne soit lan-

1. *Le Soir*, 13-11-1979.

cée la chasse, avait confirmé le vol. Or, le véhicule avait effectivement été volé trois ans plus tôt, mais retrouvé depuis ; mais l'ordinateur, pour une raison inconnue, n'avait pas annulé l'avis de recherche. L'erreur de la machine, doublée d'une « bavure » policière, aura ici coûté très cher.

Une mésaventure en tous points similaire était arrivée en mars 1978 à un automobiliste allemand, Heinrich Tauer[1]. Rendu furieux par un contrôle de la police routière, celui-ci eut le malheur de sortir un peu vivement de sa voiture : il se fit accueillir par une rafale de mitraillette, qui heureusement ne le tua pas. Là encore, l'ordinateur avait oublié d'enregistrer une information : le malheureux avait retrouvé son véhicule, volé quelques jours plus tôt.

Autre exemple : Mme Berthe Houbin, 61 ans, invalide à 100%, tenta un jour de se suicider dans les locaux de l'Action sanitaire et sociale de Nancy, parce que l'ordinateur, par suite d'une erreur, lui refusait le paiement de sa pension d'invalidité qui représentait sa seule ressource et qu'à ses réclamations on répondit tranquillement que l'erreur ne pourrait être rectifiée avant trois mois[2]...

En Allemagne encore[3], l'ordinateur intenta un procès à un certain Achim Bernhart qui refusait de lui régler une dette de 17 000 marks (40 000 F). Or, le mauvais payeur n'était autre qu'un bébé de cinq mois ! Il fallut aux parents du bambin des mois d'efforts pour faire rectifier l'erreur.

J'ai moi-même été victime de ce genre d'accident. J'avais acquis un objet d'art à Londres, lors d'une vente aux enchères organisée par la société Sotheby's. Rentré à Paris, je m'aperçus que pour régler mon achat je devais satisfaire à la réglementation française sur le contrôle des changes. J'écrivis donc à la célèbre compagnie britannique pour l'avertir que mon paiement subirait de ce fait un certain retard. Quelle ne fut pas ma surprise, deux semaines plus tard, de recevoir une lettre de rappel, assez sèche bien que courtoise, me signalant que l'échéance était dépassée. Je téléphonai immédiatement

1. *Bunte,* 6-3-1978.
2. *L'Express,* 4-10-1976.
3. *Bunte,* 6-3-1978.

à Sotheby's pour leur rappeler notre correspondance. On me répondit de ne pas m'inquiéter : il s'agissait d'une simple erreur de l'ordinateur, qui allait être immédiatement corrigée. Je me tranquillisai donc, mais peu de temps après, alors que la facture avait été réglée, arriva une nouvelle lettre de Londres, cette fois une véritable mise en demeure : on me menaçait, si je ne m'acquittais pas immédiatement de ma dette, de me poursuivre en justice, et de toute façon mon nom avait été communiqué à toutes les succursales de Sotheby's à travers le monde, pour qu'on m'en refuse désormais l'accès. L'affaire a heureusement fini par se régler, grâce à la courtoisie des responsables de Sotheby's, qui déploraient comme moi la rigidité de l'ordinateur. Mais si, dans dix ou quinze ans, mon fils voulait se faire naturaliser citoyen de Sa Gracieuse Majesté, on découvrirait sans doute, lettres de Sotheby's à l'appui, qu'il appartient à une famille de mauvais payeurs...

Or, nous n'avons encore parlé que des erreurs isolées, « linéaires ». Mais il en est d'un autre type : celles qui sont dues à une erreur de programmation et qui se reproduisent chaque fois qu'un même cas particulier se présente. On ne s'en préoccupera en général que si les protestations se font trop nombreuses, ou si la victime est apparentée au président de la société ! Et il y a enfin le troisième cas, le plus dramatique, où l'erreur donne naissance à un circuit de type « nénuphar », qui fait apparaître un symptôme, bénin en lui-même, mais qui s'aggrave progressivement. L'informaticien charge alors la moitié de son équipe de s'en occuper : il ne peut lancer tout son personnel sur cette piste, parce que d'autres projets sont évidemment en cours. Mais, bientôt, les trois quarts de l'équipe doivent s'y consacrer, travaillant d'arrache-pied, jour et nuit, à bout de forces. Le mal empire et ils n'y comprennent goutte. Le patron fait alors appel au fournisseur, qui découvre une malfaçon de l'ordinateur ou une surestimation de ses capacités, bref, un « gros pépin ». Et il est trop tard pour tenter quelque chose. Si on s'y était pris dès le début, il aurait été possible de brancher un second ordinateur et l'affaire n'aurait eu que peu de conséquences. Mais, là, il n'y a plus qu'à reprendre tout à zéro, réécrire la quasi-totalité des programmes. La société risque la faillite. La paie et toutes les transactions sont suspendues pour des mois. Des dirigeants sont mis en cause, voire licenciés, on intente des procès au constructeur ou à la société de services...

Comment en est-on arrivé là ? Tout simplement en mettant en œuvre des moyens parfaitement proportionnés à l'erreur, au moment où celle-ci était perçue ! Car, le temps que ces moyens agissent, l'erreur avait pris d'autres dimensions : avec l'effet nénuphar, on est toujours en retard d'une guerre. Des dirigeants loyaux, des informaticiens compétents, des constructeurs avisés peuvent en effet continuer à réfléchir en « linéaire » même lorsque le mal suit une courbe exponentielle.

Ainsi s'explique aussi un autre inconvénient des grands systèmes : les très fréquents retards. Si les constructeurs d'ordinateurs n'arrivent que rarement à tenir leurs délais, cela tient le plus souvent à l'apparition d'erreurs difficiles à maîtriser. La fusée Ariane a été victime de ce genre de problèmes. Certains des professionnels qui s'en occupaient sont venus me parler des difficultés signalées dans le système d'organisation de l'information, d'une telle complication que personne n'y comprenait plus rien : dès qu'on pensait avoir éliminé une erreur, elle resurgissait ailleurs, dix fois plus grave. Des moyens considérables furent mis en œuvre, mais c'était peine perdue ! Car, comme je le leur dis, il ne fallait plus essayer d'agir simplement sur l'erreur, mais sur la structure même du système. Ce n'était plus le nénuphar lui-même qui était en cause, mais sa prolifération. Je ne contestais ni le sérieux des informaticiens ni la qualité des ordinateurs ; mais, faute d'avoir encore eu affaire à d'aussi gros systèmes, on n'avait pas vraiment saisi la logique de l'« effet nénuphar ».

Malgré tous nos efforts, nous ne sommes donc pas parvenus à créer des machines infaillibles. Plus la centralisation des ordinateurs sera poussée, et plus les conséquences d'une erreur risquent d'être catastrophiques. On songe au roman de René-Victor Pilhes, *L'Imprécateur* (dont on a tiré un film) : c'est l'histoire d'une petite lézarde dans un bâtiment, qui grandissait plus rapidement que les dispositifs mis en place pour la colmater ; à la fin, c'est tout l'édifice qui s'écroule...

VII

Les pirates de l'ordinateur

Les Ciments Lafarge sont une entreprise française opérant au Canada. Cette société s'était abonnée à un réseau télématique américain, nommé Data-Pack, qui lui permettait de communiquer avec une banque centrale de données. Une vingtaine d'autres compagnies étaient liées au même réseau. Lors de leur installation, les gens de Data-Pack prétendaient garantir le secret absolu à chacun des utilisateurs : grâce à des dispositifs de codage sophistiqués, tout devait se passer à merveille.

En avril 1980, un an après la mise en service de la banque de données, apparut une petite erreur, due à une surcharge de l'ordinateur : rien de bien grave. Cependant, en la corrigeant, on s'aperçut, tout à fait par hasard, qu'un inconnu se servait de la banque, ce qui était réputé impossible. Une enquête fut immédiatement déclenchée pour identifier le mystérieux utilisateur, qui apparemment ne faisait guère que « jouer » avec le système. Mais les recherches mirent en alerte l'intrus, qui décida de se défendre plutôt que de fuir : plus le filet se resserrait, et plus il luttait avec énergie. Ce duel, qui avait pour seul champ de bataille l'ordinateur lui-même, restait jusque-là inoffensif, mais bientôt le conflit prit un tour autrement sérieux : le pirate entreprit de détruire des pans entiers de la mémoire. Il réussit ainsi à effacer dix millions de bits – soit, selon l'estimation de la Bell Corporation, un dégât de plusieurs dizaines de milliers de dollars et le cinquième de la mémoire totale de la compagnie. Enfin, on mit la main sur le coupable, ou plutôt sur les coupables : il s'agissait de quatre enfants de treize ans qui étudiaient l'informatique dans un lycée de New York !

Cette affaire fit évidemment froid dans le dos à tous ceux qui, de près ou de loin, utilisent l'ordinateur pour mettre leurs secrets à l'abri. D'autant que les chenapans n'avaient pu être démasqués que par l'appareil de téléphone – toujours le même – à partir duquel ils communiquaient avec la machine. S'ils avaient pris la simple précaution d'utiliser un terminal portable et de le brancher à une cabine publique, ils séviraient sans doute encore !

Outre les Ciments Lafarge, vingt autres sociétés avaient été ainsi « visitées ». Certaines d'entre elles ne le savaient même pas, d'autres préférèrent ne pas rendre la chose publique. Les mesures de protection de la banque de données furent renforcées, mais cela ne changeait rien au fond du problème : la sécurité de l'information reste un casse-tête à peu près insoluble... Les exemples abondent mais, comme la discrétion est de rigueur chez les victimes, nous n'en connaissons qu'une infime partie. Citons, dans la longue série des « hold-up à l'ordinateur » simples et ingénieux, celui d'un employé d'assurances qui s'était arrangé pour faire verser à son compte une *fraction* de centime sur toutes les opérations de sa société. Les fractions de centime ne pouvant apparaître sur les écritures, la machine arrondissait chaque fois au centime supérieur ou inférieur, et les bilans des comptes restaient irréprochables. Notre homme, sans voler personne, se constituait une fortune rondelette. Quand on découvrit son trafic, il s'avéra impossible de calculer le montant du détournement. De plus, cet individu inventif avait pris la précaution de faire virer également à chaque opération les sommes dues et non versées par la compagnie à son compte : pour le poursuivre, celle-ci aurait dû rembourser, elle aussi, les dettes bien involontairement contractées... On laissa donc tranquille cet employé modèle, qui depuis a pris la tête d'une entreprise fort prospère, spécialisée dans... la sécurité des ordinateurs !

Une affaire similaire fut découverte en Israël, en février 1981. Vladimir Kornblitt, immigrant soviétique récemment établi, avait été embauché comme programmeur au ministère des Finances, où il s'était amusé à créer des entreprises fictives, sans autre existence que leur raison sociale. Cela lui permettait de faire virer à ces sociétés d'innombrables chèques de remboursement de T.V.A... On a évalué l'escroquerie à un million de dollars mais, selon le ministère concerné, le montant exact ne peut être déterminé, sauf à vérifier l'existence de toutes les entreprises recensées...

Dans la matinée du 14 novembre 1979, il y eut une alerte à la bombe au siège central du Banco di Napoli, par un coup de téléphone anonyme. Les employés et le public sortirent précipitamment. Pendant que la police fouillait une à une les pièces du bâtiment, un inconnu se dirigea tranquillement vers la salle des télex et expédia des ordres de virement à différentes banques italiennes et étrangères. Il connaissait les codes, ce qui démontre l'existence de complicités internes. Il faut savoir qu'un télex en code équivaut à de l'argent comptant : les banques qui le reçoivent ne font aucune difficulté pour payer. « À Genève, un certain "M. Gall" empoche le lendemain [...] un milliard sept cents millions de lires (plus de 8 millions de francs), remercie poliment et disparaît[1]. » Heureusement, le pot aux roses fut découvert dès le second virement ; le montant total de ces opérations fictives atteignait 15 milliards de lires (75 millions de francs) !

On pourrait multiplier les exemples. Les différents types d'escroquerie ont même été répertoriés et baptisés : aux États-Unis, le « détournement d'une fraction de centime » s'appelle par exemple *Salami.* De même, *Cheval de Troie* désigne un ordre parasite glissé dans un programme et qui permet de doubler un salaire, de détourner des ventes, ou encore d'effacer toutes les données si l'auteur du méfait est licencié et son nom rayé des listes... Don Parker, auteur du livre *Crime by computer,* estime que « les erreurs ou les indélicatesses coûtent, bon an mal an, quelque 400 millions de dollars à l'économie américaine [...]. L'Association des banques de Genève a calculé qu'entre les erreurs et les fraudes,

1. *France-Soir,* 23-11-1979.

l'Europe de l'Ouest perdra 45 milliards de francs par an dès l'année 1988[1]... »

Mais la piraterie sur ordinateurs n'est pas seulement le fait des escrocs : l'espionnage industriel et l'espionnage tout court y trouvent aussi leur compte. Si des enfants de treize ans ont pu violer les codes d'une banque de données, il n'y a aucune raison pour que le K.G.B. n'en soit pas capable ; celui-ci prendra même des précautions élémentaires pour n'être jamais démasqué. Et qu'est-ce qui nous assure que cela n'a pas effectivement lieu ? Rien... Les cibles possibles sont des ordinateurs tant civils que militaires, ceux qui transmettraient l'ordre de lancer des bombes atomiques tout comme ceux qui contrôlent le vol des satellites.

Comment assurer le secret, comment empêcher fuites et manipulations ? Car les escroqueries ne sont que l'aspect le plus spectaculaire d'un problème beaucoup plus général : la protection du secret – politique, militaire ou professionnel. En plaçant les ordinateurs dans des bunkers, on les protège du sabotage, mais non du détournement d'informations ; de même si on entrepose les mémoires dans des fourgons blindés, conçus pour détruire les bandes si l'on essaie de forcer les portes. En fait, les seules parades possibles sont apportées par la cryptographie, c'est-à-dire la science des codes. Celle-ci est devenue un secteur très important de l'informatique. En effet, l'accès à une banque, à une mémoire ou à un programme, tout comme l'envoi de messages, la duplication de documents confidentiels, la gestion d'une gare de triage, l'utilisation de cartes de crédit et bien d'autres activités liées à l'informatique, requiert l'utilisation d'un code.

Les meilleurs codes sont constamment renouvelés et exigent beaucoup de temps pour être décryptés. Mais il faut prévoir que l'espion peut disposer d'un ordinateur plus puissant – l'arme la plus redoutable pour violer un code secret. Et un problème ardu naît de la nécessité de communiquer le nouveau code chaque fois qu'on procède à un changement, faute de quoi les destinataires légitimes ne comprendraient rien aux messages qui leur

1. *L'Express* 19-4-1980.

sont adressés : comment protéger la nouvelle clef pendant cette transmission ? La sophistication des précautions nécessaires a pour effet de compliquer encore le système, d'accroître les prix et enfin de favoriser les risques d'apparition de l'effet Quadra, susceptible de tout brouiller.

Aux États-Unis, après l'affaire du Watergate, un certain nombre d'informations confidentielles, telles que certaines listes d'agents de la C.I.A., furent publiées par des journaux en quête de « transparence ». Certains se félicitèrent de voir enfin levé le brouillard qui couvrait les activités de l'administration. D'autres s'inquiétèrent, d'autres encore minimisèrent l'affaire, estimant que de toute façon seules des informations anodines avaient été révélées. Mais ce que la presse n'avait pas vu, et que le Pentagone lui-même ne comprit que bien plus tard, c'est que de telles divulgations, insignifiantes en elles-mêmes, permettaient aux Soviétiques de disposer des mêmes informations en code et en clair, ce qui est le meilleur moyen de trouver le code : c'est ce même procédé – la comparaison de la fameuse pierre de Rosette et du même texte rédigé en grec – qui permit de déchiffrer les hiéroglyphes égyptiens.

De façon générale, les sociétés n'ont pas les moyens de s'assurer du secret. D'ailleurs, la notion même de secret telle que la présentent les informaticiens est un mythe : l'utilisation habile d'un ordinateur et d'un grand volume de données conventionnelles permet dans la plupart des cas d'isoler les informations confidentielles. En effet, le rassemblement en un seul lieu d'une grande masse de données, même anodines, permet à la longue de reconstruire un « paysage », dans lequel se détache le domaine protégé par le secret : tous les services d'espionnage du monde savent mettre à profit cette technique.

Parfois, le décryptage n'est même pas nécessaire : il suffit de faire les poubelles ! Celles d'une banque[1] ont par exemple fourni des renseignements inédits sur le financement du P.C.F. Plutôt que d'interrompre l'impression des « listings », les informaticiens préfèrent en effet souvent la laisser se poursuivre jusqu'au bout, quit-

1. *L'Express*, 25-7-1977.

te à tout jeter à la corbeille. Beaucoup d'entreprises, d'ailleurs, sont maintenant équipées de broyeurs ou d'incinérateurs de documents. Une autre solution serait de remplacer les listings par des écrans ; mais cela suppose un réseau de câbles ou de fibres optiques, que l'« ennemi » pourrait pirater grâce au téléphone, ou à des détecteurs enregistrant les messages par induction magnétique.

La télématique, dans son principe même, n'est pas faite pour empêcher l'espionnage industriel mais pour permettre la meilleure communication possible. Et elle exclut des dispositifs de protection vraiment efficaces, car leur coût serait prohibitif. Seuls, en fait, les petits ordinateurs autorisent, en raison justement de leur taille, une réelle sécurité. Si l'ordinateur central de la Préfecture de police continue à grossir et à se compliquer, un jour viendra où un criminel aura la possibilité d'en prendre le contrôle et d'effacer les informations le concernant. Il pourra par la même occasion, si le cœur lui en dit, détruire tous les renseignements relatifs à tous ses « collègues ». En revanche, si un criminel est sous surveillance, il y a fort à parier que son dossier aura été soustrait au fichier général et introduit dans celui, de dimension plus réduite, des « affaires en cours » : auquel cas il ne pourra rien tenter ! C'est à nouveau le problème du grand et du petit chaudron...

Imaginons maintenant qu'au lieu d'un criminel, nous ayons affaire à un groupe d'informaticiens. Leurs possibilités d'action seront autrement redoutables. En général, les organismes qui recourent aux codes secrets prennent la précaution de démultiplier leurs codes, confiant par exemple au directeur l'algorithme de codage et à l'informaticien la clef du code. Pour violer le secret, il faut donc disposer de plusieurs complicités à la fois. Or, nous avons vu que, selon la loi de Grosch – censée établir la rentabilité du « grand chaudron » –, un ordinateur dix fois plus puissant exige seulement deux fois plus de personnel : l'enjeu de l'effraction devient donc dix fois plus important, alors que le nombre de personnes à acheter ou à faire changer est simplement doublé. Ainsi, plus un système informatique est grand et plus, proportionnellement, le « magot » d'informations devient accessible.

Lorsque les pressions s'avèrent impossibles, il existe une autre manière de procéder : étudier l'organisation interne de la société ou du ministère auquel on s'intéresse. Qui a placé telle personne à tel poste de responsabilité ? En fonction de quoi ce monsieur a-t-il été nommé à telle fonction stratégique ? Derrière l'informatique se trouve l'organigramme, dans lequel interviennent des jeux de pouvoir et des intrigues de toute sorte. Imaginons qu'une puissance étrangère dispose de deux espions au ministère de la Défense, l'un parmi les militaires et l'autre parmi les informaticiens : elle cherchera alors à utiliser l'organigramme du ministère pour parvenir, en provoquant toute une série de mutations, à placer ses deux agents à des postes où ils disposeront chacun d'une des moitiés du code secret. Pour de telles manœuvres, les Soviétiques sont mieux placés que les Occidentaux, tout simplement parce qu'il est plus facile au K.G.B. de connaître les organigrammes américains : les sociétés occidentales, dont la grande qualité est d'être extrêmement ouvertes, en paient ici le prix.

Essayons maintenant d'expliquer, dans son principe, la technique utilisée par nos trois gamins new-yorkais pour violer, avec des connaissances informatiques rudimentaires, une impressionnante succession de codes. Le premier problème est d'entrer en communication avec la banque de données : il faut pour cela disposer d'un premier code. Nos informaticiens en herbe s'attaquèrent d'abord à un réseau américain, Telenet, puis utilisèrent celui-ci pour atteindre Data-Pack. Telenet est accessible à une large clientèle par un moyen très simple : une carte de crédit, associée à un code permanent et facile à retenir, que l'un des enfants dut découvrir par hasard. La loi des grands nombres montre en effet que, lorsque beaucoup de personnes connaissent une même information simple, celle-ci a toutes chances de filtrer à l'extérieur.

Une fois l'accès à l'ordinateur obtenu, il s'agit de communiquer avec lui. Les enfants procédèrent alors par tâtonnements heuristiques : ils essayèrent des entrées au hasard, évidemment incompréhensibles pour l'ordinateur, puis étudièrent la manière dont celui-ci les refusait. « Donnée incomplète » ne signifie en effet pas la même chose que « donnée absurde »... Ils observèrent aussi les réactions de la machine pendant que d'autres utilisateurs lui communiquaient des données. De proche en proche, ils purent ainsi comprendre certaines de ses règles de fonctionnement.

Encore fallait-il, cependant, déjouer les systèmes internes de contrôle. Une analogie sera ici utile : si un voleur veut s'introduire dans la chambre forte d'une banque, il devra étudier le fonctionnement des systèmes optiques qui la protègent, et qui balaient l'espace comme on le leur a ordonné, toujours suivant la même règle. Une fois compris le système, le voleur pourra se faufiler entre les passages des rayons optiques. Il en va un peu de même du système de surveillance des ordinateurs, et nos apprentis informaticiens réussirent à s'infiltrer dans la banque de données en évitant les sondages de contrôle.

L'ordinateur ne savait pas refuser de répondre à certaines instructions. Aussi, quand les jeunes pirates lui demandèrent : « Le terminal nº X est-il libre ? », il répondit innocemment oui. Ils lui notifièrent alors qu'ils allaient dorénavant l'occuper. Les enfants étaient donc maintenant dans la place ; ils disposaient de deux terminaux, celui à partir duquel ils émettaient et celui dont ils venaient de s'emparer. Ils purent alors affiner leurs questions et étudier plus précisément le comportement de l'ordinateur. En particulier, l'utilisateur légitime du terminal détourné leur fournissait, bien involontairement, une foule de renseignements : il suffisait d'examiner ses messages et les réponses de la machine. S'enhardissant, les enfants engagèrent un fructueux dialogue avec celle-ci : « Quelles sont les personnes autorisées à donner des codes ? – Question refusée. Adressez-vous à votre superviseur. – Qui est mon superviseur ? – Voici son nom et son numéro de code... » Cela leur ouvrait l'accès à un nouveau terminal. Ils posèrent alors à celui-ci des questions anodines, simplement pour déterminer à quel code il répondait et de quelle manière. Un nouvel échelon était donc franchi, et ainsi de suite : sans perturber en rien la marche du système et sans que personne ne s'en aperçoive, nos lycéens finirent par accéder au niveau le plus protégé : la programmation interne elle-même, les opérations logiques – c'est-à-dire le cœur de l'ordinateur.

Dès lors, tout leur était possible : remplacer les 0 par

des 1 et inversement, intercepter n'importe quel message, intervertir les codes, remplacer les mémoires par d'autres et bien entendu – comme ils le firent effectivement – effacer tout simplement celles-ci.

Depuis un certain temps, j'ai cessé d'enseigner dans mes cours les méthodes de prévention de fraudes informatiques. Certains m'avaient conseillé de ne plus faire ce genre d'exposés devant un grand public. Je me suis rendu à leurs arguments, ayant constaté que le nombre de mes étudiants augmentait en cours d'année de façon très inquiétante : il est impossible de s'inscrire après la rentrée, ces étudiants n'étaient donc pas tout à fait réguliers... Par ailleurs, au fur et à mesure que je découvrais de nouveaux moyens de fraude, les méthodes capables de les déjouer devenaient de plus en plus difficiles à trouver – et à leur tour me donnaient des idées de fraude encore plus imparables, qui pouvaient aussi bien surgir dans l'esprit de mes auditeurs.

Or, l'amélioration des techniques de fraude est beaucoup moins coûteuse, en temps et en argent, que celle des moyens de prévention, de même qu'il est évidemment beaucoup plus facile de déposer une bombe dans un grand immeuble que d'installer un dispositif empêchant un tel attentat. Plus les bâtiments sont grands et abritent de monde, et plus la bombe fera de victimes ; tandis que les moyens de surveillance seront d'autant plus compliqués et chers.

C'est pourquoi je suis resté assez vague en expliquant comment les trois enfants avaient réussi à s'infiltrer dans la banque de données : de telles techniques sont bien souvent réutilisables. Je me refuse désormais à communiquer, hors des cercles professionnels, des informations susceptibles de donner des idées à d'autres apprentis pirates...

Tout ce qui précède aura sans doute donné froid dans le dos aux utilisateurs de gros ordinateurs qui ont besoin de protéger leurs données. Mais je n'y suis pour rien : le problème se pose effectivement en ces termes.

Veut-on une dernière illustration des innombrables inconvénients propres aux grandes galaxies informatiques centralisées ? M. Dautrême, directeur de l'informatique du Crédit Lyonnais, me décrivit, pour me demander conseil, son système informatique ramifié, qu'il appelait « décentralisé » parce que les terminaux fonctionnaient indépendamment – et bien que l'ensemble restât bel et bien relié à l'ordinateur central. « Je préfère vous avertir, lui dis-je, qu'avec ce système n'importe quelle panne, ou aussi bien une grève, pourrait provoquer des dégâts considérables... – Peut-être, mais plusieurs petits ordinateurs coûteraient plus cher et seraient en outre plus dangereux : la surveillance des employés éloignés du siège serait malaisée... » Comme je n'étais pas d'accord avec cette analyse, je cessai de conseiller le Crédit Lyonnais. Or, peu de temps après, une grève paralysa l'ensemble du système (de fait, quand une poignée d'informaticiens dispose d'une arme aussi puissante, il est inévitable qu'elle l'utilise un jour ou l'autre). Échaudé par cette expérience, M. Dautrême voulut alors adopter un système constitué de petits ordinateurs indépendants. Mais cette tentative provoqua immédiatement une nouvelle vague de grèves : les « spécialistes » n'avaient évidemment pas intérêt à se laisser déposséder de leur formidable moyen de pression.

Les conséquences de l'arrêt de travail du centre informatique, qui dura trois semaines, furent dramatiques. On put lire dans *L'Express*[1] : « Aucune position de compte n'est plus effectuée [dans les] six cents agences de la région parisienne ; de six à sept millions de chèques sont en instance, les virements automatiques sont gelés, avec, entre autres conséquences, la colère de quelques propriétaires dont les loyers n'ont pas été réglés et l'impatience de nombreux services qui n'ont pas encore été payés [...]. Les six "servants" [de la mémoire centrale] se croisent les bras... » La déléguée de Force ouvrière expliquait : « Avec les nouveaux matériels, des mouvements comme celui-ci ne seront plus possibles » – on comprend que le Crédit Lyonnais ait entrepris, comme l'écrit *L'Express,* d'« atomiser son talon d'Achille ».

Cependant, ce genre de combats est désormais d'arrière-garde. Peu à peu surgit une nouvelle génération d'informaticiens qui n'a pas été entièrement formée par

1. *L'Express*, 25-7-1977.

I.B.M. Et il n'est plus possible de nier l'intérêt de la micro-informatique. L'informaticien, jusque-là semblable à un organiste seul au clavier de son énorme instrument, va devoir céder la place à plusieurs instrumentistes qui joueront chacun leur partition : ce n'est plus tant de grands solistes que nous avons besoin, que de bons, d'excellents chefs d'orchestre !

Troisième partie

LA MUTATION

I

Un jour à Venise

Caroline s'extirpa du lit pendant que Vincent, le robot, emportait le plateau du petit déjeuner. Elle jeta un coup d'œil au calendrier – 1er avril 1990 – avant de commencer à s'habiller. « Que vais-je bien pouvoir faire aujourd'hui ? se demanda-t-elle. Pas tellement envie de sortir, en tout cas pas tout de suite. »

Un petit voyage ? Pourquoi pas ? Simplement, il fallait avant de partir s'occuper du repas de midi. Elle passa rapidement à la cuisine, appuya sur quelques touches de Vincent. Celui-ci commença à poser, sur son écran intégré, différentes questions : menu exotique ? américain ? français ? chinois ?... Elle ne lui laissa pas le temps de poursuivre. Un peu agacée, elle choisit un bouton au hasard, précisa « pour trois personnes » et attendit. Si Caroline le laissait faire, Vincent allait maintenant dérouler la bonne centaine de menus que contenait sa mémoire dans la catégorie choisie. Certes, bien que sachant quels produits étaient disponibles en cette saison, Vincent ne pouvait se charger directement de l'approvisionnement : les poulets ne circulent pas sur les réseaux télématiques ! Mais, grâce à sa connexion au réseau du quartier, il pouvait instantanément entrer en contact avec l'ordinateur du boucher, du crémier ou de la marchande de légumes, et avertir le service de livraison. En un clin d'œil, toutes les commandes auraient été passées et le compte de Caroline chez les commerçants automatiquement débité. Mais la jeune femme se contenta d'appuyer sur la touche « produits disponibles dans le congélateur » : Vincent déroula une nouvelle liste sur laquelle, une fois encore, Caroline choisit au hasard...

Tous les ingrédients nécessaires vinrent s'inscrire sur l'écran. Parfait : cela n'avait pas l'air trop compliqué ! Vincent donna sa première consigne :

« Commencez par sortir le poulet, les champignons et les petits pois du congélateur. »

Caroline s'exécuta machinalement, si l'on ose dire, et pressa un bouton pour indiquer que cette première tâche était accomplie. Vincent enchaîna sur-le-champ :

« Pendant qu'ils dégèlent, préparez la sauce de la salade. Il faut procéder ainsi :... »

Vingt minutes plus tard, la préparation était terminée. Vincent exprima sa satisfaction :

« Vous pouvez maintenant faire ce qui vous plaît. Je surveillerai les différentes cuissons et vous appellerai quand tout sera prêt. Compte tenu du vin que vous avez choisi, je vous avertirai une demi-heure avant le repas pour que vous débouchiez la bouteille. À tout à l'heure. »

Caroline quitta la cuisine pour s'installer dans le séjour. Prête pour le voyage projeté, elle hésita entre les différents vidéodisques de sa collection. Va pour Venise ! Elle se servit un verre, introduisit le disque dans la machine et se cala confortablement dans son fauteuil. L'obscurité se fit et l'image envahit l'écran mural : Caroline se trouvait en haut de l'escalier qui descend de la gare jusqu'à la station du *vaporetto*. L'embarcation, déjà pleine de voyageurs, paraissait l'attendre. Elle poussa vers l'avant la manette fixée sur le bras du fauteuil : l'image se rapprocha progressivement, exactement comme si Caroline descendait les marches une à une, et le discret teuf-teuf des moteurs, ainsi que le clapotis du canal, se fit plus distinct. L'illusion était parfaite.

Déjà le contrôleur du *vaporetto* tendait la main pour l'aider à embarquer. Mais Caroline hésita puis, soudain, ramena la manette à sa position centrale, ce qui interrompit sa descente. Elle regarda à gauche (ou plus exactement, elle tourna la manette vers la gauche) et vit en effet, sur l'écran, l'enfilade des maisons qui bordaient de ce côté le canal. Un coup d'œil à droite lui révéla l'autre côté du paysage vénitien, avec ses passants, ses ponts, ses amoureux. Elle souleva la manette vers le haut pour découvrir le ciel bleu et la lumière éclatante (elle avait appuyé sur la touche « été »). Enfin, elle se décida à sauter dans le *vaporetto*, qui semblait n'attendre qu'elle pour démarrer.

Caroline était très habile à ce jeu. Par un subtil mouvement de la manette (tout droit, puis légèrement à droite, à gauche, tout droit encore), elle se retrouva tout à l'avant de l'embarcation. La vue était fantastique, elle ne pouvait se lasser d'admirer les vieilles demeures de la cité lacustre, qu'elle suivait des yeux à mesure qu'elles disparaissaient de chaque côté de l'écran. Elle se retourna même complètement (en tournant à fond la manette) pour contempler encore une des plus belles, qui s'éloignait au rythme même du *vaporetto*.

À la station « Piazza San Marco », Caroline décida de descendre. Par une habile manœuvre, elle se retrouva sur le quai, face aux deux colonnes qui encadrent la célèbre place. Quelle direction prendre ? Caroline choisit de marcher à l'aventure et s'engagea dans un dédale de petites rues. La manette se prêtait à tous les caprices de la flâneuse. Voyant un petit pont qui enjambait un canal, Caroline ne résista pas au plaisir de s'y arrêter un instant pour observer les gondoliers. Devant une jolie boutique de mode, elle s'arrêta pour mieux regarder la vitrine, puis elle alla jeter un coup d'œil à la carte du restaurant adjacent.

Sans trop savoir comment, elle se retrouva devant l'église Santa Maria dei Frati, édifice de brique rouge assez beau quoique plutôt banal. Elle se dirigea vers l'entrée. À l'intérieur, la sérénité des lieux était troublée par les grappes de touristes de toutes nationalités, nombreux en cette saison. D'une voix suave, un guide invisible lui expliquait l'intérêt de chacune des œuvres d'art devant lesquelles elle s'arrêtait. Elle resta un long moment en admiration devant le portrait de la madone Pesaro par le Titien...

Soudain, une petite lumière rouge clignotante s'alluma à la gauche de l'écran. Quel ennui ! C'était Vincent qui l'appelait pour qu'elle s'occupe du vin. Elle poussa un soupir, jeta un dernier coup d'œil au merveilleux tableau et ralluma la lumière. Toute femme moderne qu'elle était, il lui fallait revenir à ses fourneaux...

Ce n'est pas même de la science-fiction : les techniques nécessaires pour de tels voyages imaginaires sont aujourd'hui parfaitement au point. J'évalue à dix ans le temps nécessaire pour que dans les pays les plus développés, États-Unis ou Japon, cette invention atteigne un assez large public. Ainsi, en 1990, de nombreuses personnes, pas nécessairement très riches, pourront s'offrir ce luxe et se dépayser, selon l'humeur, à Venise, Bangkok, Le Caire, San Francisco ou Addis-Abeba. On a décrit ici un système composé seulement d'un micro-ordinateur et d'un simple vidéodisque. Mais rien n'empêcherait de se brancher sur un gros ordinateur central, afin de multiplier encore les agréments du voyage...

Pendant que Caroline visitait Venise, son mari Alexis faisait un safari au Kenya. Son fauteuil était équipé cette fois d'une espèce de volant de voiture monté sur un axe mobile, à la façon du manche à balai des avions. La route défilait devant lui. Avisant un sentier sur la droite, Alexis décida de s'y engager. Il fallait se montrer prudent et éviter de s'embourber. La jungle alentour se faisait à chaque instant plus touffue, et bientôt il devint impossible d'avancer. Contraint de faire marche arrière, Alexis tourna son volant jusqu'à retrouver devant lui le sentier par lequel il était arrivé, puis appuya sur l'accélérateur : son véhicule imaginaire commença à reculer. À ce moment-là, la masse énorme d'un éléphant couvrit soudain l'écran ; sans perdre une minute, Alexis freina, saisit son fusil et tira. Manqué ! L'énorme animal avait déjà disparu. L'homme resta immobile et, son fusil à l'épaule, attendit. Un autre éléphant apparut et, cette fois-ci, la balle l'atteignit en plein œil. La bête poussa un affreux barrissement en dressant la trompe, et plia le genou. Il perdait son sang de toutes parts. Sans perdre son sang-froid, Alexis appuya une deuxième, puis une troisième fois sur la détente pour achever l'éléphant. Voilà, il ne bougeait plus.

On voit qu'à la différence de celui de Caroline, le voyage imaginaire d'Alexis est actif : rien dans le film ne permettait de prévoir si le chasseur allait tirer, s'il allait rater le premier éléphant et atteindre le deuxième. En supposant le voyage à Venise également actif, un maître d'hôtel aurait par exemple pu s'approcher de Caroline, pendant qu'elle regardait la carte du restaurant, et l'inviter à entrer : elle aurait alors pu le suivre et se retrouver assise à une table, ou au contraire passer son chemin – auquel cas le maître d'hôtel, debout dans l'embrasure de la porte, lui aurait simplement souri...

Les techniques employées par de tels systèmes étaient déjà utilisées avant-guerre pour les exercices de pilotage en simulation, et furent perfectionnées dans le cadre du projet Apollo. Mais les situations auxquelles on demandait à l'élève pilote de faire face restaient invariables et assez simples. Aujourd'hui, grâce au prodigieux réservoir d'images qu'est le vidéodisque, la marge d'imprévu peut être très considérablement accrue.

Prenons le cas de Venise. Il faut avant tout filmer la ville sous tous les angles : chaque rue, chaque monument, chaque façade. Des millions d'images sont nécessaires, que seul un vidéodisque sera capable d'emmagasiner. Ensuite, ces images devront s'enchaîner de façon naturelle – en avant, en arrière, dans le temps, etc. D'innombrables modules seront nécessaires pour prévoir toutes les combinaisons. Il ne restera plus alors qu'à ajouter au système les moyens de faire passer le visiteur de la rue où il se trouve au magasin où il décide d'entrer. Cela exige des programmes complexes et des mémoires très rapides, peut-être hors de portée d'un simple micro-ordinateur, même en 1990, mais certainement pas hors de portée des plus gros ordinateurs. Le programme devra, dans chaque situation, pouvoir prévoir les différentes réactions possibles du voyageur et mettre en route les séquences correspondantes, ce qui suppose une gigantesque masse d'informations emmagasinées.

De tels voyages imaginaires ont au moins un ancêtre, qui fut présenté par la Tchécoslovaquie à la Foire de Montréal en 1963. C'était un petit appareil pourvu de deux boutons, l'un rouge et l'autre vert, dont on munissait les spectateurs de cinéma. Si, pendant la projection d'un quelconque navet, l'héroïne était par exemple agressée par un antipathique personnage, les spectateurs pouvaient intervenir en pressant l'un ou l'autre des boutons. Que la majorité d'entre eux choisît le rouge, et l'héroïne se rebiffait, giflait le malotru et sortait de la pièce, drapée dans sa dignité outragée. Qu'en revanche le choix du bouton vert l'emportât, l'héroïne céderait à l'agresseur et le film se poursuivrait tout autrement. Ce dispositif était évidemment beaucoup plus simple que celui des voyages imaginaires, mais le principe est le même.

Le premier instant de curiosité passé, le public s'intéressera-t-il à ce genre d'innovations ? C'est là le genre de questions auxquelles on ne peut jamais répondre à l'avance. Si l'accueil est favorable, le voyage imaginaire sera effectivement disponible dans dix ans ; sinon, il mettra cinq ou six ans de plus à percer. Les agences de voyages, au moins, y verront très certainement un excellent moyen publicitaire. De même, pour apprendre à conduire une voiture, un avion ou un bateau, pour rendre vivant un cours d'histoire ou de géographie, pour dispenser une formation technique, le procédé fera merveille. Parmi ses plus importants utilisateurs figureront à coup sûr les militaires, qui pourront ainsi former les recrues en les faisant jouer à la guerre avec le plus grand réalisme. D'ailleurs, un certain laboratoire, qui s'occupe de la mise au point de ces techniques, m'a très aimablement demandé de ne pas faire trop de publicité à celles-ci, pour des raisons de secret militaire...

Mais revenons à Caroline. Dans l'après-midi, elle s'est laissé envahir par un coup de cafard. Vincent s'occupe de faire réviser leurs leçons aux enfants. Alexis, lui, travaille dans sa chambre : comme beaucoup de ses collègues, il ne va plus au bureau. Les transports représentent en effet une perte de temps considérable et sont devenus affreusement chers. Pourquoi donc se déplacer, quand on dispose d'un terminal relié à l'ordinateur de l'entreprise ?

Apparemment, tout va bien : le travail est plus intéressant depuis que toutes les tâches répétitives ont été confiées à des machines ; les possibilités de jeux et de loisirs sont innombrables ; le temps libre ne manque pas. Tant de choses ont changé, et si vite ! Certains domaines ont connu de remarquables progrès, notamment la médecine grâce à une surveillance et une prévention accrues. En 1990, le cancer reste dangereux, comme aujourd'hui la rougeole ou le diabète, mais il n'est pas mortel. Vincent prend la tension, analyse le moindre symptôme, donne des conseils, s'il le faut indique le centre de soins à consulter. La médecine s'est scindée en deux branches : d'un côté le service assuré par l'ordinateur, de l'autre celui du praticien, seul doté d'un savoir « mou », qui n'intervient que dans les cas sérieux.

Mais Caroline a le sentiment d'étouffer dans cet univers trop bien réglé. Plus généralement, le nombre de névroses a considérablement augmenté, tout comme les accès d'hypocondrie, de peur de la mort, qui commencent parfois par un vulgaire cafard...

Alexis a quitté son clavier pour rejoindre sa femme dans le séjour. Dès qu'il voit son air abattu, il lui propose une petite promenade. « On en profitera pour faire les courses ! » Sitôt dit, sitôt fait !

L'essence étant très chère, Vincent a pris la peine de sélectionner l'itinéraire le plus court et le moins embouteillé. Il a aussi conseillé au couple de se rendre dans un certain petit centre commercial (les énormes supermarchés ont disparu, sauf quelques-uns) où ils trouveront au meilleur prix les produits qu'ils cherchent. Une fois la voiture rangée au parking, Alexis prend sa femme par la taille.

En réalité, cette sortie est bien inutile : Caroline aurait pu rester chez elle et demander à Vincent de lui montrer le catalogue de tel ou tel magasin. La plus grande partie des achats est d'ailleurs effectuée par l'intermédiaire de Vincent. Mais le couple est un peu vieux jeu, il aime se promener ainsi, bras dessus, bras dessous, et s'arrêter de temps en temps à la devanture d'une petite boutique à laquelle l'ordinateur n'a pas encore accès.

Cela n'empêche pas Alexis de sacrifier aux gadgets modernes. Dès qu'ils aperçoit un objet intéressant, dès qu'une scène cocasse se déroule sous ses yeux, il prend dans la poche de sa veste une sorte de petit pistolet : une minuscule caméra électronique, très bon marché, véritable prothèse de la mémoire. Rentré chez lui, Alexis n'aura qu'à la brancher sur une console spéciale et, plus tard, il pourra demander à Vincent de lui rappeler ce qui s'est passé en ce 1er avril 1990 : le robot fera instantanément passer sur l'écran le film de cette journée. Il sera également possible d'extraire de ce film certains clichés, imprimés sur papier normal sans recourir aux coûteux sels d'argent. La photographie, telle que nous la connaissons aujourd'hui, n'est plus qu'un souvenir.

Mais Caroline s'est impatientée, son regard désapprobateur a poussé Alexis à rengainer son gadget. Silencieusement, ils flânent en amoureux dans les rues piétonnes, et cela leur rappelle le bon temps : 1981, l'année où ils se sont rencontrés...

Hélas ! tout a une fin. Soudain, la montre-bracelet de Caroline émet un signal sonore bien précis, qui indique que des voleurs se sont introduits dans l'appartement ou qu'un incendie s'y est déclaré. Il faut rentrer au plus tôt ! Vincent aura déjà prévenu la police ou les pompiers, selon le cas...

Je ne sais pas si en 1990 la vie quotidienne dans les pays développés ressemblera à celle de ce couple. Cela dépendra, on l'a vu, de l'accueil que le public fera aux produits nouveaux. J'ai simplement choisi certains éléments dans l'univers du *possible*. On observera que la distinction entre « grand chaudron » et « petit chaudron » n'est pas ici l'essentiel. On pourra se promener dans Venise indifféremment grâce à l'un ou à l'autre, et ce sera effectivement le cas dans les pays qui, comme les États-Unis ou le Japon, développeront les deux filières. Par contre, dans les pays de tradition centralisatrice, notamment la France, le déséquilibre en faveur du gros système risque d'entraîner les plus graves conséquences. Le choix exclusif de la télématique risque fort de briser le fragile équilibre de Caroline et d'Alexis. Et le retard européen sera peut-être impossible à combler. Mais le pire n'est pas toujours sûr et, en France aussi, les pouvoirs publics commencent à prendre la mesure du danger.

La société future sera-t-elle heureuse ? Autant interroger les astres. Mais rappelons qu'après l'invention de la télévision, l'introduction dans les foyers d'un petit écran contrôlé par le pouvoir politique en France, par de très importantes compagnies ailleurs, et partout par des clans et des groupes de pression a pu être perçue comme une terrible menace pour les libertés des citoyens. De fait, la télévision est bien un outil redoutable. Mais l'homme s'est, une fois de plus, révélé être un animal difficile à asservir définitivement. Demain, il pourra débrancher son ordinateur comme il débranche aujourd'hui sa télévision, pour s'adonner tranquillement à la peinture à l'huile ou à la lecture d'un bon, d'un vrai livre...

II

Le futur dans le rétroviseur

Et l'Etat, en 1990, à quoi ressemblera-t-il ? De quelle manière l'informatique modifiera-t-elle cette auguste institution ?

Bien des choses dépendront ici de la place relative qu'occuperont « petit chaudron » et « grand chaudron ». Or, c'est aujourd'hui que se prennent les décisions. L'Etat qui tablerait sur le système centralisé ne préparerait pas seulement un sombre avenir à ses sujets, mais aussi à lui-même, car il se retrouvera en fâcheuse position vis-à-vis des pays concurrents qui n'auront pas fait la même erreur que lui. Autoritaire à l'intérieur, il sera fragile, dépendant et arriéré à l'extérieur.

Une bonne part de l'histoire de France se résume à la lutte acharnée du pouvoir central, indépendamment de sa couleur politique, contre les particularismes et les pouvoirs locaux. Depuis Colbert, la bureaucratie à la française s'est démontrée être un formidable instrument de nivellement par le bas et d'homogénéisation. En aucun cas elle ne pouvait tolérer qu'une instance locale vienne porter ombrage au pouvoir central. A travers le démantèlement des provinces, dont l'unité culturelle et historique était perçue comme menaçante, monarchie et République ont poursuivi le même objectif avec une remarquable continuité. Les futurs dirigeants qui sortent aujourd'hui de l'Ecole nationale d'administration sont les dignes héritiers de Colbert. On comprend trop bien comment l'informatique centralisée a pu être reçue par eux comme un don du ciel...

Les adeptes du « grand chaudron » tiennent si bien le haut du pavé que, pour le public français, informatique et télématique sont quasiment synonymes. Plus précisément, on lui fait croire qu'un mouvement « naturel » conduit de l'informatique à la télématique, un peu comme l'histoire vient après la préhistoire. La société Thomson, par exemple, a axé récemment sa publicité sur le slogan : « La télématique : le futur de l'informatique. » A l'origine de cette confusion, pas toujours involontaire, se trouve le fameux rapport Nora-Minc sur l'informatisation de la société.

Décembre 1976 : Valéry Giscard d'Estaing confie à Simon Nora, inspecteur général des Finances, une « mission exploratoire » afin, notamment, de « faire progresser la réflexion sur les moyens de conduire l'informatisation de la société ». Un an plus tard, le 20 janvier 1978, le rapport est remis au président de la République, et de ce jour date l'envahissement du mot télématique.

Certes, le rapport Nora-Minc est rédigé de telle façon qu'on peut y trouver à peu près ce que l'on veut. Il admet quelque part, c'est vrai, que le « petit chaudron » n'est pas forcément mauvais ; il indique même ailleurs que le « grand chaudron » peut être dangereux. Mais tout est ici question de dosage, et le rapport est ainsi construit que la thèse principale est bel et bien l'éloge des grands systèmes.

Tout d'abord, les avantages des micro-ordinateurs sont sans cesse minimisés, à tel point qu'on a purement et simplement omis de parler des vidéodisques, donc de la puissance considérable qu'auront les « petits chaudrons » de demain. Mais, surtout, le texte affirme péremptoirement que de toute façon les petits ordinateurs ne pourront travailler qu'en étant connectés aux grands. Et pourquoi donc ? Mystère. Enfin, le rapport laisse entendre que le petit ordinateur est l'affaire des petits et le gros celle des gros : rien que de naturel, dans ces conditions, à ce que l'Etat subventionne les grands systèmes et laisse les petits se débrouiller tout seuls...

Tout le texte est empreint d'un ton prophétique de mise en garde. Mais face à quel péril ? Nullement le grand système comme tel, mais un grand système, à savoir I.B.M., et plus généralement la puissance américaine. I.B.M., nous dit-on, contrôle les plus grands ordinateurs du monde et les principales bases de données. Si l'on ne réagit pas, l'information, la culture, l'histoire, la littérature françaises seront englouties par le raz de marée américain. Nos enfants découvriront l'épopée napoléonienne à travers la vision qu'en donneront les banques de données du *Herald Tribune*. Pour aller à la recherche de l'art roman, qu'affectionne particulièrement Simon Nora, il faudra passer par les Etats-Unis ! Comment éviter une telle catastrophe ? Eh bien, en construisant un « grand chaudron » bien français, ou au moins bien européen. Et comme, face à I.B.M., seuls les Etats ont les moyens suffisants, nous aurons donc un chaudron d'Etat...

A vrai dire, cette thèse ne pèche pas par excès d'originalité : la hantise d'I.B.M. est ancienne et déjà, en son temps, le rapport Lhermitte avait lancé les bases du « Plan calcul » à partir d'un raisonnement à peu près identique : puisque les fabricants de « grands chaudrons » allaient dominer le marché, il fallait éviter à la France l'infamante obligation de commander, pour ses besoins stratégiques, des ordinateurs puissants aux Etats-Unis. Il était donc nécessaire d'en construire en toute indépendance mais, Paris à lui seul n'en ayant pas les moyens, cela supposait un consortium européen ; d'où le monstre nommé Unidata, dont nous avons déjà parlé et qui fut un terrible échec.

D'ailleurs, la France ne devait pas seulement choisir la concentration en matière d'informatique ! Le très officiel rapport Lagacé, cité en modèle par Pierre Lhermitte, préconisait, au nom des économies d'échelle, de centraliser de la même façon le textile, la sidérurgie et l'industrie chimique : tels étaient, avec le « Plan calcul », les secteurs où le pays devait connaître les plus grands succès dans les dix années à venir. Chacun sait le destin qu'ont connu ces prévisions.

Cet aveuglement tenait à une grossière erreur, consistant pour ainsi dire à regarder le futur dans le rétroviseur. On ne voulut pas me croire lorsque, pour justifier économiquement le micro-ordinateur, je démontrai que la diminution des coûts des micro-composants allait plus vite que la croissance des communications, de sorte qu'il deviendrait bientôt plus rentable de se procurer l'information sur vidéodisque qu'à travers un réseau télématique. Mes principaux interlocuteurs en la matière n'étaient pas les premiers venus : parmi eux se trouvait M. Barré, qui représentait la C.I.I. dans le projet Unidata. « Si vous me confiez un budget égal à 10 % seulement de vos investissements de recherche et de développement, lui dis-je, vous serez dans cinq ans à la tête de la première industrie mondiale de mini-ordinateurs. » Je savais en effet que ces 10 % représentaient un budget supérieur à celui que D.E.C. investissait dans ce secteur. M. Barré ne contesta pas mon argument. « Oui, répondit-il, vous avez peut-être raison, mais nous n'avons pas d'argent ! – Je ne vous demande que 10 %... – Nous avons besoin de ces 10 %... Voyez-vous, avec tout notre budget et celui de nos associés Philips et Siemens, nous n'atteignons pas le tiers des investissements d'I.B.M. Nous ne parviendrons jamais à les rattraper... – En ce cas, ce ne sont pas les 10 % que je demande qui feront la différence ! – Mais comprenez donc, je me ferais critiquer... De toute façon, nous avons besoin de toutes nos ressources pour gagner un ou deux points sur I.B.M. – Mais vous avez à peine le dixième de la part de marché d'I.B.M. ! Si vous réussissez à gagner deux ou trois points, cela ne modifiera pas votre seuil de rentabilité. – Oui, je sais. Mais nous devons vendre plus ! Nous devons y arriver ! Et puis il y a le *Future System* d'I.B.M., le plus grand du monde ! »

J'usai pour défendre mon projet de toute la force de persuasion dont j'étais capable. D.E.C., à l'époque, était minuscule : à peine 2 000 ou 3 000 personnes, c'est-à-dire moins qu'Unidata en tout cas (aujourd'hui, D.E.C. compte 50 000 employés, mais qui l'aurait cru alors ?). J'essayai de raconter à M. Barré la fable du lac ; mais il n'avait pas la tête aux nénuphars. Il faut dire que sa situation était plutôt triste. « Nous sommes des perdants, finit-il par me confier. Jamais nous n'arriverons à rattraper le *Future System* d'I.B.M. Mais nous devons tout tenter ! »

Les mentalités n'ont pas beaucoup évolué depuis, malgré l'échec tant d'Unidata que du *Future System* qui ne vit jamais le jour.

En 1975, au Conservatoire national des Arts et Métiers, apparut un micro-ordinateur nommé Alvan. Cet appareil remarquable permettait à n'importe qui d'apprendre en quelques heures à l'utiliser. Présenté à un grand nombre de dirigeants d'entreprises, bien accueilli par la presse, il obtint un succès tout à fait mérité. Son inventeur, Alain Grébert, était français et vivait aux Etats-Unis. Il aurait eu tout intérêt à accorder une licence à Hewlett-Packard ou à quelque autre société américaine mais il préféra, avec l'aide de son frère resté au pays, lancer son invention en France – ignorant encore, le malheureux, que la France n'est pas une terre d'asile pour les petits chaudrons... Par un comble de malchance, ce génial inventeur fut emporté par une crise cardiaque ; et son frère n'avait pas les connaissances nécessaires pour développer Alvan. Or, dans ce domaine, il faut constamment se développer pour avoir quelque chance de percer. Mais ce n'était pas encore là le principal problème : c'était bien plutôt l'ostracisme dont Alvan était victime auprès des différentes administrations françaises. La raison en est simple : comment un informaticien serait-il favorable à une machine utilisable par tout un chacun ? Les utilisateurs potentiels, pourtant, réclamaient Alvan. Mais il fallait de l'argent pour éviter le déséquilibre entre carnets de vente et taille de l'entreprise. Or, le système financier français, y compris les banques nationales, est conçu de telle façon qu'il ne prête qu'aux riches. Grébert fit donc faillite, et sa société fut achetée par la Compagnie des Signaux.

La direction de cette dernière s'intéressa beaucoup à Alvan. « Si vous y mettez suffisamment d'argent pour le développer, lui dis-je, et si vous réussissez à contrebalancer l'influence du « grand chaudron », vous imposerez une innovation par laquelle la France peut battre les Etats-Unis. Mais inutile de vous lancer dans cette aventure si vous ne réunissez pas ces deux conditions. » Là-dessus, la Compagnie des Signaux s'adressa à l'Etat, non pas tant pour demander de l'argent que pour obtenir au moins la neutralité de l'administration : que celle-ci ne favorise pas exagérément les « gros », c'est-à-dire alors Honeywell-Bull. Ainsi, la D.I.E.L.I. (Direction des industrics électroniques), chargée de conseiller des matériels informatiques aux administrations, devait présenter de façon impartiale les avantages des uns et des autres ;

mais le chef de la D.I.E.L.I., M. Pelissolo, était en même temps membre du conseil d'administration de Honeywell-Bull ! La Compagnie des Signaux n'obtint aucune assurance sérieuse.

Voici un autre exemple. La société D.E.C., leader mondial des minis, voulut, à un certain moment, s'installer en France. Les avantages auraient été considérables pour nous à tous les niveaux : emploi, transfert de technologie, facilités de livraison, etc. D.E.C. choisit pour siège Annecy et la DATAR[1] s'en montra très satisfaite : 300 emplois de haute qualité tout de suite, 700 un peu plus tard... Le dossier était fin prêt et fut déposé sur le bureau du premier ministre Raymond Barre. Refusé ! Selon certains, on craignait que D.E.C. ne draine le personnel qualifié au détriment de Honeywell-Bull. Toujours est-il que D.E.C. a fini par s'installer en Autriche et en Irlande...

Le rapport Nora est donc venu apporter, implicitement, une justification théorique à de telles pratiques. La première raison invoquée en faveur de la télématique était d'ordre politique : il fallait lutter contre le péril américain. Mais ce n'était désormais pas la seule.

D'abord, avançait-on, le « grand chaudron » favorise la transparence et aide à l'élimination des privilèges. Il permettrait à chacun de contrôler les revenus de ses collègues, la fraude fiscale de ses voisins, les manœuvres financières de ses patrons. Voici un peu plus de trois ans, je fus invité à une réunion de travail du parti socialiste, consacrée aux problèmes informatiques. Le P.S. était à l'époque clairement autogestionnaire et, comme j'avais la réputation d'être un partisan de la décentralisation, on m'avait invité, sans doute pour apporter une certaine caution scientifique. A cette réunion, on vanta également la transparence de l'information que le « grand chaudron » était censé permettre. Le raisonnement était simple : tel patron refusant obstinément d'augmenter ses femmes de ménage serait en très mauvaise posture si, grâce à la télématique (mais le mot n'existait pas enco-

1. Direction pour l'Aménagement du Territoire.

re), on pouvait savoir qu'il achetait au même moment un tapis de 50 000 F. Et, de fait, je connais des industriels qui préfèrent acquérir de fabuleuses maisons de campagne à l'étranger plutôt qu'en France ! Je pris cependant la parole pour souligner combien ce sujet était délicat, puisqu'il touchait à la vie privée des gens. On me répondit que seul celui qui avait « quelque chose à cacher » pouvait se sentir gêné : sans doute étais-je tombé dans une assemblée de saints hommes...

Malheureusement, les Français ne pensent guère de cette façon. Qui, dans ce pays, n'a pas son jardin secret, un petit domaine auquel il préférerait qu'on ne s'intéresse pas de trop près ? J'insistai donc : « Beaucoup de gens refuseront d'installer des terminaux chez eux... » La réponse fut nette et précise : « Ne vous en faites pas, ils seront bien obligés d'accepter. Il suffit de supprimer les bottins au profit de l'annuaire électronique. Pour téléphoner, les gens devront posséder un terminal. Nous leur fournirons alors un certain nombre de services indispensables, ils s'habitueront et ils finiront par accepter de tout faire passer par la machine. Ce sera enfin la transparence... » Je m'élevai, bien sûr, contre une telle façon de voir. Je comprends à la rigueur que l'on contrôle, pour des raisons de justice fiscale, les revenus des citoyens ; mais leurs dépenses ! On me répliqua que j'avais raison en théorie, mais pas en pratique : « Toute dépense que vous faites représente un revenu pour votre fournisseur. Si vous achetez un tapis de 50 000 F et ne déclarez pas votre achat, comment pourra-t-on contrôler la déclaration fiscale du commerçant ? Refuser de faire état de vos dépenses, c'est donc refuser de collaborer à la détection des fraudeurs. Rien ne vous l'interdit, mais vous admettrez que c'est un peu suspect... »

De toute évidence, l'univers de George Orwell n'est pas loin. Le comble est ici de voir ce genre de mesures présentées comme une œuvre de justice sociale, alors que c'est tout le contraire : la transparence s'exercera le plus souvent au détriment des revenus moyens et modestes. Aujourd'hui, seuls les riches sont vraiment contrôlés, parce que cela en vaut la peine ; mais on est bien obligé, pour des raisons d'économie, de laisser relativement tranquilles les petits commerçants ou les classes moyennes. Avec la télématique, au contraire, tout le monde sera logé à la même enseigne, personne n'échappera plus à l'œil du centre. C'est ce que j'expliquai, et j'ébranlai un peu les militants socialistes. « Vous avez peut-être raison », convinrent-ils, tout en ajoutant : « Mais si nous sommes victorieux aux prochaines élections [cela se passait avant mars 1978], nous aurons besoin de détecter les fraudeurs et les saboteurs de tout poil... »

La solution idéale aurait consisté, selon eux, à disposer de ces outils, télématiques avant la lettre, au moment de la prise du pouvoir et, une fois le socialisme instauré, à les démolir pour se reconvertir dans les petits ordinateurs. Hélas ! une fois le « gros chaudron » installé dans la place, il est très difficile de l'en déloger. Quand bien même le voudrait-on, les menaces de grève des « cuisiniers » seraient un obstacle sérieux. Après de nouvelles délibérations, l'assemblée vota finalement une motion hostile aux grands systèmes. Mais le soir même, Michel Rocard, interrogé par les journalistes, réaffirma, se référant aux travaux de la Commission, que la France devait se doter d'un réseau combinant l'informatique et les télécommunications...

On voit que le clivage entre partisans et adversaires du « grand chaudron » ne recoupe aucunement la distinction politique traditionnelle entre gauche et droite. Le rapport Nora utilise exactement la même argumentation sur la transparence : selon les auteurs de *L'Informatisation de la société,* les grands systèmes favoriseraient une authentique démocratie. Les citoyens pourraient, grâce à eux, voter instantanément sur n'importe quelle question, simplement en utilisant le clavier de leur terminal. Il deviendrait même désuet de se prononcer une fois tous les cinq ou sept ans sur l'ensemble d'une politique : des fractions de programmes, des décisions partielles, des orientations particulières pourraient être mises aux voix directement. Cette idée est développée avec quelque lyrisme : la politique de la France sera enfin celle des Français, chacun pourra dialoguer avec chacun, et la science aussi bien que l'art seront de surcroît dispensés à tout le monde : ce sera l'*agora* informatique, la version moderne de la place publique.

Quelles que soient les précautions oratoires, il est clair que cette vision idyllique est avant tout une prise de position tout à fait tranchée. La raison alléguée contre le « petit chaudron » est d'ailleurs surprenante de candeur : les instances de décision étant en général acquises au « grand chaudron », toute autre proposition serait refusée ! Elles risqueraient de se fâcher, or elles disposent d'un pouvoir politique considérable : mieux vaudrait ne pas réveiller le lion qui dort... A mon sens, les rapporteurs trahissent ici la mission que leur avait confiée le président de la République. On leur demandait d'établir une analyse objective de tous les moyens informatiques disponibles, non de flatter les désirs supposés des dirigeants ou d'éviter tout remous dans les milieux professionnels. Simon Nora est un homme d'une honnêteté réputée et qui jouit à juste titre de l'estime générale. Il s'agit donc de sa part d'une profonde erreur d'appréciation, qui lui fait ignorer complètement les dangers de la télématique – contre lesquels je l'avais personnellement mis en garde – et sous-estimer les possibilités des petits systèmes ainsi que du vidéodisque. Son rapport est révélateur de l'aveuglement général ; et, malheureusement, a puissamment contribué à l'entretenir.

Peu après la publication du rapport, la présidence de la République organisa un forum sur le thème « Informatique et Société ». Mais les invités furent choisis de telle façon et comptaient si peu de spécialistes qu'aucun véritable débat ne put avoir lieu. Un incident troublant se produisit lors de la séance de clôture : le grand sociologue américain Daniel Bell, l'un des rares orateurs à se montrer critique, déclara que la télématique provoquerait une concentration hallucinante de pouvoir, avec des « effets pervers » considérables et difficiles à imaginer dans le détail ; il voyait là en particulier un terrible risque de déshumanisation. Mais cette phrase ne parvint pas aux participants français, car il ne s'agissait pas d'une traduction simultanée mais d'un enregistrement sur magnétoscope ; et toute l'intervention de Daniel Bell avait été fidèlement traduite sauf précisément ce passage...

La presse et la télévision, qui couvraient largement l'événement, assurèrent bien entendu une formidable promotion au rapport Nora et donc à la télématique. Même les commentateurs les plus réticents, comme Pierre Viansson-Ponté dans *Le Monde,* restèrent prisonniers de cette logique, sans soupçonner un instant qu'il pût en exister une autre : télématique et informatique passèrent pour synonymes... Avec mon ami Jean Bounine, je publiai à cette date une petite plaquette[1], sorte de contre-rapport, pour donner un autre point de vue. Certes, *L'Informatisation de la société* fut très largement diffusé, alors que notre petit livre n'était tiré qu'à 5 000 exemplaires. Mais, en dépit de cette disproportion des moyens, nos idées ont fait leur chemin – grâce à la réalité elle-même. Les pouvoirs publics ne sont plus tout à fait ignorants du danger et, dans les milieux professionnels, on observe un véritable revirement. Même les plus grands organismes se laissent gagner par le doute. D'autres voix se sont élevées après la nôtre, timidement d'abord, puis plus fermement, pour dire que le roi était nu, que le rapport Nora était mauvais... C'est ainsi que le mot « privatique » – qui renvoie à l'univers du « petit chaudron » – connaît un succès grandissant ; à telle enseigne que la *Grande Encyclopédie des techniques de l'ingénieur* (dont la section Informatique est dirigée par Nicolas Manson, directeur de... l'Institut I.B.M.) m'a demandé de rédiger l'article « Privatique », qui fera contrepoids aux thèses tirées du rapport Nora-Minc dans la proportion, il est vrai, de l'alouette et du cheval.

L'avenir n'est donc pas si sombre, d'autant que chacun redoute désormais, en chantant les louanges de la grosse informatique télématisée, d'être rapidement démenti par les faits. Voici un an à peine, par exemple, Michel Walhain, président de Thomson, répondit à un article que j'avais publié dans *Le Figaro,* en déclarant que le vidéodisque n'avait pas l'importance que je lui prêtais : aujourd'hui déjà, son argumentation peut apparaître comme un peu pusillanime. Il devient de plus en plus difficile de prendre parti sans réfléchir...

1. *Télématique ou Privatique ? Questions à MM. Simon Nora et Alain Minc,* Editions d'informatique, 1979.

III

Massification quand tu nous tiens...

Prenons cent morceaux de métal et enveloppons chacun d'eux séparément. Puis mettons-les sur une balance : aucun problème, elle indique bien le poids prévu. Maintenant, retirons les emballages et pressons les morceaux de métal l'un contre l'autre, de manière à en faire un seul lingot, toutes les molécules étant en contact entre elles. Est-ce que la balance indiquera toujours le même poids ? Sans doute... À ceci près que, si le métal en question est de l'uranium, il est préférable de ne pas s'attarder dans les parages... L'explosion nucléaire ne saurait tarder. C'est là ce qu'on appelle l'« effet de masse », qui apparaît dès que l'on atteint une certaine masse d'uranium, appelée « masse critique ».

C'est de façon tout à fait analogue que dix fichiers informatiques indépendants peuvent, si on les fusionne par interconnexion télématique, se comporter de façon tout à fait différente : c'est cette véritable explosion des gros systèmes informatiques que nous avons appelée l'effet Quadra. La première manifestation en est que l'utilisateur n'est plus certain, alors, de retrouver telle donnée qu'il a pourtant bien introduite dans l'ordinateur : tout comme, dans une grande ville moderne où toutes les rues se ressemblent, il est difficile de retrouver un magasin, surtout lorsqu'on en a oublié le nom. C'est là une mésaventure qui ne peut guère arriver dans une ville comme Londres, qui n'est pas « massifiée » car les quartiers sont très différenciés, formant plusieurs petites villes regroupées mais aux frontières toujours bien nettes.

Un deuxième aspect de l'effet Quadra est que des boucles de rétroaction tendent à se former et à provoquer une réaction en chaîne, de sorte qu'un incident minime – acte de malveillance ou simple « défaillance humaine » – peut entraîner des conséquences gigantesques, tout comme la mise à feu d'une bombe atomique.

Troisième aspect de l'effet Quadra : un accroissement considérable des enjeux et donc des risques. Tout comme la même bombe atomique fera beaucoup plus de dégâts à Paris ou à New York, villes très « massifiées », qu'en des agglomérations soviétiques ou chinoises, un grand ordinateur contenant une énorme masse d'informations sera une cible beaucoup plus tentante pour un éventuel pirate qu'un autre de moindre dimension.

Quatrième et dernier aspect : la massification entraîne immédiatement une désindividualisation. Chaque élément sera comparé non plus à un nombre restreint d'autres éléments, mais directement à une totalité omniprésente.

M. Dupont, qui vit dans un pays peu massifié de dix millions d'habitants, ressent clairement son appartenance à une famille de cinq personnes, qui habite telle maison, située dans tel quartier bien reconnaissable de telle bourgade, elle-même facilement repérable par rapport au chef-lieu de la province, elle-même parfaitement distincte des autres provinces. M. Dupont se sent donc clairement « positionné » à différents niveaux hiérarchiques successifs ; pour le dire simplement, il sait où il en est.

Entre l'immensité du monde et lui-même, M. Dupont dispose d'une série de points de repère, grâce auxquels il peut se former une image de lui-même et s'y reconnaître sans ambiguïté.

M. Durand, par contre, habite une ville terriblement uniforme, où les blocs d'immeubles identiques s'alignent à perte de vue, sans autre différence que les numéros abstraits figurant au-dessus de chaque porte. Dans la rue, M. Durand ne peut pas même lever les yeux pour reconnaître sa propre fenêtre, tout est trop haut, trop grand et trop semblable. Au début, la grande ville lui paraissait offrir de riches ressources : plus de gens différents, un plus grand choix de boutiques, de salles de spectacles, de cafés. Mais le temps a eu raison de cette illusion. Par exemple, aimant la cuisine chinoise, il se réjouissait qu'un quartier entier lui soit consacré ; mais bien vite tous les restaurants chinois lui sont apparus semblables. Une telle massification réduit le choix à un simulacre et multiplie les coûts de transport (tous les restaurants chinois de la ville sont dans ce quartier-là !) pour un service qui va se dégradant.

C'est très sérieusement que l'architecte Nicolas Schöffer avait présenté un projet d'agglomération divisée en unités totalement fonctionnelles : une ville-dortoir horizontale, à l'image du corps au repos ; un centre de travail en hauteur, debout comme un homme actif : et une zone de loisirs qui devait avoir la rondeur d'un sein... Évidemment, des moyens de transport de grande capacité et très rapides étaient indispensables : un projet vraiment bien adapté à l'actuelle crise de l'énergie !

Dans son bourg, M. Dupont peut se faire entendre de dix ou quinze personnes, tandis que la structure massifiée permet à chacun de s'adresser à des millions d'individus. Mais alors personne n'est plus entendu hormis ceux qui trouvent un moyen d'élever la voix suffisamment pour couvrir celle des autres : d'où une course effrénée pour accéder aux médias, échapper à l'anonymat, clamer sa différence, une frénésie de notoriété, d'argent et de pouvoir.

On peut même rêver de fuir, de quitter la ville pour reconstruire artificiellement à la campagne une convivialité, une humanité, une identité... qui le plus souvent se révéleront n'être qu'un nouveau simulacre. On peut aussi choisir de parasiter le système, comme le rat dans un fromage. Le système est en effet contraint de tolérer un certain parasitisme. Ainsi les pirates de l'informatique, nous l'avons vu, sont protégés par une transparence générale qui, curieusement, s'avère équivalente à une opacité générale. Il y a enfin la tentation de se livrer à des actions extrêmes : se brûler vif en pleine rue, par exemple, permet de se faire remarquer de dix millions de personnes – le temps d'un dernier soupir. Plus modestement, on mettra sa marque sur l'environnement uniforme et inhumain : on trouve beaucoup plus de graffiti obscènes dans les ascenseurs des grands ensembles que dans ceux des petits immeubles. La massification appelle également un certain terrorisme, visant avant tout à se faire entendre : jadis la parole préparait l'action, aujourd'hui l'action tient lieu de parole ; le désespoir de la dépersonnalisation pousse aux gestes spectaculaires, le phénomène est désormais classique. Et grande est la tentation de « tout casser », face à la ville sinistre, à l'œil aveugle du téléviseur, au froid écran du terminal. Les coups de marteau sont inefficaces, mais il y a plus moderne : injecter dans le réseau télématique des messages explosifs, provoquer ainsi des dégâts en chaîne. Après l'image des morceaux d'uranium, une autre comparaison peut être employée : une solution chimique est dite en « surfusion » quand on l'a portée à un degré de saturation où elle aurait dû cristalliser depuis longtemps, mais en l'empêchant de le faire. Il suffit alors d'introduire un minuscule fragment, « germe » de cristal, pour que, d'un seul coup, elle « prenne » en masse. De même, la massification des villes, ou des systèmes informatiques, tend vers la surfusion. Un choc infime pourra bientôt provoquer les pires désastres. Aujourd'hui ? demain ? dans un mois ? Nul ne le sait.

Il n'est pas grand-chose qui ait échappé, parmi les outils modernes, à ce terrible effet de masse. Ivan Illich a écrit que le téléphone, qui abolit les distances, était par nature un instrument convivial. C'est peut-être vrai abstraitement mais, dans une société dominée par la massification, le téléphone a en fait contribué à détruire l'habitude de se rendre visite et ainsi limité les contacts humains. Il a également ruiné l'art épistolaire, les subtilités d'expression que celui-ci permettait, sa richesse au niveau de la mémoire. Quand on aimait quelqu'un, on gardait ses missives. Relire une lettre, retrouver un graphisme, sentir un discret parfum, deviner la trace d'une larme sur le papier : autant d'émotions disparues au profit du téléphone, plus commode mais combien plus anonyme ! La télématique a toutes chances d'accélérer encore ce processus d'éloignement des individus, redessinant les villes en fonction de ses réseaux uniformes et rendant plus rare encore la rencontre physique : on se verra, oui, mais par machine interposée. Que restera-t-il de la spontanéité du geste, du regard, du sourire ? Comment pourra-t-on donc partager une émotion ?

Certes, il est extrêmement difficile de démassifier une structure. Comment pourrions-nous désormais vivre sans les communications, qui sont le corollaire de l'effet de masse ? Los Angeles, par exemple, est organisée de telle sorte que sans voiture on ne peut y accomplir le moindre mouvement ; si au contraire dans le centre d'une ville comme Sienne, où l'on a interdit la circulation automobile, on peut tout faire, travailler comme se divertir, sans avoir jamais besoin d'une voiture, c'est parce que la ville a été conçue dès l'origine de telle sorte que les communications n'y sont pas indispensables. La seule façon de retrouver un équilibre serait de rendre tout d'abord autonomes les différents quartiers des villes, de faire qu'on puisse y trouver sans se déplacer tout ce qui est nécessaire à l'existence. Cela est parfois possible jusqu'à un certain point, il arrive que l'on puisse reconvertir des bureaux en appartements, reconstituer une vie dans un quartier et lui insuffler une âme. Mais Tokyo ou Los Angeles resteront rebelles à toute division en villages. Plus près de nous, il semble hors de question de rendre plus humain un quartier comme la Défense, construit dès le départ sous le signe de la massification. Il comporte cependant un certain nombre d'appartements, et leurs occupants inventeront peut-être quelque chose ; mais la tâche est ardue, car à la Défense toute diversité a été rejetée avant même de pouvoir naître : le mal est fait, semble-t-il, sans retour possible.

On songe aux problèmes d'irréversibilité en matière d'exploitation agricole : une fois que la monoculture est réellement établie, il est quasiment impossible de démassifier, de retourner à la polyculture, car on est prisonnier du cercle entraîné par l'érosion des sols. Ce qui est proprement désespérant, ce n'est peut-être pas tant un certain mode d'organisation en lui-même que l'impossibilité d'en changer si cela apparaît souhaitable, le poids d'un destin qui semble scellé.

Alors, que faire ? La première mesure qui s'impose, que ce soit pour les villes, les champs ou les fichiers, c'est d'arrêter coûte que coûte la massification, de s'opposer à tout ce qui s'annonce irrévocable. De ce point de vue, le centre Beaubourg est une réalisation déplorable, porteuse d'un dramatique effet de masse. On s'est dit : une seule bibliothèque pour tout Paris, cela sera plus économique que cent disséminées. On s'est bien vite aperçu de l'erreur que comportait ce raisonnement : Beaubourg revient extrêmement cher, tant en entretien que surtout en communications ! Et son existence décourage toute velléité ultérieure de décentralisation de la vie culturelle, ne serait-ce que par l'énorme ponction du monstre sur le budget total de la culture.

Une deuxième mesure consiste, pour ce qui est de l'urbanisme, à repeupler chaque fois que c'est possible petites villes et villages. Jusqu'à présent, un tel projet restait complètement utopique mais, paradoxalement, ce sont précisément les télécommunications qui le rendent aujourd'hui réalisable. L'association du « grand chaudron » et du « petit chaudron » permettra de vivre dans des villages désenclavés. Les bonnes vieilles maisons, construites en dur, seront équipées de micro-ordinateurs et de terminaux ; et les habitants du village, qui pourront être hautement qualifiés, travailleront à domicile avec bien plus d'efficacité que dans une grande ville. Les petites unités informatiques décentralisées rendront rentables leurs différentes activités, tandis que la télématique (que l'on empêchera bien sûr de tout envahir, faute de quoi on retomberait dans le cercle infernal) maintiendra leur liaison avec le vaste monde. Les déplacements physiques sur de grandes distances redeviendront une exception, et vivre au village ne voudra plus dire se réfugier dans un passé définitivement révolu...

IV

Briser la chaîne

Panneaux coulissant sans bruit pour découvrir des projecteurs, écrans géants escamotables, boiseries sombres, moquette épaisse : il règne dans la grande salle une atmosphère mystérieuse et ouatée. L'éclairage sophistiqué module la lumière selon l'ambiance recherchée. Une vingtaine d'imposants fauteuils présidentiels accompagnés chacun d'une petite table roulante occupent l'espace. Sur le côté, à deux mètres d'un mur, le pupitre : couvert de cadrans, de manettes, de boutons, d'espèces de manches à balai, c'est le centre du système. Tout part d'ici et tout arrive ici. Faut-il le préciser ? Nous sommes encore à l'ère du « grand chaudron », en 1971, et – ce nom est déjà tout un programme – la « chambre de contrôle » du C.N.A.M.[1] constitue un des hauts lieux du culte en Europe. Fondée en 1970, la chaire des « Théories et Systèmes d'organisation », dont je suis titulaire, dispose enfin d'un instrument à sa mesure. Plusieurs personnages importants se sont dérangés pour l'inauguration. Dès que la chambre de contrôle entre en service, les portes se ferment automatiquement et l'obscurité se fait. Sur les écrans apparaît alors l'image de toute l'activité d'une entreprise ou d'une nation. La lumière qui rayonne du pupitre semble un âtre rougeoyant dans les ténèbres. Aux commandes se tient André Bénard, membre du présidium international de la Shell.

---

1. Conservatoire national des Arts et Métiers.

Soudain, tout s'éteint. Les boutons et les manettes ne répondent plus. Impossible de faire la lumière, impossible de téléphoner, impossible d'ouvrir les portes. Une panne ! Une ordinaire et stupide panne. Chacun essaie en vain de percer des yeux l'obscurité. Un grand malaise s'empare de l'assistance invisible. La salle semble soudain plus vaste, plus menaçante encore. Le diable lui-même s'est-il mis de la partie ?

Heureusement, quelqu'un finit par trouver une bougie et l'on respire un peu mieux. La lumière vacillante de la flamme projette sur les murs de gigantesques ombres chinoises. La chambre de contrôle, cette éclatante réussite de notre génie centralisateur, vient de nous donner sa première leçon.

Deux ans plus tard, le 19 décembre 1973, l'atmosphère a complètement changé. La même salle du C.N.A.M. sert de cadre à une grande rencontre sur « l'informatique à l'envers ». C'est une date : deux courants de pensée complémentaires se rencontrent et ouvrent la perspective d'un autre type de société. Face aux patrons du « grand chaudron », se tient un homme : François Dalle, P.-D.G. de L'Oréal, dont le mérite, outre des succès à la tête de cette compagnie, est d'avoir établi et illustré avec Jean Bounine le principe de démassification qu'il appelle « taylorisme à l'envers ». Ce livre lui-même est inspiré de ses idées.

Au lendemain de la Deuxième Guerre mondiale, l'Europe est dévastée. Pour reconstruire l'économie, un énorme effort est indispensable. La main-d'œuvre est abondante, mais il y a pénurie de personnel qualifié : la production doit s'organiser en fonction de cette réalité. À la concentration des postes d'administration correspond la généralisation du travail à la chaîne et la mise sur pied d'unités gigantesques, fondées sur l'O.S. et sur la machine. Les États-Unis avaient connu le même processus vingt ans plus tôt. L'idée est simple : pour éteindre un incendie, le plus efficace n'est pas que chacun apporte de l'eau, mais bien de former une chaîne, dont chaque membre prendra le seau qu'on lui tend à sa gauche, pour le passer à son voisin de droite. Il s'agit seulement de maintenir un bon rythme, et, si possible, de l'accélérer encore ; pour cela, aucune intelligence particulière n'est requise. N'insistons pas : Charlot, dans *Les*

Temps modernes, a déjà exprimé cela mieux qu'on ne pourra jamais le faire.

Ce modèle, systématisé par J.W. Taylor, s'adapte en effet fort bien à certains types de production. Mais il entraîne un type de croissance par développement des cellules industrielles d'origine, ce qui est néfaste, et non par « bourgeonnement » spontané. Et la direction centrale se voit de plus en plus séparée du travail réel par « un goitre administratif » qui va s'épaississant à mesure que les chronométreurs, les ingénieurs du « bureau des méthodes », etc., cherchent à mieux définir chaque geste élémentaire de travail à chaque poste. L'informatique concentrée, on le devine, ne fait qu'aggraver encore les tares du système.

Tant que la croissance était rapide et soutenue, le modèle taylorien, en dépit de ses inconvénients, pouvait convenir. Mais, dans une période de turbulences exigeant une grande capacité d'adaptation de chaque secteur, grippages et dysfonctionnements se multiplient. Un problème majeur est que peu de produits industriels atteignent le stade de la grande série : aux États-Unis, on estime que le quart seulement du travail de transformation des métaux, y compris l'automobile, mérite la qualification de production de masse. Tout le reste se fait par petites séries de moins de cinquante pièces en moyenne[1] ! Que dire alors de la France ? Dans d'autres domaines, les processus discontinus sont plus répandus encore et ils se généraliseront dans l'avenir, en raison de la demande croissante de produits diversifiés ainsi que d'un environnement des entreprises de plus en plus changeant. Or, rien n'est moins adapté au discontinu que le taylorisme.

La grande force de la théorie de François Dalle vient en particulier de sa connaissance de l'entreprise. Il est parti du fait qu'au cours des dernières décennies le niveau général d'instruction s'était considérablement élevé et qu'il était absurde, dans ces conditions, de continuer de traiter les hommes comme si leur intelligence les rendait tout juste capables de prendre un seau à gauche pour le passer à droite. Il a alors, comme bien des

1. Bounine, Dalle, Lussato, *Le Taylorisme à l'envers*.

dirigeants devraient le faire, analysé son entreprise « à l'envers », en partant de la base vers le sommet, et donné la priorité à l'organisation de la cellule de travail. Ainsi, les grosses usines ont été démassifiées et toute l'activité organisée en petites unités relativement autonomes, ce qui a développé partout l'esprit de décision et le sens de la synthèse, en même temps que fondait comme neige au soleil le « goitre administratif ». Hommes et femmes se sont alors davantage intéressés à leur travail, dont ils pouvaient enfin avoir une vision cohérente, percevoir les tenants et aboutissants. Ce changement d'attitude a d'ailleurs entraîné des gains de productivité. C'est le mariage entre la micro-informatique et le « taylorisme à l'envers » qui a rendu possible une telle évolution. Bien entendu, L'Oréal n'en est pas moins restée une puissante société multinationale : les finances comme les décisions stratégiques sont restées le domaine réservé du sommet...

Les tentatives de décentralisation n'ont pas toujours et partout connu le même succès, il s'en faut. En effet, une entreprise qui essaie de se « décentraliser » sans se démassifier, par exemple en installant ses usines en province, ne fait qu'aggraver le mal dont elle souffre en accroissant les coûts de communication. Pour briser le modèle tayloriste, il faut déléguer *réellement* le pouvoir à des cellules autonomes. Il faut aussi ne pas commettre d'erreur sur la dimension de celles-ci. Voici quelque temps, le directeur général d'une grande compagnie me confiait sa sympathie pour la décentralisation. « Notre entreprise est divisée en un certain nombre d'unités, rassemblées dans les mêmes bâtiments. Je ne me mêle absolument pas de leurs affaires : ils peuvent travailler comme bon leur semble, pourvu qu'à la fin de l'année cela donne les bénéfices escomptés... » En poursuivant la discussion, je m'aperçus cependant que tout n'allait pas aussi bien. « Vous m'aviez pourtant bien assuré, me dit-il, qu'avec la décentralisation on n'avait plus de problèmes ! » Je visitai alors les unités « décentralisées » de la compagnie : chacune d'entre elles comptait entre deux et trois mille employés, tenus d'une main de fer par un petit dictateur local. L'atmosphère était évidemment épouvantable ! Cette sorte de « décentralisation » me rappelle celle d'une compagnie multinationale qui avait simplement remplacé l'ordinateur central, desservant toute l'Europe, par quatre machines – pour l'Angleterre, pour la Hollande, pour les pays germaniques, enfin pour la France, l'Italie et l'Espagne... La décentralisation n'a pas davantage de sens quand une entreprise de deux cents personnes se divise en unités autonomes de dix personnes. Dans ce cas, la « masse » des unités peut se révéler trop faible. Pour réussir, il est essentiel de déterminer d'abord quelle est la meilleure masse, celle qui permettra la plus grande efficacité.

Dans la grande salle de contrôle du C.N.A.M., différentes personnalités écoutaient donc des exposés favorables à ces principes. C'était la première fois que, de façon aussi publique, les méfaits du « grand chaudron » étaient solennellement dénoncés. Les orateurs insistaient sur l'urgence des mesures à prendre, la prolifération des mini et des micro-ordinateurs étant imminente. Parmi les participants se trouvait le P.-D.G. de Philips, Stanislas Jurazinsky, qui, semble-t-il, fut suffisamment séduit par ces idées nouvelles pour axer la politique de son entreprise non seulement sur les micro-ordinateurs, mais encore sur tous les outils qui peuvent y être rattachés : de sorte qu'aujourd'hui Philips est sans doute le seul constructeur européen capable de tenir tête aux Américains et aux Japonais.

De toute façon, l'informatique, la grande comme la petite, va envahir notre univers. Que se passera-t-il alors au niveau de l'emploi ? J'estime que, d'ici dix ans, près de 50 % des actuels postes de travail disparaîtront ! Si la résistance au changement s'avère plus forte qu'on ne le pense, cela sera un peu plus long (ce qui posera de graves problèmes à certaines entreprises et à certains pays, face à la concurrence) mais l'ordre de grandeur restera le même, dans un certain nombre d'entreprises centralisées. Mais une entreprise ne peut agir brutalement, pour des raisons sociales, et se borne à favoriser les départs volontaires et les pré-retraites. Dans une certaine mesure, elle supporte les inconvénients de l'ancien système à l'intérieur du nouveau, puisqu'elle est contrainte de garder du personnel en surnombre : une nouvelle entreprise qui se constituerait d'emblée autour de petites unités, comme le permet la micro-informatique, serait immédiatement plus compétitive. Pour des entreprises créatives, « l'humus » technologique (pour reprendre l'expression de François Dalle) accumulé assure le maintien d'une avance sur de tels jeunes concurrents. Mais certaines entreprises, notamment des industries fabriquant des produits plus banals, pourraient assez facilement – et même en démassifiant – être battues en brèche par des nouveaux venus, petites unités faisant travailler un nombre jamais excessif d'employés hautement qualifiés. Selon certains dirigeants, il ne sera guère possible, dans les prochaines années, de maintenir les 40 heures de travail hebdomadaire, qui signifieraient une masse de chômeurs beaucoup plus considérable encore qu'aujourd'hui : il faudra travailler moins, même si cela se traduit par une baisse du niveau de vie... Pour ma part, j'estime par ailleurs possible, en s'y prenant bien et vite, de remplacer les 50 % d'emplois perdus par autant de nouveaux, à la condition essentielle de ne plus miser sur la télématique. La caractéristique essentielle du « grand chaudron » est en effet d'automatiser les tâches banales et répétitives (les seaux d'eau que l'on se passe) et donc de supprimer énormément de personnel : c'est pourquoi le rapport Nora est tellement pessimiste en ce qui concerne l'emploi[1].

Il faut bien voir aussi que la production de masse automatisée est anti-économique dans les pays développés : quels que soient nos efforts, nos grandes séries ne seront jamais aussi bon marché que celles du tiers monde. Non seulement le travail humain est chez nous beaucoup mieux rémunéré, mais nous ne pourrons jamais, pour des raisons politiques et sociales, mettre au chômage la moitié de nos populations. Hélas ! dans beaucoup de cas le conservatisme l'emportera : nos entreprises seront donc de plus en plus lourdes car nous croulerons sous le poids du personnel en surnombre qui, pour ne pas être privé d'emploi, sera chargé de surveiller ceux

1. « Dans les banques [...] les économies d'emploi pourraient représenter sur 10 ans jusqu'à 30 % du personnel. » Le rapport prévoit qu'il en sera de même dans les assurances et que le mouvement, moins rapide pour la Sécurité sociale, atteindra de façon effrayante l'armée dispersée des 800 000 secrétaires.

qui travaillent utilement. Autant dire que ce sera une véritable catastrophe.

En revanche, si tous les moyens sont rassemblés, et dès aujourd'hui, pour développer la privatique, peut-être aurons-nous une chance sinon d'échapper au désastre, du moins d'en limiter les conséquences. Car la multiplication des « petits chaudrons », rendant possibles décentralisation et démassification, créera aussi beaucoup d'emplois diversifiés – des emplois d'hommes libres. Les hommes et les femmes robots seront de moins en moins utiles, et ce serait tant mieux s'il n'y avait l'affreuse menace du chômage. Tout ce qui est routinier et facilement formalisable sera laissé à la machine, tandis que le domaine proprement humain, à savoir ces valeurs que l'on méprisait un peu jadis et qui ont nom artisanat, savoir-faire, enseignement – autant d'emplois à haute information ajoutée –, connaîtra un incontestable progrès.

La mutation ne sera évidemment pas facile et ne se fera pas toute seule. Bien des craquements, voire des catastrophes, accompagneront cette disparition de 50 % des emplois machinaux au profit de travaux plus riches. Face à ce défi monumental, les résistances, aussi bien celles des pouvoirs publics et des chefs d'entreprises que des syndicats et des travailleurs eux-mêmes, seront acharnées. Nous aurions pu, nous aurions dû commencer plus tôt ! C'est pourquoi d'ailleurs ce livre n'est pas seulement un cri d'espoir, mais aussi un réquisitoire : il est révoltant de constater que par intérêt, par routine ou simplement par stupidité on nous a grignoté et on nous grignote encore le temps qui permettrait d'éviter le désastre, c'est-à-dire maintenant pas plus de cinq à dix ans. Si d'ici là un gigantesque effort de reconversion n'a pas été réalisé pour organiser autrement l'économie, en la décentralisant et en la démassifiant, la crise qui nous tombera dessus sera telle que celle d'aujourd'hui nous paraîtra un simple incident de parcours...

Mais si, comme je le souhaite, la démassification de la société se déroule sans trop d'accrocs, alors ce sont toutes nos conditions de vie et de travail qui s'en trouveront radicalement transformées. L'artisanat technologique bénéficiera sur-le-champ des avantages de son ancêtre, l'artisanat traditionnel, pour lequel les produits avaient une histoire, étaient le résultat d'une longue maturation. Lorsque les modifications qu'on leur apportait se révélaient mauvaises, on revenait dessus : seules subsistaient les transformations utiles ou agréables. Grâce à ce processus d'essais et erreurs, de nouveaux styles, admirablement adaptés au milieu où ils apparaissaient, se sont épanouis et imposés. Une sorte de régulation naturelle assurait l'équilibre entre l'homme et ses objets.

C'est précisément cet équilibre qu'ont brisé les techniques industrielles, qui ont façonné les produits et les paysages les plus laids que l'on puisse imaginer : comme si on avait bien senti qu'elles n'étaient pas faites pour durer, ces monstruosités construites à des millions d'exemplaires par des concepteurs coupés du réel ! Leur seul critère était la rentabilité, au nom de laquelle ces produits furent transplantés sans autre scrupule dans des cadres où ils n'avaient que faire. Les pylônes ou les piles atomiques sont peut-être « logiques » quand on les voit sur une carte géographique ou un plan. Dans le paysage, ils sont l'incarnation d'une planification ubuesque.

Or, on ne pouvait abandonner cette façon de produire et en revenir à la nature, comme le proposaient les écologistes, aussi longtemps que la technologie pour le faire n'existait pas. Il fallait d'abord que l'artisanat redevienne rentable, c'est-à-dire plus économique que le système industriel. On oublie trop souvent que les concentrations citadines ne répondent pas à un besoin matériel, comme celui de se nourrir ou de s'habiller, mais à une nécessité relative à l'information. C'est parce que le savoir, les compétences et la surveillance étaient centralisés que les villes se sont massifiées ; on devait en effet faire surveiller un grand nombre d'ouvriers par une poignée de gens instruits. Aujourd'hui, même si les pesanteurs et les dysfonctionnements persistent, cette logique s'est en réalité déjà écroulée. C'est de ne pas l'avoir compris assez vite que nous souffrons. Dépeupler les agglomérations, éparpiller les villes dans les campagnes, démassifier l'industrie : ces préoccupations ne dénotent plus aujourd'hui une pensée rêveuse ou utopique. Déjà, la sidérurgie lourde se fait damer le pion par les « aciéries de poche », et il n'est pas sûr que la chaîne soit encore la technique la plus rentable pour construire des voitures – il serait étonnant en tout cas qu'elle le soit dans dix ans. D'ores et déjà, aux États-Unis, plusieurs usines automobiles fabriquant le même modèle de voiture ont été démassifiées et dispersées en petites unités à travers le pays...

Le taylorisme, adapté à la production en masse de produits banals, l'était aussi à une énergie bon marché. Désormais, toutes nos ressources – et pas seulement le pétrole – se feront de plus en plus rares. Vivre dans un village technologique ignorant les migrations quotidiennes de populations, s'adonner à des activités mesurées en termes qualitatifs plutôt que quantitatifs, cela contribuera puissamment à éviter les gaspillages.

Non seulement les objets ainsi produits seront d'emploi plus souple, mieux adaptés à nos besoins particuliers, mais par ailleurs notre temps libre s'accroîtra, nous aurons plus de loisirs. Si ceux-ci ne sont pas utilisés à des fins d'abrutissement – comme c'est souvent le cas aujourd'hui des loisirs « massifiés » –, il deviendra raisonnable de rêver d'un *nouvel humanisme.* Les grandes périodes de renaissance ont toujours été celles où les gens avaient du temps. Sans oublier que de jouer du piano ne consomme absolument pas d'énergie...

V

B - A - BA ?

Voilà deux ans que j'essaie d'expliquer à mon fils, qui en a cinq, que B et A font BA. Il connaît parfaitement les lettres de l'alphabet ; il sait compter, additionner, soustraire ; il comprend ce qu'est la combustion, comment l'acide carbonique se forme à partir de l'oxygène et du carbone ; il a même quelques notions sur le fonctionnement d'un moteur à explosion. Mais pour ce qui est de B - A - BA, rien à faire, et pas davantage pour B - O - B O ou M - I - MI !

De fait, si on y réfléchit, il n'a pas tort : B - A - B A, cela n'a aucun sens ! Nous y sommes habitués, bien sûr, mais il s'agit d'un pur code, d'une convention qui ne repose sur aucun fondement logique, ni sur aucune réalité naturelle – alors qu'au contraire deux molécules d'hydrogène et une d'oxygène donnent une molécule d'eau, H_2O. Cette formule correspond à une réalité, elle a un *sens* que B - A - BA ne possède en aucune façon.

Au fond, les enfants ont une intelligence très puissante, qui se rebelle contre tout ce qui est arbitraire et artificiel.

Aujourd'hui, des écoliers de dix ans, aux États-Unis, au Japon et même en Europe, apprennent à manipuler un ordinateur. Cet enseignement va évidemment être généralisé dans les années à venir ; l'informatique ne sera plus une discipline « en plus », elle fera désormais partie de la formation de départ au même titre que la lecture, l'histoire ou la géographie. À quoi ressemblera dans ces conditions l'éducation de nos enfants d'ici dix ans ? Qu'est-ce que l'ordinateur changera dans ce domaine tout à fait essentiel ?

Tout d'abord, pour fabriquer des produits à très haute information ajoutée, il faudra des hommes encore plus qualifiés que les machines, puisque autrement celles-ci seraient capables de les remplacer. Cette qualification reposera, pour reprendre la distinction de Pascal, non sur l'« esprit de rigueur », où l'ordinateur excelle, mais sur l'« esprit de finesse », l'imagination, le sens créatif : l'irremplaçable facteur humain. À mon sens, l'ensemble du système éducatif doit être repensé dans cette optique.

L'ordinateur débarrassera la mémoire de l'enfant d'une foule de choses dont elle n'a que faire : tout ce qui est routinier, aisément formalisable, tout ce qui peut s'énoncer en « langage dur » – en matière de mathématiques, de physique et chimie, de chronologie, etc. Attention : je ne suis évidemment pas partisan de la suppression de ces disciplines. J'entends simplement confier à la machine ce qui peut sans dommage lui être laissé, pour que l'homme puisse librement se consacrer à ce qui fait sa supériorité sur la machine. Quand on fait le compte de toutes les matières où l'informatique pourrait intervenir, il reste peu de chose que l'homme doive prendre tout seul à sa charge. Peu en quantité – mais beaucoup en importance, et notamment le sens du beau, du juste, du bon, toutes les valeurs qu'une véritable perversion intellectuelle donne pour « dépassées » et qui, contrairement à ce qu'on imagine, ne sont pas innées mais au contraire s'apprennent longuement, durement. Et certainement pas avec des machines, mais avec de vrais maîtres.

En aucune discipline le rôle du maître ne saurait disparaître du fait de l'informatique. Je concède que, quelquefois, un ordinateur vaut mieux qu'un mauvais maître. Mais un bon maître sera toujours supérieur au meilleur des ordinateurs, parce qu'il saura s'adapter à la personne qui lui fait face. Par exemple, l'apprentissage de l'histoire ne peut être réduit à celui d'une chronologie, ni même à certains enchaînements de causes et d'effets ; de cela, l'ordinateur pourra se charger, mais il se révélera incapable de communiquer l'envie d'apprendre l'histoire, la chaleur et la passion essentielles à toute bonne transmission du savoir. Apprendre, comme enseigner, suppose de l'amour...

L'ordinateur ne peut savoir à qui il a affaire. Il traitera le cancre et le « surdoué » de la même façon. Le résultat inévitable, c'est que l'individu devra s'adapter à la machine, au lieu de l'inverse. Dès à présent, certaines personnes prennent un réel plaisir à s'adapter ainsi ; ils ont l'impression de dominer la machine, alors que c'est le contraire qui se passe : l'ordinateur leur impose un modèle dans lequel ils se moulent. Car le langage de la machine reste « dur » et l'homme contraint de s'y plier doit renoncer à sa subtilité, sa seule vraie richesse.

Par contre, tenu dans les limites qui sont les siennes, l'ordinateur sera un merveilleux outil d'éducation qui soulagera la mémoire des enfants d'une masse d'informations désormais inutiles, qui les aidera à réviser leurs leçons et les assistera dans toutes les tâches répétitives. De tout cela, il est déjà capable aujourd'hui. Et demain, avec l'apparition de machines au langage de plus en plus souple, c'est une véritable révolution qui se fera jour. Le « voyage imaginaire » rendra passionnant le moindre cours d'histoire ou de géographie. L'ordinateur sera « auto-programmable », c'est-à-dire adapté à chaque utilisateur, et parlera presque comme vous et moi, avec des inflexions quasi humaines. Les enfants d'aujourd'hui, formés aux langages rigides, sont tombés dans une période de transition et risquent d'en subir les conséquences : l'informatique au langage dur est déjà dépassée, et rien n'est pire que de verser du vin ancien dans des outres nouvelles.

Il est de bon ton de s'extasier devant ces enfants qui sont capables, à dix ans, de manier un ordinateur. Moi, je trouve qu'il n'y a rien là de bien admirable. Après tout, il s'agit d'un langage simpliste, sans ambiguïté aucune, beaucoup plus facile à maîtriser qu'une pièce de Shakespeare ou une sonate de Mozart.

Mozart, précisément, est considéré comme un génie parce qu'il jouait du piano à l'âge de cinq ans. C'était un génie, le fait est indiscutable. Mais, à l'époque, tous les enfants de musiciens savaient jouer d'un instrument à cet âge et donnaient même de petits concerts. Même aujourd'hui, je suis convaincu qu'un enfant quelconque en serait capable. Or, jouer du piano représente une opération incomparablement plus complexe que de manipuler un ordinateur. Enfants prodiges, ces pianistes en culottes courtes ? Pas le moins du monde : enfants normaux, à mon sens, simplement grandis dans une ambiance où on les traitait un tant soit peu comme des adultes, et tout de suite mis en contact avec une information hautement structurée.

Il arrive souvent que ces enfants, si « doués » dans leur plus jeune âge, semblent perdre leurs facultés par la suite. Que s'est-il passé ? Eh bien, ils ont été à l'école... Ils n'y ont pas trouvé Bach, Beethoven et Shakespeare, mais un enseignement banalisé, simplifié, dégradé. Ils ont fait la connaissance de B - A - BA...

Tel est le nœud, telle est la pierre angulaire du problème éducatif : un enfant qui débute par l'information « molle » – la musique, le théâtre, la danse – peut très facilement, dans un deuxième temps, acquérir des connaissances « dures » : disciplines scientifiques, langage de l'ordinateur. Alors que l'inverse n'est pas vrai. Le petit d'homme n'a pas grand mal à assimiler, dès le départ, les langages « durs » ; il y parviendra même plus facilement que l'adulte, n'étant pas arrêté par des préjugés. Mais, ensuite, il aura toutes les peines du monde à appréhender l'informalisable, l'indicible, la poésie, l'art, c'est-à-dire la véritable culture humaine.

J'en ai moi-même fait l'expérience à un niveau plus élevé, car mes étudiants sont destinés à devenir ingénieurs. En effet, plutôt que de leur conseiller des livres sur l'informatique, je les ai poussés à commencer par lire de grands classiques : La Bruyère, Shakespeare, etc. Eh bien, par la suite, ils saisissaient beaucoup mieux les théories de l'information que je leur expliquais ! Leur carrière s'en est souvent trouvée transformée, leurs rapports étaient rédigés avec plus de finesse, même leurs relations avec leurs supérieurs étaient plus subtiles.

C'est là que gît le principal danger de l'intrusion de l'informatique dans le système éducatif : attention aux années de la première ouverture d'esprit de l'enfant ! Tous les spécialistes, comme Jérôme Bruner par exemple, s'accordent à dire que l'apprentissage de l'utilisation du cerveau se fait dans les premiers âges de la vie. Alors, attention à la nourriture éducative qu'on donne alors à l'enfant ! Si elle est principalement constituée de langage « dur », compréhensible par l'ordinateur, le mal risque d'être irrémédiable : nous courons le danger de former des générations gravement atteintes par la maladie qui touche déjà beaucoup d'informaticiens ; celles du IF - GO - TO.

« Si..., allez à... » : telle est la logique de l'ordinateur. *Si* vous recevez telle réponse de ma part, *allez à* tel autre chapitre qui vous répondra à son tour, et ainsi de suite. L'esprit de l'homme, si subtil, risque alors de ce transformer en gare de triage.

« *Haker* : personne qui apporte constamment des modifications de peu d'importance à un programme d'ordinateur pour son plaisir plutôt que pour améliorer le programme[1]. » Aux États-Unis, une guerre amicale fait rage parmi les *hakers*, c'est la *wheel war* ou « guerre de la roue », qui se pratique en général de nuit et dont le seul terrain est l'ordinateur. Les utilisateurs émettent des signaux parasites dans le seul but de se perturber les uns les autres : celui qui réussit à bloquer la programmation de l'adversaire a gagné... Chacun est affublé d'un nom de code et l'anonymat est garanti. Le jeu peut tourner mal (mais est-ce seulement un jeu ?)... Une nuit, émanant d'une source non identifiée, ce message s'inscrivit sur les écrans des *hakers* : « Faites quelque chose, nous sommes en train de perdre le contact avec la race humaine[2]... »

Si l'ordinateur reçoit une place inconsidérée à l'école, c'est toute la race humaine, au moins dans les pays développés, qui risque d'être gagnée par la folie des *hakers*. Aujourd'hui déjà, les enfants issus d'un milieu familial qui les a mis en contact avec la culture, l'art, la musique, se trouvent dans une position très inconfortable parce qu'ils ne sont pas comme les autres. La pression normalisatrice des stéréotypes, du cadre scolaire et de leurs propres camarades peut être redoutable. Car l'enfant dit « surdoué » est à l'image de ces jeunes bourgeons qui apparaissent souvent avant les dernières gelées et risquent d'y succomber. On se moque de lui justement à cause de cet épanouissement précoce, parce qu'il sait des

---

1. *Psychology today*, août 1980, p. 62-69.
2. Cité par G. Gondolf dans *Haker papers*, ainsi dédicacé : « À tous mes amis du centre qui vivent dans une culture aliénée. »

choses ne figurant pas au programme mais ignore qui est Goldorak. Il risque d'en être brisé. Je ne défends pas la cause d'une élite surdouée. J'estime au contraire que si l'éducation commençait du bon côté, le nombre de prétendus enfants prodiges augmenterait énormément.

Maintenue à sa vraie place, l'informatique peut représenter un formidable moyen pour cela. Elle libérerait le couple maître-élève de presque toute l'ennuyeuse transmission du savoir dur, pour leur permettre de se consacrer aux mille et une subtilités du véritable échange humain. Et le micro-ordinateur sera ici encore précieux, rendant possible de démassifier la connaissance, c'est-à-dire de l'adapter à toutes les conditions particulières, par exemple aux traditions locales. Mais le « grand chaudron », idéal pour répondre sur une grande échelle à des besoins de base identiques, pourra lui aussi s'avérer une bénédiction pour ceux qui manquent de tout, les habitants des pays sous-développés. Grâce à lui, le Sud de notre planète pourra massivement apprendre à lire et à écrire, assimiler un certain nombre de techniques, acquérir une langue étrangère. Cela ne favorisera-t-il pas la séparation de deux voies éducatives, l'une subtile et diversifiée, destinée aux riches, l'autre uniforme et rudimentaire ?

Ce n'est pas sûr. D'abord, le dénuement du tiers-monde est tel qu'il faut parer au plus pressé. Commençons par nourrir les affamés : il faut qu'ils reprennent connaissance avec l'alimentation, avant qu'on leur demande leur avis sur le menu ! Ensuite, les pays sous-développés peuvent bénéficier de l'avantage même que leur donne leur « arriération » : dans les pays arabes ou asiatiques, l'esprit de finesse, la subtilité, la flexibilité de la pensée sont admirables. Ceux qui ont le bonheur de disposer d'une culture non encore saccagée ne sont pas menacés par la folie du IF - GO - TO et, chez eux, la formation « dure » apportée par l'ordinateur pourra beaucoup plus facilement être intégrée à la place exacte qu'elle mérite.

En France, un certain nombre d'établissements scolaires ont ouvert leurs portes aux ordinateurs. J'ai visité l'un d'entre eux, le lycée Gabriel-Fauré à Paris. La salle d'informatique comprenait huit terminaux reliés à un mini-ordinateur. Coût de l'installation : 300 000 F. Fabricant : une société française qui a fait faillite depuis. Langage : spécialement mis au point pour les lycées.

Avant même d'avoir entendu les explications sur le fonctionnement du système, il était clair pour moi que de bien meilleurs résultats auraient été obtenus avec de petites machines à 5 000 F pièce, connectées à une imprimante. Non seulement cela aurait coûté moins cher, mais les enfants auraient appris le langage *Basic*, qu'ils auraient retrouvé partout à l'extérieur du lycée.

Une aussi mauvaise solution a manifestement été choisie pour favoriser un matériel français pourtant inadapté et onéreux. On a préféré sacrifier la formation des élèves : cela est aussi absurde que, pour un cultivateur, de manger ses semences plutôt que de les planter. Et cela n'a pas même empêché la société en question de sombrer.

Nous en sommes ensuite venus au fonctionnement. La salle d'informatique connaissait un tel succès qu'elle devenait insuffisante. Mais pas une seule fille dans le lot ! La grande affluence, m'expliqua-t-on, et quelques coups de poing facilement distribués par les garçons avaient dissuadé le beau sexe. Par contre, le quartier comportant une importante population vietnamienne, les enfants de cette nationalité étaient particulièrement bien représentés. Calmes et patients, ils étaient même les plus doués pour l'informatique. Au point que certains parents d'élèves avaient demandé l'imposition d'un *numerus clausus* dans la salle, demande heureusement repoussée par la direction du lycée.

En dépit de mauvaises conditions, le succès de l'expérience apparaissait remarquable : 50 % des lycéens étaient inscrits au cours, 8 % d'entre eux se privaient de déjeuner pour fabriquer eux-mêmes des programmes que certains vendaient même à l'extérieur pour gagner de l'argent et acheter du matériel informatique. L'engouement était tel que quelques enfants, passionnés par le micro-ordinateur, en savaient plus que leurs professeurs eux-mêmes !

Je posai quelques questions concernant le programme : « Nous enseignons principalement le logiciel. – Ah ! Les enfants n'apprennent donc pas à manipuler l'ordinateur ou à en fabriquer des éléments ? – Non, nous ne sommes pas un lycée technique. – Mais enseigne-t-on le logiciel dans les lycées techniques ? – Non. »

Je passai à un autre sujet : « De combien de pianos disposez-vous ? – Nous en avons acheté un l'année dernière. – Est-ce que je pourrais le voir ? – C'est impossible. Il est enfermé à clef. On ne l'utilise que deux fois par semaine. – Mais pourquoi négligez-vous à ce point l'enseignement de la musique ? – En vérité, c'est parce que les parents d'élèves y sont opposés. – Ah ? Et pourquoi ? – Parce que le piano ne sert pas à gagner de l'argent... »

Je vous laisse imaginer la suite de la discussion ! Je ne cachai évidemment pas ce que je pensais d'une pareille façon de voir. Les responsables ouvraient des yeux ronds : « On ne nous a jamais parlé de l'informatique de cette façon... » Cette discussion a contribué de façon importante à me faire écrire ce livre : oui, il faut absolument « parler de l'informatique » autrement qu'on ne fait en général !

La controverse sur l'informatique et l'éducation bat d'ailleurs son plein. Elle oppose principalement Jacques Arsac, directeur de l'Institut de programmation et professeur à Normale Sup, et Jacques Hebenstreit, professeur à Supélec et chef des services informatiques. Le premier affirme que la programmation est l'art de structurer les problèmes et les données pour qu'ils entrent dans l'ordinateur. C'est une science, qu'il faut enseigner aux enfants en tant que telle une fois qu'ils l'auront acquise. Après quelques années, on pourra les mettre en présence d'un ordinateur. À cette école appartient aussi Jean-Claude Simon, professeur d'informatique et spécialiste d'intelligence artificielle à l'Université de Paris VII, auteur du récent rapport au président de la République : *L'Éducation et l'Informatisation de la société*[1].

Ce point de vue me rappelle celui de mon premier professeur de piano, une certaine Mlle Daisy. J'avais sept ans et ma mère m'accompagnait. « Il faudra, dit-elle, qu'il fasse un an de solfège, un an de gammes, un an d'études, un an d'harmonie puis à la cinquième année, il pourra jouer ce qui lui plaît ». À ces mots, je

1. La Documentation française, 1981, rééd. Fayard, 1981.

pris mes jambes à mon cou sans demander mon reste. Ma mère eut beaucoup de mal à me retrouver : j'avais trouvé refuge dans une poubelle et ramené le couvercle sur moi...

Jacques Hebenstreit considère, lui, que l'ordinateur doit simplement représenter une « aide technologique » à d'autres disciplines. « Après tout, les automobilistes ignorent souvent comment fonctionne leur voiture. Cela ne les empêche pas de l'utiliser. » En pressant tel bouton, nous aurons accès à tel service : selon cette école, c'est tout ce qu'il sera nécessaire de savoir de l'outil informatique. Cette façon de voir rappelle un autre professeur de piano, un Américain du nom de Morton Citron, qui, dans un numéro du très populaire *Sélection du Reader's Digest*, expliquait que la théorie, c'était fini. Les enfants n'auraient plus besoin d'apprendre les notes, les gammes et les harmonies pour jouer. Il faudrait simplement leur enseigner à pianoter la musique du film *Le Troisième Homme*, puis quelques autres, pour faire leur bonheur. Ils n'auraient qu'à se souvenir des touches à frapper. L'étrange pédagogue expliquait que ses élèves adultes, entrepreneurs et chirurgiens autant que secrétaires et employés, étaient eux aussi absolument enchantés par sa méthode.

Cette querelle me rappelle une comédie dans laquelle l'un des personnages parlait si vite et l'autre si lentement que personne ne comprenait goutte à ce qu'ils disaient. Les véritables questions ne se situent pas là.

Car, pendant que se déroule cet intéressant débat, en France comme nulle part ailleurs se poursuit l'homogénéisation de l'enseignement. Tout le système éducatif, du jardin d'enfants aux études supérieures, est soumis à un dieu unique, nommé programme officiel. C'est à son image qu'on doit se former. Tous, grands ou petits, minces ou gros, doivent s'adapter à ce véritable lit de Procuste.

Encore une fois, hélas ! il nous faut donner les États-Unis en exemple. Là-bas, la notion même de programme officiel serait considérée comme une aberration. Les universités notamment sont autonomes, tout à fait différentes les unes des autres. « Que la meilleure gagne ! » telle est la loi. Et le résultat s'est avéré étonnant. En général, les découvertes ont pour cadre les petites universités, véritables pépinières d'étudiants et de chercheurs imaginatifs. Une fois révélés, ces jeunes génies quittent le bercail pour gagner des universités plus réputées, qui les paient mieux mais où ils risquent de s'endormir. Il arrive aussi que la petite université elle-même reçoive la rançon du succès : elle se met alors à grossir. Mais, au-delà d'un certain seuil, elle ne parvient plus à innover, elle se sclérose et rétrograde dans le peloton. D'autres prennent alors la relève. Ainsi, même Harvard a pu être surclassé par Stanford en certains domaines.

Je n'affirme pas que les États-Unis sont le paradis de la diversité, loin de là : plus encore qu'ailleurs, peut-être, le conformisme y règne sur la plus grande partie de la population et des entreprises. Mais le pays est tellement grand et varié qu'il peut permettre aux petites entreprises de grandir, quitte à se casser la figure. Il est fréquent de voir des hommes de valeur quitter de grandes entreprises et des universités importantes pour construire des sociétés ou des unités de recherche nouvelles, de petites dimensions. C'est ainsi qu'Amdahl, Intel ou même Motorola ont vu le jour : leurs fondateurs venaient de grosses entreprises. Celles-ci ont d'ailleurs parfaitement compris le mécanisme et ont maintenant tendance à prendre les devants, en donnant elles-mêmes à certains brillants sujets la possibilité de lancer leur affaire en association, en *joint-venture*. Dupont de Nemours, 3-M ou Exxon procèdent aujourd'hui de cette façon et ne se développent plus tant par accroissement centralisé que par bourgeonnement. Les grandes universités suivent la même voie.

Une évolution comparable est-elle impossible en Europe et, plus particulièrement, en France ? Il est vrai que la folie centralisatrice, dans notre pays comme dans les pays sociaux-démocrates, laisse peu de chances à un tel épanouissement de l'initiative. Cependant, les traditions ont bon dos ! Sans doute portent-elles une part de responsabilité, mais il est trop facile de les invoquer pour donner l'absolution à de mauvais dirigeants. En France, les structures éducatives, dirigées par des esprits distingués, sont conçues de telle sorte que les bureaucrates les plus rigides, les plus authentiques Jacobins accèdent au pouvoir. Quoi d'étonnant qu'ils protègent, une fois installés, le système qui les a promus eux-mêmes ?

Si une autre possibilité leur était offerte, rien ne prouve que la majorité des citoyens ne désavoueraient pas la poignée de centralisateurs qui occupent le faîte de l'édifice. L'éducation, alors, pourrait être démassifiée et diversifiée. Le rôle de l'ordinateur serait circonscrit et celui du maître revalorisé, humanisé, le niveau moyen des élèves et des étudiants remonterait. Et pourquoi les Français seraient-ils hostiles à une telle révolution ? Il est d'ailleurs déjà sensible sur le terrain politique que les gens continuent de voter à droite ou à gauche, parce qu'ils n'ont pas le choix, mais qu'ils n'en pensent pas moins. C'est déjà quelque chose de cesser d'être dupes.

VI

La mauvaise culture chasse la bonne

Même si l'on s'en défend officiellement, l'art et la culture sont souvent tenus pour des activités peu « sérieuses ». Ce ne sont pas des matières d'enseignement aussi indiscutables que les mathématiques, l'économie politique ou la comptabilité. Au fond, elles s'assimileraient davantage à la broderie, aux ouvrages d'embellissement que les jeunes femmes accomplissaient jadis dans leurs foyers. Pourquoi ? Tout simplement parce que ces activités ne sont pas censées rapporter de l'argent.

L'erreur est double. D'une part, l'art et la culture sont devenus, spécialement aujourd'hui, les plus prospères des industries : il n'y a pas que les tableaux de maître, mais le cinéma, le son, les loisirs, tout le secteur audiovisuel. D'autre part, de très nombreuses expériences ont démontré qu'il était impossible de dissocier, dans l'esprit humain, aptitudes artistiques et scientifiques. Ce sont les plus hautes cultures qui produisent les plus beaux objets. En Hongrie, a été tentée une expérience très probante à ce sujet. Dans certains lycées, on a laissé le choix aux enfants entre des programmes à dominante scientifique (maths, physique, chimie, etc.) et d'autres axés sur l'apprentissage de la musique. Les élèves qui avaient suivi cette deuxième voie sont évidemment devenus de bons musiciens, mais ils se sont aussi révélés meilleurs que les autres en maths-physique-chimie. Il existe donc comme des mécanismes de transfert entre les différentes « nourritures ».

Les États-Unis, une fois de plus, l'ont bien compris.

Le niveau culturel général y est nul : non seulement celui du paysan de l'Alabama, mais celui de millions de citadins dont la seule lecture, si l'on peut dire, consiste en *comics ;* la majorité désapprend à lire. En revanche, il existe une minorité culturelle d'un niveau absolument inconnu en France. Ce n'est pas par hasard que la micro-informatique s'est développée dans la Silicon Valley, qui est entourée de centres universitaires, ou dans la région de Boston.

On ne saurait assez répéter que l'art et la culture relèvent de l'information. Ils se transmettent, tout comme le management, la comptabilité ou le savoir nécessaire pour lancer une fusée spatiale. Et un grand peintre, un musicien de génie apportent toujours une information nouvelle : complexe, difficile à cerner mais indiscutable. Les objets d'art sont donc eux aussi des supports et des véhicules d'information. L'histoire de l'art est celle de flux et de cheminements d'une information dont les œuvres sont à la fois les sources et les jalons.

Inutile de préciser que cette sorte d'information est particulièrement riche et subtile. L'authentique œuvre d'art renferme une émotion, une passion impossibles à saisir une fois pour toutes. Et, tel un corps radioactif, elle émet ses radiations pendant des siècles et des siècles. Voilà pourquoi elle nous arrête et nous bouleverse, et pourquoi nous ne pouvons rien en dire ou presque. Mais ne sous-estimons pas non plus nos capacités à la comprendre : celui qui a pris la peine de se former, le véritable connaisseur se sent comme le profane ému devant la Joconde ou une symphonie de Beethoven, mais pour des raisons différentes. Il est ému de manière infiniment plus approfondie, du fait qu'il perçoit les structures derrière l'apparence immédiate.

L'information banale modifie le comportement : elle constitue un stimulus auquel l'interlocuteur doit réagir de telle ou telle autre façon. Par contre, l'information artistique – et plus généralement culturelle – peut ne provoquer aucune modification de comportement. Il serait ridicule de dire que le but d'une symphonie de Beethoven consiste à nous faire pleurer ou applaudir : elle n'a pas d'autre objectif que notre satisfaction intime, d'autre puissance que subjective. Jamais vous n'arriverez à la transmettre à autrui, à la raconter en rentrant chez vous le soir. Elle fournit un plaisir essentiellement égoïste, parce qu'incommunicable. Si vous êtes vraiment ému, la seule chose que vous puissiez tenter est de trouver les mots pour inciter d'autres personnes à aller l'écouter. La musique est un des arts les plus mystérieux et les plus accomplis...

Ces considérations ne sont pas si éloignées qu'elles le paraissent de notre propos. Car toute la question est d'essayer de savoir ce que risquent de devenir l'art et la culture dans une société envahie par l'informatique. Si la logique culturelle du « grand chaudron » se situe dans le prolongement de celle de la grande industrie, il y a de quoi être inquiet. Déjà, sans même que les ordinateurs aient encore véritablement accéléré le mouvement d'uniformisation, on constate une formidable dégradation de la culture, qui s'organise comme une pyramide : au sommet, le petit nombre qui écoute et apprécie la bonne musique, en faisant des efforts pour ne pas se laisser envahir par le vacarme ambiant ; à la base, une masse chaque jour plus importante qui se contente d'une sorte de bouillie, d'un bruit continu vaguement scandé par les rythmes les plus pauvres.

Le bon jazz ou le bon rock ne sont sans doute pas à dédaigner. Mais la pauvreté « musicale » – si l'on peut encore utiliser ce terme – du « disco », par exemple, saute aux yeux ou plutôt aux oreilles. Ce n'est pas affaire de jugement, c'est un simple constat : certaines œuvres d'art sont structurellement plus riches et plus subtiles que d'autres, dont l'information ajoutée peut être à peu près nulle. La musique classique, tout comme le jazz, peut être bonne ou mauvaise : là n'est pas la question. Une symphonie peut ne pas être géniale, et l'improvisation sur le trottoir, à quatre heures du matin, de quatre musiciens de jazz peut être empreinte d'une authentique émotion. L'une et l'autre peuvent aussi être infâmes, comme les œuvres d'art officielles qui hantent les murs de nos mairies. Il existe aussi un art populaire, artisanal, éparpillé, qui se rapproche du grand art. Toujours est-il qu'un certain nombre de critères permettent de distinguer avec précision structures riches et structures pauvres. Et, comme par hasard, les premières correspondent à des musiques que l'on écoute d'une certaine manière, avec un émerveillement qui n'exclut pas l'allégresse, et dont on sort enrichi, tandis que les secondes correspondent à des sons et à des rythmes pauvres. De telles analyses relèvent de la très récente « théorie de la spécificité », qui permet de repérer avec une grande souplesse les niveaux de dégradation, et s'oppose absolument au point de vue nihiliste selon lequel toutes les informations se valent – auquel cas rien ne distinguerait vraiment la structure de l'homme, de l'amibe et d'un vulgaire morceau de bois. De fait, entre certaines musiques et d'autres, il existe une distinction semblable à celle du vivant et de l'inanimé.

Michel d'Ornano fait partie, prétend-on, des gens qui n'aiment pas la musique et le disent. Il fut pourtant un jour nommé ministre de la Culture. À l'époque, Georges Chevrière avait protesté, dans la revue *Diapason,* parce que le disque était taxé – et l'est encore ! – autant que le film pornographique : 33,5 %. Or le disque est un instrument de culture, exactement comme le livre. Je m'élevais un jour contre ce fait scandaleux : « Mais, comprenez-vous, me répondit-on lors d'une entrevue discrète, si l'on détaxait le disque, cela représenterait un énorme manque à gagner pour le gouvernement, pour le budget de la Culture. Avec tous ces disques de variétés qui se vendent comme des petits pains... – Alors, faites donc une différence, répliquai-je. Croyez-moi, les fabricants eux-mêmes la font ! Ils enregistrent et pressent les disques-déchets avec des outils frustes de contrôle électronique, partant du préjugé, hélas ! confirmé, que les gens ne font pas la différence et qu'on peut leur offrir n'importe quoi : ce sera toujours assez bon pour eux. Vous savez cela, et le public lui-même commence à en être conscient. Si vous ne voulez pas tout détaxer, au moins ne pénalisez pas le bon et le mauvais de la même façon ! Maintenez la taxe sur les produits informes, fabriqués en grande série, mais cessez d'étouffer les disques de vraie culture, *La Passion selon saint Matthieu, Tristan et Isolde,* Amstrong, Art Tatum ! » Il fallait voir la mine offusquée de mon interlocuteur : « Ah ! Monsieur, permettez ! C'est affaire de goût ! Vous faites du racisme ! Qu'est-ce qui vous autorise à établir une différence entre le disco et Beethoven ? »

La mauvaise monnaie, dit-on, chasse la bonne. Hélas ! il en va de même pour la culture. Si des produits à haute et à très basse information ajoutée sont mis en concurrence, ces derniers risquent de l'emporter et de contaminer l'ensemble. Parmi le flot assourdissant de « musique » que personne n'écoute plus, quelle oreille sera assez résistante pour garder sa finesse, préserver son intégrité ? C'est au fond un problème de pollution : certains aiment l'eau pure et d'autres l'eau contaminée, pourraient affirmer nos « démocrates », c'est affaire de goût ; mélangeons les deux, ainsi chacun sera satisfait !

On pensera ce que l'on voudra d'une telle attitude, mais il faut être averti de ses effets. Le premier est un renforcement inéluctable de l'élitisme culturel. L'information dégradée pollue la grande majorité des gens. Rares seront ceux qui ne céderont pas au microbe : une poignée d'amoureux de la nature et de l'art, semblables aux lettrés d'Aldous Huxley dans *Le Meilleur des mondes.* Ils formeront des îlots où la culture risque bien évidemment de se dessécher et de ne plus représenter bientôt qu'une pièce de musée pieusement conservée. Une telle stratification est caractéristique des périodes de décadence. La seconde conséquence risque d'être la disparition des artistes, suivant le même processus par lequel le blue-jean a tué la haute couture. En mettant sur le même plan musique authentique et musique dégradée, on favorise la fabrication d'« œuvres » par des moyens électroniques. Les conservatoires pourront fermer et, de plus en plus, nous achèterons des disques en payant surtout le prix de leur emballage...

Pourtant, telle la fleur sur le fumier, le bon sens de l'homme éclot toujours à nouveau. On commence, on recommence à comprendre que céder à la facilité conduit à la catastrophe. De plus en plus de personnes achètent des instruments de musique, notamment au Japon. Partout, les salles de concert sont plus combles que jamais. L'opéra connaît à nouveau un succès éclatant. Aux États-Unis, les mécènes, les hommes d'affaires et même les autorités locales, au Texas par exemple, ont senti le vent : ils investissent dans l'information de haut niveau.

Mais ne risque-t-on pas alors d'aggraver encore le fossé qui sépare le Nord et le Sud de la planète ? Que l'on se rende en Afrique, en Asie ou dans n'importe quel pays du tiers monde, la musique que transistors et boîtes de nuit déversent sur les malheureuses populations est uniformément dégradée, c'est le sous-produit des rythmes afro-américains les plus pauvres. Les cultures et les traditions locales étant pour une large part démolies, la résistance à cette pollution s'est affaiblie : jouer un air de pipeau, alors que la civilisation qui a façonné cette musique authentique a disparu et que la population arrachée à la terre occupe des bidonvilles en lisière des capitales, cela n'a plus aucun sens. Ne risque-t-on pas alors que d'un côté les Américains se remettent à acheter des pianos, des saxos et des guitares, parce qu'ils redécouvrent l'intérêt de l'information ajoutée, alors que, de l'autre, tout le reste du monde ou presque recevrait sa dose quotidienne de *blue-jeans-Coca-Cola-disco* ?

C'est un réel danger, et un tel déséquilibre est lourd de menaces. Mais, une fois de plus, le pire n'est pas toujours sûr. Toutes les dictatures ont été ennemies de l'art authentique et de la forte information ajoutée – il n'y a qu'à écouter la musique militaire pour le comprendre – ; pourtant, elles n'ont jamais réussi à tuer le goût. C'est seulement dans les pays de liberté, et à certaines époques, qu'ont fleuri les différenciations. Et si l'uniformisation peut avoir des apparences démocratiques, en réalité c'est une machine à fabriquer des élites et qui provoque et développe le mépris des grandes masses. Je crois, pour ma part, que les gens valent mieux que cela. Chaque fois qu'on leur a proposé de la forte information ajoutée par de bons programmes éducatifs – ni prétentieux, ni méprisants –, ils l'ont hautement appréciée. Les éducateurs, les pouvoirs publics, les intellectuels, les dirigeants ont donc une lourde responsabilité dans ce domaine.

Tout se tient, et ce que nous avons dit de la musique concerne l'ensemble des formes de culture, peinture, poésie, littérature, architecture, mais aussi bien instruments de la vie courante, batteries de cuisine, fauteuils ou tables, etc. Avant que la manie industrielle ne s'empare du monde, la ville était un livre ouvert qui permettait un apprentissage permanent. Le temps avait lentement constitué l'agglomération en « structure organique » ; le passé était visible dans les pierres, vivant, et un tel environnement stimulait l'innovation. Les différentes fonctions, liturgique, culturelle, politique étaient indissolublement liées, tout cela formait un ensemble harmonieux et spécifique. Le lieu lui-même sécrétait des œuvres, de la culture. Dans une ville ainsi équilibrée par l'Histoire, les différents éléments se trouvaient à leur place : la cité bourgeonnait autour de ses places et de ses monuments.

Construisons au beau milieu de cet ensemble harmonieux quelques gratte-ciel et quelques H.L.M. « fonctionnels ». Édifions une « structure planifiée », en calculant avec précision toutes les prétendues économies d'échelle qu'elle entraîne. Laissons aussi se développer alentour quelques bidonvilles, c'est-à-dire une « structure amorphe de prolifération ». Ajoutons des panneaux publicitaires d'un goût exquis, et traçons quelques autoroutes urbaines pour faciliter la circulation... Une fois brisée l'harmonie de la ville, ses habitants perdront l'habitude de l'aimer, ils la souilleront et la dégraderont. Un urbaniste d'élite, quelconque Ubu moderne, interviendra alors pour prétendument arrêter le gâchis. Afin de préserver le cadre, il interdira par exemple d'habiter normalement les palais de la ville, pour les transformer en monuments historiques et en musées. Les citoyens vivront donc dans du laid, et le beau sera ouvert à cette autre forme de pollution qui s'appelle le tourisme. Ainsi sera parachevée la destruction d'un foyer culturel et artistique.

Dans un milieu dégradé, il est impossible d'insérer de la culture surajoutée. On aura beau dire, beau faire, ni les grands ensembles planifiés ni les bidonvilles proliférants n'auront jamais d'âme. Lorsque l'on mélange la médiocrité de la ville, des meubles, des objets, à des œuvres raffinées, celles-ci n'ont aucune chance de l'emporter. La grande masse sera alors contrainte de vivre dans un environnement dégradé, assaillie de toutes parts par une pollution « culturelle » à grand débit, alors que de petites élites, bien que menacées par le dessèchement et la muséologie, passeront tant bien que mal au travers.

Pourtant, le désir de culture recommence un peu partout à se manifester. C'est d'autant plus encourageant que la micro-informatique, associée à l'audio-visuel, favorisera les efforts individuels de culture. Sans doute, dans certains pays comme la France, les pouvoirs publics freineront-ils l'élan en multipliant les taxes et les entraves, en imposant l'idéologie du « grand chaudron » : voulez-vous écouter de la musique, voir un film, admirer une toile ? allez donc à Beaubourg recevoir la bouillie uniforme de la culture distribuée, entassés dans ce camp de concentration culturel... Mais je garde confiance en la vitalité des gens. Je suis convaincu qu'ils parviendront à chasser les déchets, à obtenir au moins le silence et à retrouver une qualité de vie comparable à celle du stade pré-industriel. Peut-être les pays sous-développés, malgré leur écrasant handicap, parviendront-ils à accéder au stade industriel en faisant l'économie de la civilisation du déchet, en conservant le bonheur culturel dont ils jouissent parfois encore ? Tel est, à mon sens, le plus profond défi de demain, le plus profond « défi mondial ».

VII

La course du hamster

Même s'il ne s'intéresse pas à l'informatique, le grand public sent confusément qu'elle risque de mettre en cause sa liberté ; parmi les menaces qu'il perçoit, celle-ci est même sans doute la plus ample et la plus grave. Une société dominée par l'ordinateur connaîtrait-elle une surveillance étroite de la population (vie privée et professionnelle, finances, opinions politiques, etc.) et une manipulation de la conscience des citoyens ? Cette crainte est-elle fondée ?

Le rapport Nora-Minc concluait que « la qualité du tissu social, le pluralisme des forces et le jeu des contre-pouvoirs » l'emporteraient sur « les pièges liberticides dus à la technologie ». Il reconnaissait donc la réalité de la menace mais estimait que les contre-feux – par exemple la commission « Informatique et Libertés » – représentaient contre elle une garantie suffisante. Dans un article paru dans *Le Monde diplomatique*[1], le magistrat Louis Joinet – surnommé « Louis le Juste » – démontait cet argument pour montrer que l'on aurait tort de se tranquilliser à si bon compte. Il indiquait en particulier que cela supposait « la permanence de l'État de droit démocratique, au moment même où, de législation d'exception en loi de circonstance, la démocratie subit en Europe un fléchissement latent ». Certes, des législations sur l'informatique et les libertés se sont constituées dans

1. « Les pièges liberticides de l'informatique », *Le Monde diplomatique*, mars 1979.

la quasi-totalité des pays européens, sous l'impulsion du Conseil de l'Europe. « Elles constituent un progrès indéniable, poursuit Louis Joinet. Touchent-elles à l'essentiel ? Leur objectif, orienté vers la stricte protection de la vie privée, correspond à une situation d'ores et déjà dépassée. »

Car la menace ne vise pas seulement ce secteur essentiel de notre liberté. L'informatique peut aussi être utilisée à l'établissement de « profils sociaux » : « En France, la création du fichier GAMIN destiné à la détection des enfants "à risques" a lancé le débat ; débat qui a provoqué une heureuse remise en question de cette application. Cette technique fait appel à la méthode d'adéquation des questionnaires [...], mise en œuvre par l'armée en vue de déterminer l'aptitude au service national. [...] Le profil de l'appelé potentiellement inadapté à la vie militaire – explique Louis Joinet en se référant à une enquête du *Quotidien de Paris* en date du 3 octobre 1977 – est déterminé, dans un premier temps, à partir d'un échantillon comportant deux lots de sujets choisis en fonction de critères laissant présumer leur normalité (lot n° 1) ou leur anormalité (lot n° 2). A l'aide d'un questionnaire autogéré (c'est-à-dire rempli sans contrainte par le sujet) comportant environ mille cinq cents interrogations élémentaires (oui-non), on compare l'adéquation ou non des réponses fournies par les deux lots afin d'évaluer la pertinence des questions posées. Le degré de pertinence de la question est fonction de la proportion plus ou moins grande des réponses identiques apportées par les sujets dits normaux (lot n° 1) – "oui", par exemple – et qui ne se retrouvent pas dans le lot n° 2 parce qu'exprimées par une réponse contraire. Pour une réponse identique répartie également entre les deux lots, la pertinence est nulle et la question écartée. Par affinements successifs, on élabore ainsi un questionnaire auquel les lots n° 1 et 2 apportent un maximum de réponses divergentes [...]. Ultérieurement, il suffit, à partir de ce questionnaire rempli par les futurs appelés lors de leur stage d'orientation, d'isoler, par le traitement automatisé des réponses, ceux qui entrent dans le profil du lot n° 2, et de les confier à un psychiatre qui opérera le tri final. On serait tenté de soutenir – sans procès d'intention – que, sous prétexte d'une meilleure orientation, d'aucuns céderont à la tentation de définir dans le lot n° 1 le profil des appelés à "haut consensus militaire" pour les distinguer de ceux dont l'adhésion risque d'être moyenne ou faible. »

Cette technique consistant à distinguer, dans une population quelconque et grâce à l'ordinateur, le lot des gens « normaux » et celui des « déviants » est susceptible d'applications extrêmement variées. « Ainsi, raconte encore Louis Joinet, l'idée a été émise de définir, à partir d'un fichier automatisé de bibliothèque, le profil du lecteur de droite – ou de gauche... » De même, dans un pays dictatorial d'Amérique latine que M. Joinet ne cite pas, un projet similaire, heureusement resté sans suite, a été conçu : « A l'aide d'un échantillon de prisonniers politiques appartenant à des organisations diversifiées, il était envisagé de définir, avec un questionnaire sophistiqué, le profil militant correspondant à chaque organisation. Cela afin de discerner, lors d'arrestations ultérieures, l'appartenance probable des militants [...] afin de ne poser que des questions pertinentes et accroître ainsi le taux de performance des interrogatoires. »

Qu'est-ce qui empêcherait le transfert du procédé « lot n° 1 »/« lot n° 2 » du domaine militaire à la société civile ? Pourquoi un régime qui en aurait les moyens financiers ne se paierait-il pas un système programmé pour détecter ses « déviants », une espèce de clignotant s'allumant dès qu'un individu quelconque aurait un comportement non conforme à la norme ? Le problème est plus compliqué qu'il n'y paraît à première vue. En terme de théorie des systèmes, contrôler un système signifie empêcher que les fluctuations extérieures ne le déstabilisent. Le principe est le même que celui des dispositifs antiroulis des bateaux : si les vagues font pencher l'embarcation à tribord, des ailerons situés à bâbord entrent en action pour la ramener à l'horizontale. Tout dépend évidemment du degré de stabilité que le capitaine estimera suffisant. Pour qu'une société puisse vivre, il est nécessaire d'empêcher ceux qui en auraient envie de mettre le feu aux villes, par exemple : chacun comprendra qu'on se donne les moyens d'empêcher ce genre d'actes et d'en repérer les auteurs ; il existe ici un accord sur la norme à maintenir. Par contre, si des normes sont imposées de façon trop globale à des sociétés hétérogènes, elles entraîneront une succession de dysfonctionnements. On ne peut nier la nécessité d'un minimum de contrôle social, mais, pour qu'il soit bien accepté, il faudrait que chaque micro-société puisse avoir le droit de décider quel niveau de stabilité elle souhaite.

Le problème, c'est que les dispositifs antiroulis sont chers... Aussi, invoquant des considérations de coût, le « grand chaudron » tendra à uniformiser sur une vaste échelle les mêmes dispositifs antiroulis ; alors les appréhensions de ceux qui redoutent que l'informatique centralisée ne débouche sur une société sous haute surveillance se confirmeront-elles ? Oui et non. Oui, car les moyens de contrôle permettront effectivement de graves intrusions dans la vie et la liberté des citoyens. Non, car le danger ne sera plus tant celui de la « société policière » que de la société de l'*aberration* policière. En effet, comme on l'a vu, une fois atteint un certain seuil de complexité par interconnexion de différents fichiers, l'effet Quadra fera son apparition. Si un État centralisé et planifié décide d'établir un contrôle social sur l'ensemble du pays, il lui faudra prévoir tous les cas particuliers qui pourraient se présenter, afin de détecter l'ensemble des fluctuations possibles. Or cela est très difficile. Que se passera-t-il alors ? L'État donnera des ordres inadaptés, et la stabilité ne sera pas atteinte. Non seulement on devra supporter le contrôle social, mais aussi le désordre : on sera perdant sur tous les tableaux. Des erreurs se glisseront dans les questionnaires, dans la « détection de la normalité », l'affectation des résultats, les statistiques... ; c'est inévitable. Les normes fausses seront alors, dans un système d'une aussi imposante dimension, faciles à déjouer pour les fraudeurs. Pour éviter de telles cascades d'erreurs, il faudra un tel nombre de recoupements qu'aucun crédit n'y suffirait.

Tout le problème vient de ce que les projets, d'une part, leur financement, d'autre part, ne sont pas discutés au même moment, ni dans les entreprises ni au gouvernement. Dans un premier temps, les planificateurs mettent en place des systèmes redoutablement efficaces en théorie : « N'ayez crainte, disent-ils, nous intégrerons à notre modèle tous les cas particuliers, toutes les nuances que vous souhaitez. L'ordinateur est assez puissant pour engranger cela. » Ensuite, au jour de la discussion des budgets, on s'aperçoit que les systèmes sont dix fois moins performants qu'on ne pensait ; alors, pour raison d'économie, on sacrifie. Les gens ne voient sans doute pas très bien comment leur liberté peut être compromise par des réductions de budgets informatiques, mais c'est ainsi : on aboutit à la mise sur pied de modèles flous qui ne correspondent plus à rien et conduisent à des contrôles aberrants.

La « loi de la variété requise » est essentielle en cybernétique. Elle stipule que seule la variété peut contrôler la variété. Or, il est évident qu'un système d'État, surtout s'il est jacobin, ne peut qu'être homogène. S'il essaie de contrôler la variété des cas particuliers, il est très rapidement débordé : l'anarchie à l'italienne en fournit un exemple typique, l'autre extrême étant la tentative de réprimer toute liberté, comme la planification soviétique. Celle-ci permet de tenir compte des moindres cas particuliers, mais elle est obligée de traiter l'ensemble de manière très simplifiée. A ce prix, elle agit avec un semblant de raison sur les cas particuliers, mais cette raison est folle...

On le voit, notre liberté n'est pas seulement menacée par l'œil central qui prétend observer tous nos mouvements, mais peut-être davantage par les dysfonctionnements structurels des grands systèmes. Les États et les administrations ne sont d'ailleurs pas seuls en cause : toute entreprise privée adepte du « grand chaudron » nous expose aux mêmes risques.

Ainsi, il existe à Düsseldorf une société de renseignements informatiques, nommée SCHUFA[1], ayant pour slogan : « Nous connaissons vos débiteurs mieux que vous ! » Avec la multiplication des cartes de crédit, le système bancaire, les grands magasins et les entreprises n'ont plus aucun moyen de mesurer la solvabilité des personnes qui se présentent à leurs guichets. SCHUFA est précisément là pour remédier à cette situation : chaque citoyen qui ouvre un compte en banque, par exem-

1. L'histoire de cette société est racontée dans le numéro spécial sur “la protection des données” que la revue allemande *Stern* a publié le 12 février 1981.

ple, signe au même moment une lettre précisant qu'il autorise la transmission de tous les mouvements qui s'y produiront à la société de renseignements. SCHUFA a donc franchi, apparemment sans grande difficulté, l'obstacle du secret bancaire. Elle s'engage à fournir aux entreprises abonnées, contre paiement d'une somme dérisoire (entre 1,50 et 5 marks), tout renseignement financier concernant n'importe quel individu disposant d'un compte en banque ! En contrepartie, elle demande aux sociétés ayant recours à ses services de lui fournir toutes informations en leur possession, relatives à leur clientèle respective.

Un matin, Karl Kunze trouva l'appartement de ses rêves dans une petite annonce : un trois-pièces pour 750 marks. Il le visita et décida de se porter candidat à la location. On lui fit remplir un formulaire banal. Il rentra chez lui et attendit la réponse. Vingt-deux jours plus tard, il apprit qu'il était recherché par la police. Il s'y présenta pour apprendre qu'on l'avait confondu avec un certain Peter Kunze, poursuivi pour dettes. Affaire classée ? Que non ! Car lorsque Karl Kunze demanda à SCHUFA, qui était à l'origine du faux renseignement, de rectifier celui-ci, on lui répondit que c'était impossible. « On ne peut modifier l'information vous signalant comme mauvais payeur que si vous fournissez un certificat selon lequel vous êtes bien vous-même et non pas un autre, certificat qui vous sera délivré par le tribunal. » Karl Kunze, qui commençait à perdre son sang-froid, exhiba sur-le-champ son passeport, son acte de naissance, son certificat de mariage pour faire la preuve de son identité. Cela n'impressionna pas son interlocuteur. « Vous avez une seule solution, c'est de retrouver l'autre personne, Peter Kunze, et de vous présenter avec elle. – Mais comment la trouverai-je, si la police elle-même la recherche et n'y parvient pas ? – C'est votre problème... » Karl Kunze, qui sentait la moutarde lui monter au nez, fit appel à son avocat. Ce dernier finit par obtenir les rectifications demandées, et tout rentra dans l'ordre.

Simple bavure, aussitôt corrigée ? Ce serait vite dit. Car SCHUFA continue à fonctionner. L'hebdomadaire *Stern* rapporte une foule d'exemples de ce genre, aussi kafkaïens les uns que les autres. Ainsi le professeur Hans

Peter Bull ne put ouvrir de compte en banque pendant deux ans, parce qu'il avait tardé à payer une contravention de 40 marks et que le fait était venu à la connaissance de SCHUFA. Un autre malheureux aurait renvoyé au fabricant la machine à laver qu'il venait d'acheter à crédit, parce qu'elle ne fonctionnait pas, et évidemment arrêté de la payer ; grâce à la vigilance de SCHUFA, il se vit refuser dès le lendemain tous les crédits qu'il demandait. Une autre victime fut licenciée de la compagnie d'assurances où elle venait d'être embauchée pour cause de dette impayée : il s'agissait de la fabuleuse somme de 137 marks, représentant certains frais d'une procédure de divorce ; le pire est qu'il s'agissait d'une erreur, car il avait payé ! Une fois à la rue, grâce aux services de SCHUFA, il ne trouva plus de travail car il restait catalogué comme mauvais payeur... La société de renseignements finit par reconnaître son erreur.

Elle n'y consentit pas, en revanche, au sujet de M. Strauch, qui avait quatre comptes en banque dans des villes différentes mais se trouva un matin avec toute sa trésorerie complètement bloquée, en raison d'une homonymie. Le temps de protester auprès de SCHUFA, le pauvre homme avait fait faillite. Il porta plainte contre la société de renseignements : le procès dura quatre ans et il le perdit ; il fut condamné aux dépens. Depuis cette victoire, SCHUFA a pris ses aises. Elle déclare à ses clients qu'elle fournit ses renseignements « sans garantie ». On la comprend quand on sait qu'elle en fournit 80 000 par jour, dont un tiers par téléphone... et que ses employés sont payés à la pièce. Grâce à cet « horrible étau » comme l'appelle Otto Mallemann, expert en protection des données, des catégories entières de la population sont exclues du système de crédit. Ainsi a-t-on vu réapparaître dans le quartier turc de Berlin, comme dans certains ghettos noirs des États-Unis, l'antique profession d'usurier. « Si vous entrez dans l'engrenage de SCHUFA, conclut *Stern*, vous ressemblerez à un hamster qui court dans une roue sans fin... »

VIII

Sous l'œil du grand chaudron

Notre malheur est donc double : nous aurons en plus du contrôle lui-même son arbitraire et sa démence. L'effet Quadra provoquera des aberrations, mais le centre en saura tout de même beaucoup plus sur la vie des gens. Ses moyens seront multiples. Par exemple, les écoutes téléphoniques, système archaïque et inefficace, pourront être remplacées par un dispositif d'analyseurs sémantiques et de dictionnaires qui permettront à la télématique d'« écouter » la totalité des messages et d'établir des rapports sur toute conversation « louche ». Le procédé sera parfaitement au point d'ici dix ans, sinon avant.

Les frontières s'aboliront à tel point qu'il ne sera absolument plus nécessaire de rassembler les différents fichiers en un seul, comme par exemple le projet français SAFARI se proposait de le faire. Admettons ainsi que la stricte séparation des fichiers, réclamée par la commission « Informatique et Libertés », soit rigoureusement maintenue. Examinons alors le fichier des Finances. Il comprendra toutes les données relatives aux revenus des citoyens, mais aussi probablement à leur patrimoine, car on voudra contrôler les capitaux. Leurs dépenses aussi y figureront. Dans un premier temps, seuls les achats supérieurs à 50 000 F devront être déclarés, mais pourquoi cette limite ? Est-ce à dire que la fraude sera tolérée à 40 000 F et pas à 50 000 ? Certainement pas. Mais, jusque-là, il s'avérera trop coûteux d'étendre la surveillance à des dépenses inférieures à ce seuil. Grâce à la révolution des composants et à la chute vertigineuse du coût des ordinateurs, il sera bientôt possible de contrôler les achats de 10 000 F. On n'arrête pas le progrès ! D'ailleurs, les responsables des Finances jureront leurs grands dieux qu'ils n'agissent pas de la sorte dans l'intention de vous surveiller. Vous êtes, après tout, libre de dépenser à votre aise. Le système est simplement prévu pour détecter les fraudeurs, les mauvais citoyens. Vous êtes, vous-même, au-dessus de tout soupçon. Vous avez accepté sans broncher d'échanger vos chéquiers non barrés contre les chéquiers barrés : personne ne vous y obligeait. De même vous aurez la possibilité, demain, de refuser d'« entrer » dans l'ordinateur vos dépenses chez le coiffeur. Vous serez même libre de ne jamais vous servir d'un terminal : nous sommes dans un pays de liberté. Mais cela risque de vous coûter un peu cher...

Que dit, sans rire, la commission « Informatique et Libertés » ? « On veillera à ce que les fichiers soient uniquement factuels et qu'en aucune façon des renseignements concernant l'âge, le sexe, la religion, les opinions politiques, les problèmes médicaux, etc., n'y soient introduits. » C'est se moquer du monde ! Mes dépenses, par exemple, seront purement « factuelles », mais on notera avec intérêt que je paie régulièrement ma cotisation au parti communiste, que je me fais rembourser les soins que je reçois à Sainte-Anne (au service des débiles légers), que je paie mon écot au grand rabbin et à telle œuvre juive, et que je participe même à la souscription nationale pour la défense de M. Louis Joinet. Comment prétendre à l'anonymat dans de telles conditions ? Nous avons vu qu'un grand nombre de renseignements anodins suffisent pour dégager un paysage, une image – fausse d'ailleurs le plus souvent, mais un tel faisceau de présomptions ne m'en désigne pas moins comme suspect.

Une enquête sera alors ouverte. Tiens, tiens, M. Lussato refuse de se servir de chèques barrés, comme c'est intéressant ! Nous allons organiser une petite surveillance. L'étau se resserre. L'ordinateur peut être très efficace s'il s'intéresse à une seule personne. Pour finir, petite inspection à domicile : « Et ce tapis, que vous dites avoir acheté 20 000 F, où est-il ? – Je l'ai offert. – Tiens, tiens... Et ce vase de Chine, également mentionné ? – Cassé... – Peut-être avez-vous la déclaration de casse auprès de votre assurance ?... » Il est clair qu'avec seulement des informations « factuelles » vous concernant, l'œil qui vous surveille croira en savoir plus sur vous-même que votre propre mère. Et comment se défendre ? A qui se plaindre ? Comment un malheureux pris dans ce réseau obtiendrait-il jamais raison, alors qu'un informaticien chevronné n'arrive pas à s'y retrouver ? Comment prouver quoi que ce soit, puisque les pièces n'existent pas ? Dans ce monde kafkaïen, tout suspect est d'emblée présumé coupable.

Le grand public a tendance à craindre qu'un régime dictatorial, de type hitlérien par exemple, ne s'empare du pouvoir et ne détruise rapidement les garde-fous qui empêchent la généralisation de la surveillance informatique. Cette inquiétude est sans doute fondée, et il faut une certaine dose de légèreté pour affirmer, comme Simon Nora, que Hitler n'a pas attendu l'ordinateur pour mettre en marche la « solution finale » de la « question juive ». Avec l'outil informatique, l'holocauste aurait été bien plus rapide et infiniment plus « efficace », le nombre de rescapés aurait été incomparablement moindre. Mais la question est plus vaste. Le rapport Nora juge apaisant le fait que la Suède, qui est un pays libre, se dote d'un système informatique. Or, ce pays m'apparaît plus comme un modèle d'aliénation que de liberté ; l'atmosphère y est d'ailleurs si étouffante que près de la moitié des membres des professions libérales préfèrent s'expatrier. A force de s'obnubiler sur le risque dictatorial, on risque de sous-estimer cette forme « douce » de surveillance, qui envahit les espaces de liberté des pays réputés démocratiques.

Il y a deux ans, Ivan Illich illustra parfaitement ce problème en clôturant les journées sur « Informatique et Libertés » à la porte Maillot. J'ai assisté, dit-il en substance, à un merveilleux spectacle de marionnettes. La curiosité m'a poussé à me demander qui en était le maître, quel dictateur tirait les fils pour donner aux pantins d'aussi harmonieux mouvements. J'ai grimpé dans les cintres pour le découvrir. Au sommet, nul magicien, nul artiste : simplement un grand miroir... Tel est bien le fond du problème : qui contrôlera ces gigantesques monstres informatiques ? Nul ne le sait. Au faîte de l'édifice, il n'y a personne. Les véritables maîtres sont des êtres sans visage, c'est le tissu même du système. On abat une dictature, on renverse un régime, mais il est très difficile de détruire une bureaucratie aussi puissante qu'insaisissable, de débusquer en elle les réseaux de puissances occultes qui détiennent dans le plus grand secret la réalité du pouvoir. Les hommes qui en font partie ne sont d'ailleurs pas obligatoirement mauvais. Ils peuvent être intègres, soucieux du bien public, acharnés dans leur lutte contre la fraude, bons pères, bons époux, excellents citoyens. Mais le simple fait d'appartenir à la caste provoque une sécheresse du cœur et des yeux : impossible de rester à un tel poste sans apprendre à se montrer impassible devant les milliers de drames individuels qu'on provoque plus ou moins directement. Une société placée sous l'œil du « grand chaudron » serait une espèce de camp de concentration dans lequel les bourreaux, sans cruauté aucune et en toute conscience, effectueraient leur travail administratif quotidien.

Une seule catégorie de personnes arrivera à tirer profit d'un tel système : les criminels et les escrocs. Ils sauront qu'on ne peut rien prouver, ni dans un sens ni dans un autre. Pas vu, pas pris : pourquoi se gêner ? En définitive, les dangers que l'informatisation des fichiers représente pour la liberté sont bien pires que ceux que craignait Louis Joinet... Les possibilités d'extension d'un pareil système défient l'imagination. Pourquoi incriminer les seuls appareils d'État ? Les risques sont les mêmes chaque fois qu'une bureaucratie d'une certaine dimension se trouve en position de sévir. Nous avons parlé plus haut de la Schufa. L'exemple de la bibliothèque qui repère ses lecteurs de droite et de gauche, cité dans l'article du *Monde diplomatique*, est au moins aussi révélateur. Louis Joinet s'inquiétait à ce propos de la *précision* de cette surveillance ; peut-être faut-il craindre davantage encore les fausses déductions possibles dans un système pareil, en quelque sorte l'erreur judiciaire quasi impossible à rectifier. L'ordinateur a-t-il conclu, en faisant le compte de vos lectures, que vous étiez un dangereux agitateur ? Dans les prochaines décennies de votre vie, toutes les portes se fermeront devant vous et vous ne saurez jamais pourquoi... Le dispositif sera encore plus perfectionné si, au lieu de fréquenter les bibliothèques, vous avez recours au système télématique de lecture : le « grand chaudron » n'aura alors qu'à consulter ses compteurs pour déterminer le temps exact que vous avez consacré à tel ou tel autre sujet.

Fiction paranoïaque ? Hélas ! cela n'est déjà plus le domaine de l'imaginaire. Des entreprises pharmaceutiques françaises, ainsi qu'un certain nombre de chimistes, se sont abonnés à des banques de données situées à Stanford, aux États-Unis. Qu'est-ce qui empêche les *sponsors* de ces banques, comprenant d'autres grands fabricants, de déterminer l'objet des recherches françaises rien qu'en analysant les questions posées ? Serait-il possible de se protéger en rédigeant les messages en langage codé ? Nous avons vu à quoi se réduisait la sécurité permise par les procédés cryptographiques...

Et ce n'est pas tout, hélas ! Car nous n'avons analysé que le domaine où les entraves aux libertés sont spectaculaires, où le grand public remarque la surveillance dont il est l'objet et s'indigne face aux injustices flagrantes, au système policier, aux erreurs manifestes provoquées par le « grand chaudron ». D'autres atteintes passeront complètement inaperçues et seront, de ce fait, peut-être plus dangereuses encore. De même qu'il existe, comme on l'a vu, une fraude indécelable, il peut y avoir des vols invisibles de liberté !

A bien y réfléchir, il existe deux sortes de liberté : celle qui consiste à « faire ce que l'on veut » sans être surveillé, mais aussi celle d'avoir le choix. Si je suis libre d'acheter ce que bon me semble mais que je ne trouve qu'une seule marque de savonnettes dans les magasins, il est évident que ma liberté n'est plus qu'une illusion. Plus le champ du possible sera étendu, plus nombreuses seront les alternatives, et plus ma liberté sera importante. Encore faut-il que la diversité soit réelle : si les commerçants me proposent quinze marques de savonnettes produites par le même fabricant, qui s'est borné à modifier les emballages, non seulement je n'ai pas le choix mais, par-dessus le marché, on se moque de moi... Une bibliothèque qui offre le choix entre dix mille ouvrages tous de droite ou tous de gauche ne permet qu'un simulacre de liberté. Certains magnats de la presse sont passés maîtres dans l'art de *faire croire* à la diversité de leurs produits. De même les trusts, les multinationales. Or, la concentration des banques de données donnera un formidable coup d'accélérateur à ce processus. Non seulement il risque de ne plus y avoir de choix réel, mais la capacité de masquer cette absence de choix ira croissant. Dès à présent, la télématique est capable, par exemple, à partir d'une vingtaine de livres traitant d'un sujet déterminé, de fabriquer un millier de « variantes ». Si l'abonné pose une question, l'ordinateur lui fournira une liste si longue de citations que notre homme aura l'impression d'un choix infini. N'ayant pas le temps de tout regarder, il essaiera de préciser sa question pour restreindre le nombre d'options. Or, nous avons vu que cette opération suppose une cotation préalable, effectuée par les opérateurs de la banque de données. Le pouvoir de manipulation concentré entre les mains de ces derniers sera incommensurable : une quinzaine de spécialistes, soigneusement choisis par les responsables de la banque de données, auront la possibilité d'intoxiquer des millions d'utilisateurs tout en leur faisant croire à la liberté d'information et à la liberté de choix.

Les concentrations actuelles dans l'édition ou dans la vente de livres limitent, elles aussi, le champ du possible, au nom du dieu rentabilité. Les livres coûtent effectivement moins cher dans les grandes surfaces ; mais celles-ci poussent inéluctablement dans le sens de l'uniformisation. Le petit libraire, lui, s'arrangeait pour offrir, selon ses goûts propres, une grande hétérogénéité d'ouvrages. En fouinant, on s'imprégnait d'une certaine atmosphère, on passait d'un livre à l'autre, on remarquait celui-ci de loin, on jetait un coup d'œil à celui-là, on prenait ce dernier entre les mains. La concentration de l'édition et de la librairie met fin à cette diversité. D'une part, le seuil de rentabilité d'un ouvrage se situe plus haut : il faut pouvoir tirer à de nombreux milliers d'exemplaires pour publier un manuscrit ; un nombre considérable d'ouvrages de qualité sont ainsi éliminés. D'autre part, les livres sont présentés à la vente comme des produits de supermarché.

Ceci n'est pourtant qu'un avant-goût de ce que nous réserve la télématique. Même le supermarché aura alors disparu : nous verrons apparaître le livre dans le petit carré de notre écran... Les gens auront tendance à ne plus bouger de leurs fauteuils, la quasi-totalité de leur rapport au monde passera par l'écran de télévision. Aujourd'hui, de petits libraires, de petits éditeurs parviennent courageusement à survivre. Mais demain ?

S'il n'existait pas d'autre voie, nous pourrions encore nous résigner à cette sombre perspective en nous disant : « C'est malheureux, mais c'est ainsi... »

Or, une autre voie est possible. On a vu qu'un vidéodisque pouvait contenir plusieurs centaines de milliers de livres. Il faut savoir que, dès aujourd'hui, la fabrication d'un vidéodisque est rentable pour un très petit nombre d'exemplaires. Dans quelques années, nous disposerons, pour 15 000 F, d'appareils qui enregistreront des vidéodisques : n'importe quelle communauté pratiquant *l'artisanat technologique* pourra s'en offrir un. On ne s'adressera alors aux banques de données que dans des cas exceptionnels. Pour le reste, il sera beaucoup plus agréable d'avoir une bibliothèque personnalisée de vidéodisques. Et personne, alors, ne pourra contrôler ce que vous lisez ou ne lisez pas...

Un autre problème sera résolu par la même occasion : celui du piratage. Aujourd'hui, avec les magnétophones et les magnétoscopes, les droits d'auteurs sont de moins en moins respectés. Il est loisible à tout un chacun de copier musiques et films sans bourse délier. Les fabricants de disques en savent quelque chose. Or, la télématique permettra un piratage encore plus considérable. Le problème est grave car, si leurs droits ne sont plus protégés, les créateurs ne pourront pas survivre. Les plus célèbres d'entre eux resteront sans doute à l'abri du besoin, mais qu'adviendra-t-il des autres ? Comment l'énorme population d'artistes peu connus – musiciens, réalisateurs, chanteurs, comédiens, etc. – parviendra-t-elle à joindre les deux bouts ? Si les plus défavorisés d'entre eux se découragent et abandonnent, cela ne favorisera-t-il pas la composition électronique, la « création » abandonnée à la machine ? Une certaine catégorie de vidéodisques apportera une réponse absolument satisfaisante à ce problème : leur duplication sera tout simplement impossible. Par contre, les vidéodisques d'une deuxième espèce, fabriqués sur place et copiés autant de fois que nécessaire sans baisse aucune de qualité, assureront de véritables échanges conviviaux.

Un moment décontenancés, les adeptes du « grand chaudron » pourront dire ici : « Ne vous réjouissez pas trop vite ! N'oubliez pas que nous interviendrons chaque fois que vous aurez besoin de communiquer. Les bibliothèques privées rendues possibles par le micro-ordinateur et le vidéodisque limitent notre puissance, il est vrai. Mais les personnes qui y recourent seront bien obligées de sortir de leur trou. Elles devront travailler, acheter et vendre, bref échanger. C'est là que nous les attendons : les parcelles de liberté qu'elles auront reconquises seront peu de chose, au regard du contrôle que nous exercerons dès qu'elles mettront le petit doigt dans l'engrenage de la société câblée. Un exemple ? Grâce au télétraitement, le directeur d'une entreprise de 2 000 employés aura un pouvoir de contrôle infiniment plus grand qu'un patron de droit divin... »

L'argument est vrai et faux à la fois. Vrai, dans la mesure où le « grand chaudron » donne effectivement des moyens considérables de contrôle. Mais les entreprises qui pratiqueront cet espionnage verront très vite partir leurs meilleurs éléments, les plus imaginatifs, les plus libres d'esprit : ceux-là iront fonder des entreprises conviviales, hautement performantes, qui n'auront pas *besoin* d'un système de surveillance, car ceux qui y travailleront seront motivés. Nous risquons alors d'avoir une société « à deux vitesses » : d'une part un petit nombre d'entreprises très compétitives, qui respecteront la vie privée de leurs employés, et où la majorité des travaux répétitifs et ennuyeux auront été laissés à la machine ; d'autre part une masse d'entreprises-dinosaures, où seront concentrés les travaux pénibles et inintéressants et qui nécessiteront, de ce fait, un lourd système de surveillance. Dès aujourd'hui, les deux systèmes coexistent aux États-Unis. De plus en plus de gens dynamiques quittent le système massifié pour rejoindre des sociétés à taille humaine. La France connaît le même processus : il n'est que de regarder la progression des chiffres de vente des micro-ordinateurs. Malheureusement, sur le vieux continent, les pouvoirs publics ont tendance à favoriser les dinosaures et les solutions les plus absurdes sont souvent choisies. Ainsi, la fibre optique sera opérationnelle dans cinq ou six ans, et elle sera incomparablement supérieure, ne serait-ce que par ses coûts, au réseau de satellites que la France met en place actuellement. Or, il faudra amortir ce dernier, ce qui signifie que nous ne pourrons bénéficier des avantages de la fibre optique avant longtemps. Dans dix ans, nous n'aurons peut-être pas achevé notre système télématique, et il faudra le démolir pour investir dans cette technologie autrement avantageuse, la fibre optique...

IX

Le défi informatique

Que faut-il donc pour éviter un avenir cauchemardesque ? Je crois plus facile d'indiquer ce qu'il ne faut pas faire. Auguste Detœuf, économiste et humoriste, disait d'ailleurs que l'art de l'organisateur consiste surtout à *déconseiller.* Voici donc quelques « déconseils » afin de cesser de raisonner selon la logique du passé, alors que les aspirations sociales et la technologie rendent possible une attitude nouvelle. Le maintien de l'optique ancienne conduirait simplement à l'aggravation de la crise structurelle que nous connaissons et à la consolidation des puissances occultes qui manœuvrent derrière le paravent de pouvoirs faibles ou au contraire dictatoriaux. Aussi faut-il ne plus obéir à ce que j'appellerai les *huit bêtises capitales.*

Je les livre en vrac. La première : il faut toujours et partout centraliser, pour des raisons d'efficacité et de coût. La seconde : même si elle est plus chère, la centralisation reste meilleure, car la petite unité ne peut accéder à la puissance informatique. La troisième : la télématique permettra une communication libre et générale. La quatrième : une seule et unique banque de données favorisera un large consensus social et la répression des injustices. La cinquième : l'ordinateur est une machine intelligente, à laquelle il faut nous adapter pour accéder à un nouveau mode de pensée. La sixième : l'ordinateur-Golem « a dit que » (alors qu'en réalité, l'ordinateur sera toujours plus bête que la plus bête des huîtres : c'est une machine, qui fera ce qu'on lui dira – fût-ce l'imprévu). La septième : l'ordinateur nous permettra d'acquérir une meilleure connaissance de ce que nous voulons, grâce aux questionnaires que nous lui injecterons. La huitième : la machine nous indiquera quel avenir nous attend (en réalité, ni le cauchemar, ni le rêve ne se réaliseront : la réalité ne manquera pas d'être plus riche que toutes nos prédictions).

Car l'informatique sera telle que nous la *voudrons*. Si nous développons la télématique à l'excès, si nous lui permettons d'envahir les domaines qui ne devraient pas être les siens, alors, oui, nous aurons favorisé les tendances « kafkaïennes » ou « orwelliennes » de notre société (l'année 1984 n'est effectivement plus très loin !). Inversement (mais ce risque-là n'est pas bien grand) si nous misons à l'excès sur la privatique, nous tendrons vers une société gadgétisée. Aussi me paraît-il indispensable de tout tenter pour conserver le pluralisme et l'équilibre ; la télématique servira alors par exception à certains professionnels, tandis que la privatique sera d'un usage courant et personnalisé. Cependant, comme l'une et l'autre resteront à tout jamais les outils d'un langage « dur », donc non humain, c'est l'homme lui-même qui demeurera le pôle essentiel et ce sont d'autres supports qui resteront les plus nobles : le beau papier, l'impression en couleurs, la statuaire, les objets façonnés à la main, l'artisanat – les machines du concret.

La tendance de l'informatique européenne est de favoriser l'abstrait, le logiciel au détriment du matériel. C'est une grave erreur. Il faut revenir au goût du travail manuel, non par démagogie (comme s'il était possible de revaloriser le travail des éboueurs !), mais parce que cela est indispensable à notre propre équilibre. Il est nécessaire de rapprendre à nos jeunes à se servir de leurs mains, à utiliser tournevis et fer à souder, fût-ce pour fabriquer des robots. Car un ordinateur tout seul, ne produit que de l'information, tandis que la robotique, qui exige le sens du concret, construit, elle, des objets. Les peuples qui sacrifieront trop au dieu de la théorie connaîtront de graves déconvenues ; il est essentiel de continuer à révérer le matériel ou, plus précisément, l'alliance du matériel et du logiciel.

Philippe Agid, directeur de la Fondation nationale pour l'enseignement de la gestion (F.N.E.G.E.), dénonce lui aussi le courant fatal qui nous pousse à l'enseignement abstrait. Nos écoles et nos universités sont peuplées d'amoureux de la théorie pure ; même les écoles d'ingénieurs, ainsi Centrale qui formait traditionnellement des étudiants dotés d'un certain sens pratique, se mettent elles aussi à fabriquer des managers, des économistes, des gestionnaires. C'est que nos sociétés sont de plus en plus fondées sur la promotion des « gens de l'abstrait », qu'elles font rapidement grimper au rang de président. Philippe Agid, qui a effectué de nombreuses missions au Japon, en Chine et ailleurs, milite à juste titre pour renverser la vapeur. Nous avons aujourd'hui besoin d'ingénieurs qui sachent fabriquer au sens propre des micro-ordinateurs et des produits directement utilisables. La nouvelle révolution informatique, c'est la fin des abonnés, la fin des réseaux : pour pouvoir soi-même façonner son information, il faut savoir fabriquer des produits. Telle est, à mon sens, la vraie révolution culturelle que nous devons accomplir.

Rapprendre, donc, à être polyvalents. Mais attention ! L'informatique (télématique ou privatique) *n'est pas tout.* Il y a aussi la biologie, l'énergie, l'agro-alimentaire, etc. Le monde est vaste ! Jean-Jacques Servan-Schreiber, discutant de cette question avec un Japonais, lui disait son admiration pour la capacité du Japon à fabriquer un micro-ordinateur pour le prix d'une livre de viande. À quoi le Japonais répondit très joliment : « Je déplore au contraire, pour ma part, qu'une livre de viande coûte aussi cher qu'un micro-ordinateur ! Sur une île déserte, je ne pourrais pas me nourrir de composants électroniques. » En période de crise, nous ne nous nourrirons pas uniquement d'information, même de très haute qualité...

La spécialisation à outrance est définitivement condamnée. L'avenir appartiendra aux gens qui sauront faire plusieurs choses à la fois. Et les catégories économiques traditionnelles (primaire, secondaire, tertiaire) deviendront complètement désuètes.

Imaginons une ferme vraiment moderne... Grâce aux moyens informatiques, l'agriculteur pourra faire suivre à ses enfants des études extrêmement approfondies. Il pourra aussi traiter sa production, la travailler, la congeler, l'emballer, etc. Et qu'est-ce qui l'empêchera d'organiser des cycles de formation, d'héberger des voyageurs de passage dans une espèce d'hôtellerie, ou même de monter des spectacles ? Dans quelle catégorie économique classer ces différentes activités ? On comprend qu'une telle polyvalence soit odieuse aux spécialistes : elle complique leurs statistiques... L'abolition des frontières entre les divers secteurs permettra des micro-complémentarités, alors que le système fondé sur la spécialisation n'autorise que des macro-complémentarités, avec les résultats que l'on sait : une planète où d'un côté les gens meurent de faim faute d'aliments, et où de l'autre on brûle le café et les céréales à cause de la surproduction. Cette distorsion peut être comparée à des charges de potentiel s'accumulant entre deux points : quand elles deviennent trop importantes, elles provoquent des éclairs, voire des incendies... La spécialisation constitue des ghettos, dont l'harmonisation ne peut se faire que moyennant des crises graves. La polyvalence au contraire permet des ajustements locaux. Elle n'exclut d'ailleurs pas une certaine spécialisation, mais fondée sur la micro-complémentarité, de sorte que les tensions se déchargent avant de devenir trop importantes.

La notion de convivialité due à Ivan Illich a été mal comprise parce que maladroitement formulée. Si les gens devaient habiter dans des villages où ils feraient tout eux-mêmes, y compris en utilisant l'informatique, cela aboutirait à une épouvantable régression. Pour ma part, je pense que le terme d'« échelle humaine » signifie l'adaptation à ce que l'on veut faire. Dans les tâches quotidiennes et banales, un homme devrait pouvoir se suffire à lui-même. Mais il s'associera à d'autres personnes pour d'autres types d'activité. L'échelle humaine, à mon sens, c'est quelque chose comme une personne pour dialoguer un peu profondément, dix pour l'activité de tous les jours, deux cents pour travailler et mettre à profit son environnement, trois mille que l'on fréquente et parmi lesquelles on fait de nouvelles connaissances, peut-être trente mille pour des circonstances exceptionnelles. Aujourd'hui, de grandes concentrations humaines ne sont peut-être plus nécessaires que par exception ; mais nous ne réussirons le passage à l'ère de la dispersion que si celle-ci ne s'accompagne pas de nouvelles spécialisations trop rigides.

Dans cette voie, nous nous heurterons toujours au

même obstacle : les États, qui sont par nature centralisés. Sur ce terrain, je ne crois pas aux miracles : je ne pense pas que les administrations ou les armées, tous ces appareils lourds et anciens, accepteront de se reconvertir à la philosophie du « petit chaudron ». Cependant, on constate une frappante coïncidence entre la doctrine de certains « nouveaux économistes » comme Hayek, Friedman, Lepage et d'autres, certains chefs d'entreprise (tel François Dalle dont nous avons parlé) et les thèses informatiques que je défends avec mes collègues. Depuis 1975, cette convergence forme un mouvement puissant, même en France, en raison des dégâts évidents causés par les politiques centralisatrices, collectivistes et planificatrices.

Il est bien évident que ce livre ne se veut pas impartial mais au contraire prend ouvertement parti, parce qu'il est fondé sur des convictions. Ce sont, on l'aura deviné, celles d'un homme profondément libéral, ayant une horreur panique de la bureaucratie et de l'aliénation, tenant par-dessus tout à la liberté et qui demeure malgré tout optimiste sur la nature de l'homme. Eh oui, j'ai confiance en la capacité d'adaptation de mes contemporains, je crois qu'ils peuvent en grand nombre s'ouvrir de nouveau à la culture diversifiée. On constatera alors que l'intelligence, la compétence, la capacité sont infiniment mieux partagées qu'on ne le pense.

Dans mon domaine, je me suis engagé totalement dans ce combat. Il est important de préciser que, lorsque j'ai commencé ma carrière de professeur, j'étais acquis aux idées inverses. La meilleure des preuves en est que j'étais (et suis encore) titulaire de la chaire des « grands systèmes » au C.N.A.M. C'est au fil de mon enseignement que j'ai été amené à me poser des questions et que, progressivement, j'ai été gagné à la privatique. Ce fut d'ailleurs pour moi un véritable cas de conscience : valait-il de risquer le tout pour le tout en reconnaissant mon erreur de départ ? J'ai fini par choisir de le faire et de combattre la voie de la télématique triomphaliste.

Si la télématique annonce peut-être l'enfer, la privatique ne mène pas au paradis : le paradis, ce sont les hommes qui le feront et non les techniques. Mais elle permettra sans doute plus de liberté et favorisera l'emploi. N'est-il pas, demandera-t-on, trop tard pour réagir ? Certains, en se fondant sur le deuxième principe de Carnot, pensent que oui. Selon ce principe, en effet, dans un système clos l'entropie (c'est-à-dire le désordre, la dégradation) va toujours croissant : autant dire que vouloir reconstruire un château à partir de ses ruines, ou une civilisation nouvelle à partir d'une civilisation saccagée, est aussi difficile que de faire remonter un fleuve à sa source. Je pense, pour ma part, que pour le problème qui nous occupe, le principe de Carnot ne s'applique pas. Plus généralement, une dégradation souvent importante peut être nécessaire pour que renaisse la vie. Et la vie renaît chaque fois qu'un homme, un beau jour, réalise que deux choses qu'il croyait semblables sont en réalité différentes ; puis le lendemain, que ces deux choses distinctes ont cependant des liens insoupçonnés. Ces phases constantes de différenciation, d'intégration, de redifférenciation et de réintégration permettent le bourgeonnement, la croissance. C'est ainsi que naît et se développe l'enfant, qu'a précédé la maturation de l'humanité elle-même. Car ce processus est celui de la vie, un miracle qui se reproduit sans relâche. Le passage de la vie à l'être organisé est un miracle, et de même la résurgence régulière des sentiments d'humanité, à travers les siècles d'oppression. Croire à la vie, c'est aussi croire à la possibilité toujours ouverte de cette résurgence.

Ainsi donc, je crois aussi que les Japonais achèteront de plus en plus de pianos, que les Français aimeront la musique chaque jour davantage, que les uns et les autres recommenceront à s'adonner à la lecture, qu'ils achèteront des vidéodisques et utiliseront leurs loisirs pour aller voir des pièces de Shakespeare. Mieux encore, je crois qu'avec les instruments nés de la nouvelle électronique, ils en construiront d'autres ; ils inventeront de nouvelles notations musicales, de nouveaux poèmes, de nouvelles danses...

Mais il ne suffit pas de dire cela. Si l'homme a survécu, ce n'est pas en se bornant à croire en la vie. Il a su aussi abattre les bêtes sauvages qui le menaçaient, lutter contre le paludisme, extraire le poison de ses blessures. Il faut continuer à agir. Nous ne vaincrons sans doute pas tous les obstacles. Mais nous pouvons dès maintenant créer des îlots de salubrité qui iront, espérons-le, en se développant. N'avons-nous pas vu que, depuis toujours, des miracles se réalisent ?

Bibliographie

1. B. Lussato, J.-P. Bouhot, B. France-Lanord, *La Micro-informatique : Introduction aux systèmes répartis,* Éditions d'Informatique, 1974 (Bd Jean-Jaurès, Boulogne).
Ouvrage de base montrant les principes sur lesquels repose la micro-informatique : évolution technologique et décentralisation.

2. B. Lussato et J. Bounine, *Télématique ou Privatique ?,* Éditions d'Informatique, 1979.
Réponse au rapport Nora, proposant une autre voie face à la télématique.

3. B. Lussato, *Les Dossiers de la micro-informatique,* Éditions d'Organisation, 1980.
Un guide d'action fondé sur l'expérience, précisant les principes de mise en œuvre de la décentralisation informatique autant pour l'entreprise que pour la société.

4. C. Foster, « A view of Computer Architecture », in *Communications of the A.C.M.,* 557 à 565, vol. 15, n° 7, juillet 1972.
Un article de précurseur, annonçant la révolution des micro-processeurs, la chute des prix et le parti que l'on pourrait en tirer.

5. S. Nora et A. Minc, *Rapport sur l'informatisation de la société,* La Documentation française, 1978 ; Éd. du Seuil, coll. « Points », 1978.
Le fameux rapport introduisant le concept de télématique.

6. J. Weizenbaum, *Puissance de l'ordinateur et raison de l'Homme,* Éd. d'Informatique, 1981.

7. *L'Informatique quotidienne,* Cahiers de la Fondation Frederik R. Bull, n° 2, juillet 1980.
Compte rendu d'un colloque. Réflexions sur la pénétration de l'ordinateur dans la vie de chacun.

8. R. Moch, *Du rapport Nora au colloque de septembre* : « Supprimer les hommes pour supprimer les servitudes » ; « Obliger les usagers à parler et les initiés à écouter » ; « Pas de magiciens, pas de monopoles » ; « L'ordinateur citoyen, élément de démocratie ». *O.I. - Hebdo,* 557 bis, 12 septembre 1979.
Une série d'articles du délégué général de la Fondation F. K. Bull autour des thèmes lancés par le rapport Nora et la semaine « Informatique et Société ».

9. E.D.M.A., *L'Informatique,* Le Livre de Poche, 1980.
Encyclopédie de poche sur l'informatique, d'une lecture très claire et aisée.

10. F. Dalle, J. Bounine, B. Lussato, *Le Taylorisme à l'envers,* Institut de l'Entreprise, 1977.

11. J. Bounine et F. Dalle, *L'Entreprise du Futur,* Paris, 1972.
Deux ouvrages de base par les deux grands théoriciens français de la réforme de l'entreprise et de la décentralisation.

12. P. Schumacher, *Small is beautiful,* Seuil, 1977.
L'initiateur de l'école du retour aux petites unités de production.

13. C.-P. Lecht, *Les Systèmes informatiques des années 1980,* Bureau et Informatique, 1980.
Une analyse des futurs systèmes et technologies informatiques, des micro-processeurs aux réseaux.

14. P. Durupt, *Entreprise, les petites unités,* Valeurs Actuelles, 25 juillet 1977.
Remise en cause du pouvoir dans les grandes organisations, par la rénovation de la micro-informatique.

15. D. Peccoud, « La Télématique ou l'Homme éclaté », *Projet,* mars 1981.
L'informatisable et le non-informatisable, face au développement de la télématique.

16. B. France-Lanord, « Les outils au service des organisations », *Projet,* mars 1981.
Sur la diversité des outils informatiques et leur neutralité relative par rapport aux organisations.

17. Y. Lorenzi et E. Leboucher, *Mémoires volées,* Ramsay, 1979.
Une analyse des nouvelles technologies de l'information dans une perspective économique et sociétale.

18. I. Illitch, *La Convivialité,* Seuil, 1973.

19. R. Brunner, *Ondes de choc,* Robert Laffont.

20. F.A. Hayek, *Droit, législation et liberté,* P.U.F., 1973.
Une analyse critique des théories de la justice, fondée sur une distinction entre ordre spontané et ordre dirigé (organisation).

21. P. Lhermitte, « Conséquences prévisibles du développement de l'automatisation de la gestion des entreprises », *J. O.*, n° 6, 14 mars 1968.
Le premier « grand » rapport officiel sur l'informatisation. A comparer au rapport Nora.

22. G. Metayer, *La Société malade de ses communications ?,* Dunod, 1980.
Une interrogation sur les changements qu'introduisent dans nos comportements les nouveaux moyens technologiques et sur la façon de maîtriser ces changements.

23. H. Lilen, J.-P. Nieres, A. Poly, *Comprendre la micro-informatique,* Hachette, 1980.
Une excellente introduction à la pratique des micro-ordinateurs.

24. B. Lussato, *Théories de l'information et processeur humain,* Jean Favard, 1980.
Un ouvrage théorique abordant les aspects sémantiques et psychologiques de l'information.

25. J. Martin, *Security, Accuracy and Privacy in Computer Systems,* Prentice Hall, 1973.
Un des premiers ouvrages de fond sur le problème de la sécurité des systèmes informatiques.

26. R. Canning, « Rapport spécial sur la protection des informations personnelles », *L'Informatique nouvelle,* septembre 1978, p. 6 à 12, et 18 rapports spéciaux, Éditions d'Informatique.
Les progrès faits et à faire en matière de législation sur les informations personnelles.

27. L. Broomhead, « Les Machines conscientes », *Science et Avenir,* novembre 1979.

Les réalisations en matière d'intelligence artificielle et de perception automatique.

28. E. Joseph, « Électronique, miniaturisation et société future », *Critique,* n° 24 ; « Informatique, Horizon 1980 », *Informatique et gestion,* n° 58, juin 1974.
Les prévisions, largement réalisées, d'un des plus grands futurologues américains en matière d'informatique.

29. J.-L. Le Moigne, *Les Systèmes d'information dans les organisations,* P.U.F., 1973.
Un des premiers ouvrages français en matière de systèmes d'information.

30. J.-P. Bouhot, *Un fil d'Ariane,* 2 tomes, Éditions d'Informatique, 1980.
A la portée de tous, une des meilleures présentations de l'informatique et de la micro-informatique.

31. J.-J. Servan-Schreiber, *Le Défi mondial,* Fayard, 1980.

32. N. Spinrad, *Agent of Chaos,* Popular Library, 1970.
Excellent ouvrage de science-fiction autour de la notion d'entropie.

33. G. Elgozy, *Le Désordinateur,* Calmann-Lévy, 1972 ; *Le Bluff du futur,* Calmann-Lévy, 1974.
Deux ouvrages du célèbre humoriste français.

34. F. Dalle, J. Bounine, *Quand l'entreprise s'éveille à la conscience sociale,* Robert Laffont, 1975.

35. F. de Closets, *Scénarios du Futur.*
Une série d'émissions radiophoniques sur le futur, en particulier une émission avec B. Lussato et J.-P. Bouhot.

36. A. Pollack, « R.C.A.'s Videodisc Campaign », *The New York Times,* 26 janvier 1981.
Article sur la sortie du vidéodisque R.C.A. aux États-Unis.

37. R. Wite, « Le stockage de données sur disque », *Pour la science,* octobre 1980.
Un article clair expliquant la technologie des disques optiques.

38. A. Lippman, « Movie-Maps, An application of the optical videodisc to Computer graphics », *A.C.M.,* avril 1980.
Un article sur une des plus remarquables applications des vidéodisques, permettant de voyager en film à l'intérieur d'une ville américaine.

39. D. Garric, *Les Dossiers du futur.*

40. A. Osborn, *Running wild, the next industrial revolution,* Osborn, 1979.
Une présentation percutante de la révolution micro-informatique.

41. T. Nelson, *The Home Computer Revolution,* Nelson, 1977.

42. R. J. Thierauf, *Distributed Processing Systems,* Prentice Hall, 1978.
Une introduction aux systèmes distribués et répartis, à l'usage des gestionnaires et des informaticiens.

43. J. Breslin et C. Bradley Tashenberg, *Distributed Processing Systems,* Amacom, 1978.
Un livre américain pour les gestionnaires et informaticiens.

44. P. Lemoine, G. Bridet, *L'Empire des signes et le règne des techniques ; Enseignement et informatisation au Japon,* Rapport du ministère de l'Industrie, 1980.
Un rapport très instructif sur le système éducatif japonais et l'utilisation des nouvelles technologies.

45. J. Castarède, *La Communiculture.*

46. La Révolution Informatique, *Science et Vie,* supplément n° 163, mars 1981.

47. Études du CORSIA sur la Sécurité des Systèmes d'Information, 1979-1980.

L'A.M.I.

L'A.M.I. naquit en 1974 sous le nom d'« Association Micro-Informatique », sous l'impulsion de Guy Landon, Jean Bounine et Bruno Lussato. Elle rassemblait à l'origine des utilisateurs, praticiens, experts, constructeurs et journalistes soutenant le nouveau courant d'idées de la micro-informatique en opposition au courant dominant. Enthousiasmé par les premières expériences, le groupe de « pionniers » – parmi lesquels comptaient des entreprises telles qu'E.D.F.-G.D.F., L'Oréal, Delalande, Gloria, B.S.N., Cochery, le C.I.C., Paribas, R.E.E., C.I.I.-Honeywell-Bull, D.E.C., H.P., la C.E.G.O.S... – s'étendit rapidement, tout en conservant une taille raisonnable afin de permettre les échanges interprofessionnels et de solides amitiés.

L'A.M.I. devint après quelques années l'« Association pour la Promotion des Systèmes décentralisés » et s'ouvrit à toutes les personnes ou entreprises montrant une compétence et une volonté de travailler à la mise en œuvre de la décentralisation des systèmes d'information. Une véritable doctrine s'élabora peu à peu à partir des échanges d'expériences et des éléments théoriques exposés dans les ouvrages.

Elle acquit ainsi une puissance d'expertise sur les problèmes de décentralisation et tenta de transformer les consommateurs d'information, passifs et déresponsabilisés, en utilisateurs d'informations au sens le plus fort du terme. Outre les réunions et expériences, qui ne pouvaient toucher que ses membres, les moyens d'action de l'A.M.I. furent dès le début la presse, tant spécialisée que générale, et la participation de ses membres à de nombreuses conférences et manifestations publiques.

Engagée dans un débat professionnel, l'A.M.I. est un mouvement « métapolitique », c'est-à-dire au-dessus de toute tendance politique de gauche ou de droite. Après six ans, les idées diffusées par l'A.M.I. ont fait leur chemin et sont maintenant partout reprises. L'A.M.I. ne joue plus un rôle de pionnier ; née sous la forme d'un club fermé, elle évolue vers une nouvelle forme élargie. Son but est à présent d'informer les particuliers et les entreprises préoccupés par la décentralisation et d'agir auprès des constructeurs et du gouvernement. Dotée d'un délégué permanent, elle visera, à travers une large expansion, à devenir le point de ralliement de tous ceux qui partagent les idées de ce livre.

GLOSSAIRE

Informatique distribuée : Les générateurs d'information (ordinateurs) sont concentrés en un petit nombre de sites. L'accès se fait par l'intermédiaire d'un réseau de distribution (télécommunications) et de terminaux.

Informatique répartie : Les générateurs d'information (ordinateurs) sont éclatés et placés directement près des utilisateurs.

Intelligence : Dans le jargon informatique, capacité d'un outil à réaliser de façon autonome des travaux plus ou moins complexes. Exemple : terminal intelligent.

Micro-informatique : Branche de l'informatique qui a trait à la conception et à l'utilisation des micro-ordinateurs et des mini-ordinateurs dédiés à un poste de travail.

Micro-ordinateur : Ordinateur dédié à un poste de travail.

Micro-processeur : Unité de traitement réalisée à partir d'un seul ou de quelques circuits intégrés.

Mini-ordinateur : Ordinateur de taille et de coût réduits et utilisable par plusieurs utilisateurs en même temps. Leur puissance est très variable, et la frontière est de plus en plus floue avec les autres catégories.

Mémoires : Organes permettant de stocker l'information. Certaines sont permanentes et permettent de stocker de grandes masses d'information (disques et bandes magnétiques, disques optiques) ou de petites quantités (mémoires mortes pour le stockage du programme de base des ordinateurs). D'autres ne stockent l'information que lorsque l'ordinateur est en fonctionnement : mémoires vives (constituants des mémoires centrales de l'ordinateur dans lesquels sont stockés temporairement les données et les programmes traités à un moment donné).

Modularité : Caractéristique d'un système qualifiant sa capacité à admettre la modification, l'adjonction ou la suppression de certains de ses éléments, sans que son fonctionnement global s'en trouve affecté.

Privatique : Désigne tout ce qui concerne les systèmes pouvant fonctionner sans passer obligatoirement par les réseaux de télécommunications.

Télématique : Mariage de l'informatique et des télécommunications.

Traitement de texte : Ensemble d'opérations que l'on peut faire subir à un texte que l'on a enregistré dans une mémoire (modification, suppression, cadrage...).

Télétraitement : Utilisation d'un ordinateur à distance, par l'intermédiaire d'un terminal et d'une ligne de communication.

Temps de réponse : Temps que l'ordinateur met pour répondre à une question posée par un utilisateur.

Temps réel : Technique d'utilisation des ordinateurs, grâce à laquelle l'ordinateur fournit dès qu'il l'a calculé le résultat d'un traitement demandé.

Terminal : Appareil relié à un ordinateur et permettant d'entrer et de sortir des données. Exemple : écran cathodique, télé-imprimeur, etc.

Transparence : Notion issue de la linguistique, qui qualifie la plus ou moins grande simplicité d'utilisation d'un langage ou d'un outil.

Vidéodisque : Outil de stockage d'images fixes ou animées sur disque, utilisant une technologie capacitive ou laser (disque optique).

Comparaison des coûts des matériels					
Année	Modèle	Nombre d'instructions exécutables par seconde	Taille de la mémoire centrale 1 000 octets	Prix en francs courants d'une configuration moyenne	Type de mémoire de masse
1957	I.B.M. 650	300	~ 10	1 500 000	Bandes/ Cartes
1962	I.B.M. 1401	4 000	4-16	1 500 000	Disques
1966	I.B.M. 360/30	15 000	8-64	1 500 000	Disques
1973	I.B.M. 370/115	35 000	4-128	1 500 000	Disques
1976	I.B.M. 370/138	500 000	16-512	1 500 000	Disques
1980	D.E.C. V.A.X. 11/780	1 000 000	64-2000	1 500 000	Disques
1976	D.E.C. P.D.P. 11/34 mini-ordinateur	200 000	16-256	250 000	Disques
1979	Apple II micro-ordinateur	15 000	4-48	45 000	Disques souples
1981	Micro-ordinateur du commerce	15 000	4-128	25 000	Disquettes

Note :Les prix sont approximatifs et s'appliquent à des configurations moyennes utilisées à chaque époque, les capacités des mémoires de masse étant également supérieures d'époque en époque pour un même prix.

Table des matières

Troisième partie
LA MUTATION...

Achevé d'imprimer en octobre 1983
sur presse CAMERON
dans les ateliers de la S.E.P.C.
à Saint-Amand-Montrond (Cher)
pour le compte de la librairie Arthème Fayard
75, rue des Saints-Pères - 75006 Paris

35-36-6773-05
ISBN 2-213-01005-6

Dépôt légal : octobre 1983.
N° d'Édition : 6669. N° d'Impression : 1707.

Imprimé en France

35-6773-2